皮划艇运动教学与训练教程

主编　陈碧清

群言出版社
QUNYAN PRESS

·北京·

图书在版编目（CIP）数据

皮划艇运动教学与训练教程 / 陈碧清主编 . -- 北京：
群言出版社，2023.12
ISBN 978-7-5193-0884-1

Ⅰ . ①皮⋯ Ⅱ . ①陈⋯ Ⅲ . ①皮艇运动－体育教学－
教材②皮艇运动－运动训练－教材 Ⅳ . ① G861.42

中国国家版本馆 CIP 数据核字（2023）第 253583 号

责任编辑：孙平平　朱冠锌
封面设计：知更壹点

出版发行：群言出版社
地　　址：北京市东城区东厂胡同北巷1号（100006）
网　　址：www.qypublish.com（官网书城）
电子信箱：qunyancbs@126.com
联系电话：010-65267783　65263836
法律顾问：北京法政安邦律师事务所
经　　销：全国新华书店

印　　刷：三河市腾飞印务有限公司
版　　次：2025年1月第1版
印　　次：2025年1月第1次印刷
开　　本：787mm×1092mm　1/16
印　　张：13.25
字　　数：265千字
书　　号：ISBN 978-7-5193-0884-1
定　　价：72.00元

编　委　会

作者简介

陈碧清，浙江金华人，浙江大学体育人文社会学硕士，研究方向为社会体育学，现任金华职业技术学院体育运营与管理专业主任、副教授，教授"社会体育学""休闲运动策划与组织""健身俱乐部经营与管理"等课程10年之久，多次组织省市级别体育活动，曾在国家级、省级期刊发表论文10余篇，发表SSCI论文3篇。

前　　言

皮划艇最早可追溯到 5 000 ～ 9 000 年前的独木舟，在远古时代是作为狩猎捕鱼的一种工具，随着人类社会的不断进步和发展，逐渐演化并用于娱乐、旅游等方面。后来由于广泛的传播，皮划艇最终被列为一项正式的竞赛项目。

皮划艇作为现代水上运动的比赛项目，不但有很好的观赏娱乐价值，而且还具有健身、教育等价值，所以很长时间以来，一直备受世界各地人们的青睐。随着我国体育事业的不断发展，皮划艇运动逐渐被我国广大的体育爱好者所熟知和喜爱。

本书共十三章，主要包括皮划艇运动概述、皮划艇运动员的基础知识、不同年龄阶段皮划艇运动员的系统培养和训练、皮划艇运动员的选材、皮划艇的基本技术与教学方法、皮划艇运动员的体能训练与测试、皮划艇运动的训练原则与训练计划、皮划艇运动员专项心理特征的诊断与心理训练、皮划艇运动员赛前竞技状态的调控、皮划艇运动员的恢复与营养、皮划艇运动的常见损伤及救护、皮划艇运动竞赛的组织安排、皮划艇运动的竞赛规则与裁判标准。

编者在编写本书时力争使内容丰富，更加贴近现代体育专业本科生的学习兴趣和需求，注重培养学生的实践能力和创新能力。编者立足于理论联系实际的观点，突出学以致用的目标，在编写体例上强化了篇、章、节之间的逻辑关系的清晰性和结构的合理性，在案例、材料的选择上更加突出新意，力图使本书具有基础性、实用性、可读性以及可教性。

由于编者的水平和经验有限，书中难免会存在一些不足之处，恳请各位读者、专家和教师给予批评指正。

目　　录

第一章　皮划艇运动概述

第一节　皮划艇运动的起源

一、皮划艇的起源——古代的独木舟

独木舟是人类祖先在原始社会就已广泛应用于渔猎和运输的水上交通工具，原始的独木舟在世界许多地方被发现过，例如非洲的埃及、南亚的印度和西欧的荷兰。

中国是一个历史悠久的文明古国，在我国新石器时代遗址——浙江湖州钱山漾遗址、浙江余姚河姆渡遗址、福建连江贝丘文化遗址等地都出土过独木舟或船桨的残骸，这些文物已有 5 000 ～ 9 000 年的历史。

几千年来，由于生产的发展和社会的进步，独木舟已慢慢地被其他的船艇所代替，但是在一些偏僻地区，独木舟仍有其独特的生命力，如南太平洋的萨摩亚人、加拿大的海达人，以及我国西藏、云南、广西等地的一些少数民族，至今仍在制造和使用独木舟，并且还会定期组织民间的独木舟竞渡比赛。

二、现代皮划艇运动的起源

皮划艇是皮艇和划艇两项运动的总称。皮艇起源于格陵兰岛上的因纽特人制作的一种小船，划艇则起源于加拿大，因此又称"加拿大划艇"。实际上，这两种艇都是由独木舟演变而来的，因此亚洲的一些国家和地区称之为"独木舟"。

皮艇起源于北美洲格陵兰岛上因纽特人用动物皮包在木架子上制作的兽皮船。这种船用两端都有桨叶的桨在水中划动，它是因纽特人外出狩猎时乘坐的基本交通工具。1865 年，苏格兰的麦克格雷戈仿照兽皮船制作了一条长 4 米、宽 75 厘米、重 30 千克的"诺布·诺依"号皮艇，驾艇穿越了瑞典、芬兰、德国、英国。他的行为引起了人们的广泛兴趣，使皮艇运动在 19 世纪 90 年代的欧洲得到广泛开展。

皮艇有舵，比赛时，运动员坐在艇内，面向前方，手持两头带桨叶的桨在艇的两侧轮流划动，依靠脚操纵舵，从而控制航向。皮艇分为单人艇、双人艇、四人艇和障碍回转项目。

划艇起源于加拿大，因此划艇又叫作加拿大艇。北阿拉斯加以渔猎为生的印第安人将树干掏空，坐在里面用木棍划行，所以又称独木舟。划艇两头尖，艇身短，无桨架，无舵。划桨时，人的前腿呈弓步立，后腿半跪，手持一头带有铲状桨叶的桨在固定的舷侧划水，并控制方向。划艇包括单人、双人和障碍回转项目。

第二节　世界皮划艇运动的竞争格局及发展趋势

一、世界皮划艇运动的竞争格局

皮划艇运动起源于欧洲，1936 年被正式列为奥运会比赛项目。在历届奥运会和世界锦标赛中，以匈牙利和德国为代表的欧洲国家获得了大多数金牌和奖牌。在欧洲以外的国家中，中国、澳大利亚、加拿大等国的皮划艇竞技运动水平也有较大的进步和发展。世界皮划艇运动的竞争格局正在发生变化并呈现出以下特点。

（一）群雄争霸态势已现端倪

从 2014 年世界皮划艇锦标赛上 12 个比赛项目的奖牌分布来看，9 个国家获得金牌，21 个国家获得奖牌。2012 年，伦敦奥运会上的两大夺金强国匈牙利和德国在本次世锦赛仅获 4 枚金牌，捷克、塞尔维亚、新西兰、加拿大、罗马尼亚、斯洛伐克、乌克兰等 7 国夺得 8 枚金牌，可见竞争之激烈，群雄争霸的态势已现端倪。

（二）皮划艇的非欧势力正在崛起

随着美洲、亚洲、大洋洲、非洲皮划艇运动的崛起，欧洲在这一领域"一统天下"的格局逐渐被打破。加拿大、澳大利亚、美国、新西兰、古巴、墨西哥、阿根廷、南非、中国、日本等欧洲以外的国家根据本国的实际情况，选择一个或几个小项目作为突破点，以点带面，迅速提高了本国的皮划艇运动水平。其中，中国、古巴、澳大利亚和阿根廷的进步显著，分别在雅典、北京和伦敦奥运会上夺得了金牌。可见，皮划艇的非欧势力正在崛起，奥运会中皮划艇项目的奖牌分布已开始呈现流向亚洲、美洲和大洋洲国家的趋势。

（三）皮划艇的发展更趋普及

随着皮划艇运动的发展，参加皮划艇世界锦标赛的国家不断增加。1987 年在杜伊斯堡举办的世界皮划艇锦标赛只有 39 个国家共 435 名选手参加角逐，2014 年之后参与的有近百个国家。可见，皮划艇运动的发展日趋普及。

二、世界皮划艇运动发展的新趋势

第一，奥运会资格赛制度的实施，促使各国加大了备战奥运会的力度。由于在奥运会前一年举办的世界锦标赛为资格赛，所以各国在准备奥运会的时间上提前了一年，改变了过去仅在奥运会年度长时间集中训练的状况，使得现在各国准备奥运会的时间更早、更长，组织计划更为严密，投入也大大增加。很多国家改变了过去分散多、集中少的状况，开始采取长年集中管理和训练的形式。

第二，世界各国普遍实施重点突破的战略。目前世界各强队普遍采用集中有限力量对重点项目和重点人员实行重点保证、确保突破个别小项目的战略，避免了过去战线过长、人员分散、重点不突出、经费保证不力等现象。

第三，教练员和运动员的职业化和流动性增强。从近几年的情况看，随着皮划艇比赛竞争的愈发激烈，世界上职业教练员的人数迅速增加，人才的流动也更加频繁。一些优秀的国际级教练员流向皮划艇运动发展较快的国家，他们在奥运会周期中发挥了重要的作用。近几年教练员职业化的快速发展和人才流动市场的建立，加上网络技术的广泛应用，极大地促进了运动训练领域的技术交流和资源整合。

第四，运动训练的科学化和科研技术的介入使皮划艇运动员的运动成绩提高幅度很大，比赛的竞争更加激烈。

第五，器材的改进促进了运动成绩的迅速提高。皮划艇运动的发展历史证明，每一次器材的改进都会促进运动成绩的迅速提高。例如，近年来国际皮划艇联合会取消了船的宽度限制，减少了船在水中的阻力，虽然运动员控制船艇的难度增加，但是船速却得到提升。

第三节　皮划艇运动项目分类

一、静水项目比赛

静水项目是指运动员在有标记的直线航道上进行划艇和皮艇比赛，距离有 200 米、500 米和 1 000 米。此外，还有在短距离比赛场的周围进行绕标的 5 000 米距离的比赛。皮艇通常以其英文名称 Kayak 的首字母 K 为代表，根据艇上运动员人数的多少分为单人、双人、四人皮艇，分别以 K1、K2 和 K4 表示。同理，划艇也分为 C1、C2 和 C4。

静水项目比赛是指运动员以尽可能短的时间划过一段设有清晰标志的无障碍的航道，是一项节奏性很强的力量性运动项目。比赛规则规定皮艇只能用双叶桨推进，因此需要左右对称地划桨；而划艇只能用单叶桨推进，因此需要非对称性划桨。皮艇和划艇的桨都不能以任何方式固定在艇上，而运动员活动的自由度则不受限制。目前国际皮划艇联合会承认的正式比赛项目有男子皮艇单人、双人、四人，女子皮艇单人、双人、四人，划艇单人、双人、四人。比赛的距离分为 200 米、500 米、1 000 米、5 000 米。

二、皮划艇马拉松比赛

皮划艇马拉松是一项运动员划行皮艇或者划艇进行的长距离竞赛项目，国际皮划艇联合会规定正式比赛的标准赛道长度是 30 千米，也有很多各式各样的赛事超过这个长度。参与皮划艇马拉松的人群很庞大，很多比赛都有上千人参加，有些长距离的赛事甚至要举办多天。皮划艇马拉松的独特之处在于，除了划行还有扛船跑环节，大多数赛事的赛道都包含陆地甚至障碍。

皮划艇马拉松考核的是运动员的综合能力，赛道通常是由河流、湖泊、河口甚至海洋在内的水域和连接的陆地构成。现在大多数皮划艇马拉松赛事的赛道都是在一个固定区域进行多圈划行。皮划艇马拉松的出发方式有很多，世锦赛采取的还是固定出发的方式，需要由工作人员在出发码头扶船，等待裁判员发令，进行出发计时。

与其他皮划艇赛事相同，皮划艇马拉松世锦赛包含皮艇和划艇两个大项，包括男子单人皮艇、女子单人皮艇、男子单人划艇、女子单人划艇、男子双人皮艇、女子双人皮艇等项目。自 1999 年开始，皮划艇马拉松世锦赛每年举行一次，2019 年世锦赛新增了 3.6 千米的比赛项目。

三、激流和激流回旋比赛

皮划艇激流和激流回旋比赛实际上是两种类型的比赛，它们的共同特点是水有流速起伏的变化。

激流比赛在长度 3 千米以上有流速的河道上进行，途中有许多天然的障碍，如礁石、旋涡、跌水和回流等。激流比赛的用艇比竞速比赛的艇短而宽，且牢固得多。比赛时，船艇随激流急冲而下，运动员头戴安全帽，身穿救生衣，并用防水围裙围住艇舱口。运动员在划进的同时要用桨控制方向和保持平衡。如果船艇倾覆，运动员可以用桨压水并拧腰使船艇再翻转过来。比赛项目只有男、女单人皮艇和男子单人、双人划艇。比赛分团体、个人两种，团体由一个单位的 3 名运动员组成。

激流回旋比赛的距离不多于 600 米，流速不低于每秒 2 米。水道上要有 20～25 个人工回旋水门，其中还必须包括 6 个逆向划行的水门。回旋门的宽度为 1.2～3.5 米，由两根悬吊的水门杆组成。水门杆的下端距水面约为 15 厘米。比赛时，运动员的船艇必须按顺序穿越每一个回旋门。比赛项目及所用的艇、桨与激流比赛基本相同。

四、皮艇球比赛

皮艇球也叫独木舟水球、轻艇水球，是一项观赏性很强的皮艇运动。皮艇球的比赛场地大小和比赛用球都与水球比赛相同，因此常常在人工游泳池内进行。比赛双方各有 5 名运动员划 5 条皮艇，运动员的桨不仅用来划船，还可以协助两手停球、运球和抢截球。比赛场地两条端线的正中空间，有一块 1 平方米的铁丝网板，作为球门。两队运动员尽力将球投到对方的"篮框"。皮艇球比赛的皮艇长只有 2～3 米，运动员坐在中间，用防水围裙把舱口围住，防止艇中进水。

第四节　皮划艇运动项目的本质特征

皮划艇的专项特征具有多维度、立体化的特点，包括本质性特征和相关性特征两类。本质性特征主要体现为它的竞赛学表现特征，而相关性特征主要体现为它的竞技能力表现特征。项目的本质特征是决定我们确立训练指导思想的前提，是我们训练实践的先决条件，没有动态把握项目本质特征的能力就很难持续地推动项目整体水平进步。本书通过研究对皮划艇项目特征进行重新定位，将其本质特征界定为：以高速度为特征、以有氧能力为基础、以每桨划船效果为核心的技术性体能类水上竞技运动项目。

一、竞赛学特征——竞速

从皮划艇项目的竞赛学角度看，运动员比的是速度，全程的平均速度＝平均桨频 × 平均划距。优秀的皮划艇运动员的竞赛学表现特征是根据自身特点，以完善的技术，使桨频和划距达到个体化最和谐的程度。当运动员的平均速度确定时，桨频和划距是反比关系。为此，需要我们正确认识两者关系。

二、训练学特征——竞技能力表现特征

依据项群理论分析，皮划艇项目是以体能为主导的竞技运动项目，运动员的运动成绩主要取决于运动员竞技能力水平的高低。竞技能力表现特征包括如下几个方面。

①从运动员的形态要求看，皮划艇是一项对运动员的专项形态有较高要求的运动项目。

②从运动员的机能要求看，1 000 米、500 米皮划艇是一项以高强度有氧供能为基础的混合性供能的运动项目；200 米皮划艇是一项以高强度的无氧供能为主的运动项目。

③从运动员的素质要求看，1 000 米、500 米皮划艇是一项力量耐力型表现速度的竞技项目；200 米皮划艇是一项速度力量型表现速度的竞技项目。

④从技术角度看，皮划艇是一项人、艇、桨相结合的器械类周期性、技术性竞技运动项目。

总之，皮划艇项目的竞技能力的主要作用和专项表现可以概括如下表（见表 1–1）。

表 1–1　皮划艇项目的竞技能力的主要作用和专项表现

竞技能力	主要作用	专项表现
构件	提供力学条件	①符合优秀运动员的形态模型要求 ②形态具有可塑性
机能	提供供能基础	①心肺功能 ②骨骼肌的能量代谢
素质	提供动力来源	①专项最大力量，决定绝对速度 ②专项力量耐力，决定平均速度
技术	以专项需要展现专项体能	经济性、实效性
战术	合理规划全程各阶段速度	桨频和划距的最优组合
心理	克服训练、竞赛中的困难	刻苦训练、顽强拼搏

皮划艇项目的竞技能力表现特征揭示，专项素质、技术起决定作用，形态、机能起基础性作用，战术、心理则起重要作用。它们内在统一地构成了运动员的竞技能力和运动成绩。

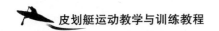

第五节 皮划艇运动的场地和设施

一、皮划艇静水竞速比赛项目场地与设施

（一）比赛场地

皮划艇静水比赛是在天然湖泊或人工湖中进行的，基本构成包括了与赛艇项目共用的2 000 米标准航道，而且 500 米和 1 000 米比赛都是在直道上，一个走向。

"阿尔巴诺浮标系统"的 10 条水线把赛场分成 9 条航道，每条航道宽 9 米。水线上的游标，其纵向间距为 10 米、12.5 米或 25 米。航道必须满足以下最小尺寸：长 1 500 米 / 2 200 米（直线），宽 150 米 /120 米，全航道中最浅处为 2 米。

比赛水域要求没有水草及其他障碍物。设置有终点计时塔、上下水码头、副航道、（新场地）每 500 米段落标志、起航区域设施、自行车道、观众台（一般近终点塔）、船库等。

①比赛航道的"阿尔巴诺浮标系统"，在航道的全长中，固定 10 根直径为 4 毫米的金属直线。在这些线上，每隔 25 米处，装有直径为 20 厘米的浮球，红白两色的浮球应相间排列。

②照明，由于都是白天比赛，因此一般不安装照明设备。但近来也有为增加场地利用率而在航道两侧安装了照明设备，供夜间比赛使用，如雅典奥运会的赛艇皮划艇中心就是这样。

③航道位置，最好是阳光半横切航道全长，终点塔背对阳光，起点屋面对日落的方向。

④风向和风速，最佳风向是与航道相一致，风速应尽可能最低。

⑤船库——室内和室外船库，尽可能地靠近上水和下水浮码头。通往浮码头、运动员区和所有其他设施的交通须便利。船库的建造材料必须能保护船不受各种气候的影响，而且防盗。船库一般用石头、木头或帆布建造在地面上。

⑥终点塔的设置和设备，终点塔应尽量靠近岸边建造，与终点线在一条直线上，面对太阳升起的方向；可以用任何坚实的材料建造，一般为 5 或 6 层，每层的窗户应较大，以便能俯瞰从起点到终点的整个赛场。

⑦水和空气质量，水质必须良好，至少是 2 级水平（游泳池的水质条件）；空气必须清新。

⑧岸线的建构，波浪的冲击，岸线的距离。建议沿着航道至少有一侧岸是直的，它距第一航道的距离最大为 50 米。岸的坡度为 1/6 的缓坡，它是一个网状结构，由大石头或其他特殊建筑材料构成，这样波浪向外滚动时，不会造成回浪。国内早期航道修建忽视过设置减浪硬件，导致之后无法比赛时又加修。

（二）比赛场地的技术准备要求

第一，至少应在比赛开始前 5 小时，测量场地，并将醒目的旗子固定在浮标上。

第二，起航时每条船艇至少要有 5 米宽的航道。

第三，起航线和终点线应与航道成直角。

第四，终点线至少长 45 米，用两面旗子标出。终点裁判员的位置应尽可能地靠近终点线。

第五，1 000 米以内的比赛，航道应是直的，同一走向。

第六，1 000 米以上的比赛，可设转弯点。若有可能，转弯点应具备以下条件：

①从起航线到第一转弯点的第一面旗子之间的航道（第一航程）应是直的，最大距离为 1 859.25 米。

②第一转弯点的最后一面旗子和第二转弯点（第二航程）的另一面旗子之间的距离应是直的，最大距离为 1 759.25 米。

③第二转弯点的最后一面旗子和第三转弯点的第一面旗子（第三航程）之间的最大距离为 500 米。

④所有其他航程应符合相关规定。

⑤每个转弯处的半径至少为 40.5 米。

⑥比赛的开始和结束都应在终点塔的前面。

⑦为获得最宽的终点线，位于终点线的红旗应尽可能地向外放置。

⑧所有起航的码头应是可移动的。

（三）比赛设备

1. 起航设备

所有比赛必须在每个出发位置装扬声器和由国际皮划艇联合会认证的自动起航系统。国内外比赛一般由裁判员在船尾扶船，当鸣枪或电子声响一响就要求扶船员立即松手放船。在世界锦标赛和奥运会比赛时，必须在每个起航线位置监控运动员的出发，配备照相机，以及带有慢重放的摄像系统。

近几年来大型比赛使用了皮划艇自动起航器，这是一种皮划艇比赛的起航裁判装置，可避免运动员与裁判员间不必要的矛盾、误解和猜疑。整套系统一般由以下几大部分组成：两条安装工作船，20 个水下升降式活动平台，20 个箱体以及相关附件。相关附件包括气泵电机、空气压缩机、不间断电源、变压器、总贮气罐、电缆、发令器等。该系统一定程度上保证了比赛的科学性和公正性。

2. 终点摄像、计时

组织协会应提供两套由国际皮划艇联合会认证的终点摄像设备；必须保证每个赛次都进行终点摄像（预赛、半决赛和决赛）；预赛、半决赛中，终点摄像必须拍摄有资格进入下一轮比赛的所有参赛运动员；在决赛时，终点摄像必须记录所有运动员完成比赛的情况；终点裁判长和竞赛委员会必须将其决定与终点摄像的结果进行比较，以终点摄像为准，若终点摄像确定两条艇同时到达终点，应按照已获得的最好名次确定结果。因此，可能出现两个或两个以上的第一名、第二名或第三名等。在奥运会比赛中，不另设单独的计时器，若电子计时失灵，终点裁判员应采取手动计时。

此外，记录和公布的时间必须精确到 1/1 000 秒。

（四）皮划艇静水项目参赛船体的总体要求

皮艇和划艇的船体横切线和纵切线应凸起（仅水平和垂直方向）；甲板的任何水平点

不得高于第一座舱前缘的最高点；船上不可外加附着物，以免给运动员造成不公；比赛时，船上不可放置各种电子或电动器械，其中包括水泵、测速仪、疲劳测量仪、心率表等。

1. 船艇和运动员号码

所有皮艇和划艇上，都应设置一块号码牌，用以表明航道。号码牌应为白底黑字，垂直竖起，用不透明材料制作。号码牌上的数字高为 15 厘米，字体粗 25 毫米。号码牌应放置在后甲板（划艇放在前甲板）的中线上。号码牌的尺寸为 18×20 厘米。

此外，由主办国协会提供的运动员号码布只能放置在运动员的背面。

2. 皮艇比赛器材

（1）皮艇艇壳

皮艇起源于北美洲因纽特人的生活用小艇，这种艇以兽骨做船架，以兽皮做艇壳，因此叫皮艇。1965 年经麦克格雷戈改进后，才开始用于旅游及体育领域。现代皮艇的艇身大多为木制船架，用航空胶合板或玻璃钢做艇壳。现代皮艇外形呈流线型，表面光洁，又轻又窄，狭长如梭子一般。艇上除运动员的座舱敞开外，前后所有甲板完全封闭。皮艇的主要附件有脚蹬板、坐板、舵杆、舵绳、舵等。国际比赛规则对皮艇的最大长度、最小宽度及最小重量均有要求（见表 1-2）。

表 1-2 比赛用皮艇艇壳参数

艇类	代号	最大长度/厘米	最小宽度/厘米	最小重量/千克
单人皮艇	K1	520	51	12
双人皮艇	K2	569	55	18
四人皮艇	K4	1 100	60	30

每条皮艇可有一个舵。KI 和 K2 舵叶的厚度不得超过 10 毫米；K4 舵叶的厚度不得超过 12 毫米；船艇应设计为内坐型（皮艇型）而不是外坐型（冲浪滑水型）。

（2）皮艇桨

皮艇桨是运动员划动皮艇前进的工具。皮艇桨是一种桨杆两头都有桨叶的双叶桨，其主要结构特点是两片桨叶的方向成垂直或接近垂直的交角。根据桨叶偏转的方向不同，皮艇桨分左转桨和右转桨，运动员可根据其握桨习惯来选择左、右桨。由于相关国际组织对桨叶的大小和形状没有十分严格统一的规定，近几十年，皮艇桨的发展变化极为迅速。各种桨的重量、长度、形状及桨叶面积大小，可根据运动员的身高、技术风格、力量大小、性别及不同艇种而选择（见表 1-3）。

表 1-3 比赛用皮艇桨参数

艇种	桨长/厘米	桨叶宽/厘米	桨叶长/厘米	桨重/千克
WK1	215～222	15～18	45～48	0.8～1
WK2/K4	218～224	16～19	45～48	0.9～1.1

艇种	桨长 / 厘米	桨叶宽 / 厘米	桨叶长 / 厘米	桨重 / 千克
MK1	217 ～ 224	16 ～ 20	47 ～ 50	0.9 ～ 1.1
MK2/K4	220 ～ 226	18 ～ 22	48 ～ 52	1 ～ 1.2

（3）皮艇舵

皮艇舵是皮艇上的附属装置，是一个控制皮艇方向的简单装置，包括舵叶、舵轮、舵绳、舵杆等。舵杆客观存在在运动员的脚蹬板上，运动员划桨时两脚撑在脚蹬板上，需要皮艇转向时，就用脚拨动舵杆，使舵杆围绕着一个固定的轴转动。当"丁"字形的舵杆转动时，牵动舵绳并牵动连结在舵绳另一头的舵轮，因为舵轮是紧紧连结在艇舵上的，因此实际上舵绳牵动着舵叶转动，从而使皮艇转向。比赛规则规定：皮艇如果因为装舵而加长了艇体的长度，就要限制舵叶厚度，单人艇和双人艇的舵叶厚度不得超过 10 毫米，四人艇的舵叶厚度不得超过 12 毫米。

3. 划艇比赛器材

（1）划艇艇壳

制造艇壳的原材料也是航空胶合板、玻璃钢和碳素纤维等复合材料。划艇的长度、窄度、最小重量也有限制（见表 1-4）。

表 1-4　比赛用划艇的参数特点

艇类	代号	最大长度 / 厘米	最小宽度 / 厘米	最小重量 / 千克
单人皮艇	C1	520	51	12
双人皮艇	C2	569	55	18
四人皮艇	C4	1 100	60	30

划艇必须沿其纵轴对称建造，不得设置舵或任何指导划艇方向的器材。若有龙骨，它应是直的，并沿划艇的全长展开，在船身下凸起不能超过 30 毫米。

C1 和 C2 艇可以完全敞开，最少敞开长度为 280 厘米，船舷上缘可沿整个限定的敞开处延伸，最多在船上延伸 5 厘米。船艇最多可有 3 个加固条，每个加固条的最大宽度为 7 厘米。

C4 艇可以完全敞开，最少敞开长度为 390 厘米，船的边缘（舷）可沿整个限定的敞开处延伸，最多在船上延伸 6 厘米。船艇最多可有 4 个加固条，每个加固条的最大宽度为 7 厘米。

（2）划艇桨

划艇运动器材是运动员划动划艇前进的工具。划艇桨是一头有桨叶的铲状桨。单人划艇、双人划艇、四人划艇的桨的规格稍有区别。划艇桨一般用木材或玻璃钢制成，近年来又发展为用碳素纤维做材料。碳素纤维结构使桨杆更加坚固、耐用、轻便且易于维修。桨杆的横截面通常呈圆形，使桨叶有更好的方向性，有利于运动员用力，也使桨杆有更大的抗弯能力。划艇桨的桨叶与皮艇不同，它的桨叶沿中心线呈对称状。不对称的桨叶会产生不平衡的表面积，从而在动力作用下产生扭矩。划艇桨的桨叶面起着推进、操向和控制船平稳的多种功能。

（五）船艇检查

①皮艇或划艇的长度应从船头和船尾的最远点量起，船头或船尾若有附加物，如镶边或其他保护物，也应包括在内。若皮艇因有舵而加长了艇身的长度，丈量时不应将舵包括在内。

②在比赛前丈量和称重后，皮划艇不得做任何改变。

③所有松动的设备应拆除。在比赛前第一次称重时，放置在底板上的跪垫、浮力附加装置，如吸水材料，必须绝对干燥。船艇检查员在赛前对船艇和运动员的器材进行常规检查。检查完毕，船艇检查员和领队应立即签字。为此，组织者要提供两套经批准的称重和丈量仪器。船艇检查员应采用标准的检查程序。

二、皮划艇激流回旋比赛项目场地与设施

（一）皮划艇激流回旋比赛场地的一般特点

①比赛场地的整个河道应能从上到下通行，对使用左桨和右桨的单人划艇运动员的要求一致。理想的赛道应能够逆划。

②由起点线到终点线的赛道长度介于 250 米至 400 米之间。航道的末端要为运动员设置一段放松区域，赛道上游或下游也应有一段 100 米以上的流水供运动员热身。

③赛道应设置自然障碍和人工障碍。

④赛道至少设 18 个水门，最多设 25 个水门，其中至少 6 个逆水门，最后一个水门与终点线的距离介于 15 米至 25 米之间。组委会应选择有利于运动员比赛的赛场，水门应正确和清楚标出（用彩色门杆和门号牌），应有足够空间供运动员正确通过，并使裁判员对其是否犯规做出正确裁决。在比赛过程中，如裁判长发现水位发生明显的变化且此变化可以纠正，他应暂停比赛直至水位恢复到原状。

⑤审定赛场的规范性。示划时最理想的示范者是右桨 C1 和左桨 C1 各一名，两名 MK1，两名 WK1，两队 C2。各项最多示划两条艇。总裁判长、技术组织者、裁判长和领队决定赛道是否被批准使用。如认为赛道不能被接受，总裁判长、技术组织者、裁判长和领队有权做出修改决定。如上述人员中有半数以上要求修改场地，则场地必须修改。如领队中有半数以上认为赛道难度过大，组委会必须减少某些项目的赛场难度。在投票批准赛场后，将不再对场地进行任何改变。另外，赛场应符合主办国有关环境和生态规定。赛道长 300 米，呈"U"字形，赛道宽度从 8 米到 12 米不等，而从始发点到终点的垂直下落道口有 5.5 米宽，水流速度均可以控制，观众可观赏到安全但又充满刺激性的皮划艇激流回旋比赛。

（二）皮划艇激流回旋赛场的计时系统审定

比赛中裁判员同时采用电子摄像设备和手动跑表方式计时。在任何情况下，起点出发

和到达终点都以运动员身体为准。在计算成绩时，优先使用电子记分设备，如电子摄像系统失败，则使用备用计时器的时间。

1. 皮划艇激流回旋项目比赛器材规范

皮划艇激流回旋项目比赛用艇的规格和尺寸：各种型号单人皮艇至少长 3.5 米，宽 0.6 米；各种型号单人划艇至少长 3.5 米，宽 0.65 米；各种型号双人划艇至少长 4.1 米，宽 0.75 米。

艇的最轻重量（以艇处于干燥状态时的重量为准）：各种型号的单人皮艇 9 千克；各种型号的单人划艇 10 千克；各种型号的双人划艇 15 千克。

参赛艇的艇头和艇尾部分的最小半径，水平方向为 2 厘米，垂直方向为 1 厘米。艇上不允许装舵。艇必须按要求的规格设计和制造。皮艇是带舱盖的艇，运动员坐在舱内用双叶桨划动；划艇是不带舱盖的艇，运动员跪在舱内用单叶桨划动。

2. 皮划艇激流回旋项目的安全措施

（1）艇的安全措施

所有艇必须是不沉的，艇两头离船头、船尾 30 毫米之内安装把手，把手应能使人随时将手插入拇指深度拉住艇。把手所用材料直径至少 6 毫米，或者横截面至少 2×10 毫米。不允许用物品缠绕把手。

（2）比赛时的安全措施

①每个运动员必须戴头盔，穿救生衣。救生衣是由不吸水能漂浮的材料制成的上衣或背心，它可托住重 6 千克的铁块或其他相等重量的金属，应设计为能使一个清醒的人脸朝上漂浮于水面。

②建议组委会在起点和终点对救生衣和艇的浮力进行抽查。如存在疑问，可对艇浮力进行检查，艇灌满水后应仍能漂浮在水面上；运动员必须在任何时候都能从艇上立即脱身；如运动员不遵守安全规则，起点裁判、起点助理裁判、船艇检查员和裁判长要根据各自的职责禁止运动员参加比赛。

③任何比赛中运动员风险自负，国际皮划艇联合会和组委会对比赛中可能出现的事故和器材的损耗不承担任何责任。

三、皮划艇竞赛场地的主要设备

（一）裁判长设备

在比赛中裁判长均有可靠的联络设备，如对讲机 6～8 个，望远镜 3～4 副。

在全国性比赛中，一般应备有 4 条机动艇，分布各部。比赛中除航道裁判艇外，其他机动艇不得在航道内行驶。

（二）起点设备

①标准比赛场地拥有稳定的起浮桥，这种浮桥，在每一航道中，有前后移动装置，以便根据取齐员的指挥，调整船艇与船艇之间的长度差距。

②发令塔设在起航线后 30～50 米，航道中间的延长线上。发令员工作的平台距离水面至少 2 米、多至 6 米，可便于移动。

③扶船的浮桥，每一航道，设有一个小扬声器。

④有放置设备桨和便于船艇小修的工具间（可设在较好的发令塔内）。

（三）发令员设备

①指挥和发令用的话筒或扬声器。

②发令红旗。

③较大的时钟和抢航道召回的手铃。

④记事用的小黑板。

（四）取齐员设备

①取齐用台或取齐用船一艘。

②指挥用的扬声器。

③红、白旗各一面（30×50厘米）。

④有把手的航道牌 1～6 块（40×30厘米）。

（五）航道主裁判设备

①红、白旗各两面（30×50厘米）。

②航道牌（有把手）6块（40×30厘米）。

③计时用的秒表两块。

④书写用的小平板两块。

（六）检查设备

①检录用的扬声器。

②称船用的衡器、船架、体重称量计、测量桨叶厚度的卡尺。

③航道牌不得少于8套。黄底黑字或黑底白字，字体宜粗，牌子规格18×20厘米。

④桌椅及记事板。

⑤加重物（沙袋和铅块）。

⑥编排记录用打字机或复印机，抽签用具。

⑦兴奋剂物质检查设备。

（七）终点设备

①有阶梯的终点台。

②电子计时、摄录像设备、扬声器。

③人工计时秒表6块以上；红、白旗各一面。

④终点音响设备。

复习与思考：

①皮划艇运动项目有哪些？

②皮划艇比赛场地和器材的规则要求。

③皮划艇项目的本质特征。

第二章　皮划艇运动员的基础知识

①学习运动解剖学、生理学的基本知识，正确理解各系统间的有机联系。

②根据儿童和少年的解剖学、生理学特点，把握儿童和少年从事皮划艇运动训练中应注意的问题。

③了解皮划艇运动员的心理特点，以及皮划艇运动员运动技能学习的心理特点，掌握激发青少年皮划艇运动员训练兴趣与动机的手段和方法。

第一节　皮划艇运动员的运动解剖学知识

一、科学训练的解剖学基础

（一）人体概说

1. 人体的构成

从外表看，人体分为头、颈、躯干（胸腹）和四肢等部分。身体由表及里则是皮肤、皮下脂肪、肌肉、骨骼和脏器。全身各部还分布有血管、淋巴管、神经等。体内从上到下有几个空腔：颅骨围成的颅腔，藏有脑，颅下连脊柱，其内的椎管容纳脊髓；胸廓围成胸腔，内有心肺等脏器；胸腔以下有腹腔（含盆腔），内有胃、肠、肝、肾、膀胱等脏器。胸、腹腔以膈肌分隔。

不论身体如何划分，其结构和机能的基本单位都是细胞，人体由亿万个细胞构成。人体内细胞有多种，但其基本构造是一样的，一般表面为细胞膜，有一个或多个细胞核，介于细胞膜和细胞核之间有细胞质。一般细胞体积都很小，只有在显微镜下才能进行观察。

细胞只是人体的基本单位，整个人体的构成还有组织、器官、系统等层次。许多结构、功能相同的细胞和细胞间质（位于细胞与细胞之间的物质）结合起来成为细胞群，这就是组织。人体共有上皮组织、结缔组织、肌肉组织和神经组织四类基本组织。几种不同的组织结合起来，构成具有一定形态和功能的结构，这就是器官，如心、肺、胃、肠等。

若干功能密切相关的器官联系起来，共同完成了一系列复杂的生理功能，这一体系称为系统。人体共有九大系统：运动系统、消化系统、呼吸系统、泌尿系统、生殖系统、循环系统、内分泌系统、神经系统、免疫系统。

2.人体系统的组成及基本功能

①运动系统：由骨、关节和肌肉组成。运动系统的主要功能是完成人体的机械运动，同时还有支持等功能。在运动中，骨起杠杆作用，关节作为枢纽，而肌肉则是动力。在神经系统的支配下，肌肉收缩使得人体环节在关节处运动（两相邻关节之间的身体部分为环节，如上臂、前臂、大腿、小腿等就是环节），从而完成各种动作，或者维持身体的某种姿势。

②消化系统：由消化管（口腔、咽、食管、胃、小肠、大肠等）和消化腺（唾液腺、肝脏、胰腺及胃腺、肠腺等）组成。消化系统的主要功能是对食物进行消化和吸收，从而达到摄取营养物质的目的，同时还可以将残渣腐化成粪便排出体外。

③呼吸系统：由鼻腔、咽、喉、气管、支气管和肺组成。呼吸系统的作用是从外界吸进氧气，进行气体交换，从体内呼出二氧化碳。

④泌尿系统：包括肾、输尿管、膀胱和尿道。其功能是形成并排出尿液（包括水、无机盐和其他代谢产物），维持内环境的稳定。

⑤生殖系统：男女不同。男性生殖器包括内生殖器——生殖腺、生殖管道和附属腺体，外生殖器——阴囊、阴茎等。女性生殖器包括内生殖器——生殖腺、生殖管道和附属腺体，外生殖器——阴阜、阴唇等。生殖系统的主要功能是繁衍后代。

⑥循环系统：亦称脉管系统，包括心血管系和淋巴系两个子系统。心血管系统包括心脏、动脉、静脉和毛细血管。淋巴系统包括淋巴器官、淋巴管、淋巴组织。循环系统的主要功能是将人体新陈代谢所产生的二氧化碳及其他代谢产物运送到肺、肾等器官，然后通过相应器官系统排出体外，同时将营养物质和氧气运送到全身各部。

⑦内分泌系统：由脑垂体、甲状腺、甲状旁腺、肾上腺、性腺、胰岛等内分泌腺组成。这些腺体可分泌不同的激素（即荷尔蒙），进入血液后到达各器官，调节各器官的活动水平和新陈代谢。

⑧神经系统：主要由亿万个神经元以及神经胶质构成，包括中枢神经系统和周围神经系统。脑和脊髓为中枢神经系统，与脑和脊髓相连并分布到全身各部及各器官的神经为周围神经系统。其中支配心血管和内脏器官的活动，以及腺体分泌的神经称为自主神经系统（亦称植物神经系统）。神经系统在人体所有系统中起主导作用，可使各器官系统之间保持动态平衡，同时使人体与外界环境也保持对立统一。此外应强调的是，神经系统的高级部位——大脑，是思维的物质基础。

⑨免疫系统：由免疫器官、免疫细胞和免疫分子组成。免疫系统是机体执行免疫应答及免疫功能的重要系统。免疫系统具有识别和排除抗原性异物，与机体其他系统相互协调、共同维持机体内环境稳定和生理平衡的功能。

（二）人体各系统在运动活动中的地位和作用

1.运动执行系统

在运动活动中，直接参与的是运动系统，其中骨起杠杆作用，它绕着关节轴转动，带动人体环节运动。关节在运动中起枢纽作用，它使人体各骨互相联结起来形成骨骼，骨的杠杆作用无一不是绕关节轴进行运动而实现的。在运动中起动力作用的则是骨骼肌，它能主动收缩而带动骨乃至环节运动。由于骨、关节、骨骼肌在运动中直接起作用，因此运动解剖学中常将运动系统称为运动执行系统。不言而喻，它们是运动舞台上直接出面的"主角"。

2.运动保证系统

在运动活动中，除了运动执行系统的工作强度比安静时明显大一些以外，其他系统的活动也有所加强。比如运动中能量消耗大，能量代谢快，氧气和营养物质的运输必须跟上，因而血液循环加快。同时氧气的消耗也比安静时大得多，因而呼吸系统也要相应加快、加大活动。有了这些系统，人体运动才能正常进行并持续一定时间，因此常将脉管、呼吸等系统称为运动保证系统，其作用是不可低估的。

3.运动调节系统

运动活动是一个复杂的工作过程，这之间有信息的获取和转化，有人体各器官系统的活动及其动态调整，还有信息的不断反馈，等等。在这一过程中，感觉器官起着接受内、外环境刺激和信息转换的作用，神经系统则在各系统协调一致方面起调节整合作用。除神经外，内分泌器官也通过激素的分泌进行调节，即所谓体液调节。因此神经、感官、内分泌系统被称为运动调节系统。除了对运动活动中各器官进行调节，肌肉的活动也是受神经系统支配的，肌肉内的肌梭——本体感受器（感官系统的组成部分）还可将运动感觉反馈给中枢，从而进行更精确的调节。如果说运动活动是一台戏，那么运动调节系统无疑就是"导演"了。

（三）关节及其运动

1.关节的构造及形状

任何关节都有三个基本结构——关节面、关节囊、关节腔。此外还有一些辅助结构，如滑膜囊、滑膜襞、关节内软骨（半月板、关节盘）、关节唇和韧带等。不同关节所具有的辅助结构，其种类可能不同，数量可能不等。

根据关节面的形状，关节可分为八种：滑车关节（关节面呈滑车状，亦称屈戍关节）、车轴关节（关节面呈圆柱状，亦称圆柱关节）、椭圆关节（关节面呈椭圆状）、鞍状关节（关节面呈鞍状）、球窝关节（其中一关节面呈球状，另一关节面呈窝状）、平面关节（关节面可看成半径很大的球面的一部分）、杵臼关节（与球窝关节相似，但关节窝很深）、蜗状关节（是滑车关节的变形，关节面倾斜）。

2.关节的运动

在运动解剖学中，为了使叙述人体位置和运动时有参照姿势，特规定了人体标准解剖姿势。这一姿势除了手心向前和两脚并拢外，其余同立正姿势。为了描述运动，还假设每一关节的中心都有三条轴通过，它们互相垂直。这三条轴分别是额状轴（左右方向轴）、矢状轴（前后方向轴）、垂直轴（上下方向轴）。人体任一环节的运动都是在某关节处绕某条运动轴的运动，比如持哑铃做弯举动作，就是前臂在肘关节处绕额状轴的运动。

关节有以下三组基本运动形式：屈、伸运动环节绕关节额状轴运动，向前为屈，向后为伸（膝、踝关节及足部某些关节相反）；外展、内收运动环节绕关节矢状轴运动，环节末端远离人体正中面为外展，靠近正中面为内收；旋内、旋外运动环节绕关节垂直轴运动，向前、向内侧的运动称为旋内（亦称旋前），向后、向外侧的运动为旋外（亦称旋后）。

除了上述形式外，关节还有环转和水平屈、水平伸等运动形式，它们是基本形式的综合或衍化。皮划艇运动技术动作涉及以上所有形式。球窝关节和平面关节可做以上所有运动形式，因此称为三轴关节（亦称多轴关节）；鞍状关节和椭圆关节可做屈、伸和外展、内收，以及环转运动，此类关节称双轴关节；滑车关节一般只能屈、伸，圆柱关节一般只能旋内、旋外，它们为单轴关节。

（四）肌肉的工作原理

1.肌肉的物理性质

骨骼肌具有收缩性、伸展性与弹性、黏滞性等生物物理性质。

（1）收缩性

收缩性是肌肉最本质的特性之一，表现在肌肉长度缩短和张力的变化上。人体丰富多样的运动无不与肌肉的收缩性有关。

（2）伸展性与弹性

骨骼肌在受外力作用时可被拉长，这种性质被称为伸展性；当外力去除后，肌肉可恢复原来的长度，这便是弹性。肌肉的伸展性和弹性是关节运动的必要条件，比如当某肌肉收缩时，如果位于关节反侧的肌肉不能被拉长，那么关节的动作也就不能完成。

（3）黏滞性

黏滞性是原生质（细胞内生命物质的总称）的普遍特性。肌肉的黏滞性表现为：当肌肉收缩或拉长时，会产生一种阻碍收缩或拉长的内部摩擦力。骨骼肌的黏滞性可在一定范围内变化。比如温度高时黏滞性小；温度低时黏滞性较大。运动前所进行的准备活动，其作用之一就是提高肌肉内的温度，减小黏滞性，为肌肉的顺利工作创造条件。

2.肌肉的状态

由于肌肉具有收缩性，以及伸展性和弹性，因此它可以表现出不同的状态。从形状上看有原长状态、拉长状态和缩短状态；在机能上有紧张状态和放松状态。

将形态和机能因素加以组合，骨骼肌则有以下六种不同状态。

①拉长紧张状态：起止点相对远离，张力增大，触摸有硬实感。

②缩短紧张状态：起止点相对靠拢，张力增大，触摸有硬实感。

③原长紧张状态：起止点距离相对不变，张力增大，触摸有硬实感。

④拉长放松状态：起止点相对远离，张力不变，触摸既无硬实感，亦无松弛感。

⑤缩短放松状态：起止点相对靠拢，张力下降，触摸有松弛感。

⑥原长放松状态：肌肉长度不变，张力不变，是一种自然的状态。

3.肌肉工作的术语

为了介绍肌肉工作的有关问题，有必要规定一些术语。

①起点：指肌肉附着点中相对靠近人体正中面或四肢近侧的点。

②止点：指肌肉附着点中相对远离人体正中面或四肢近侧的点。

③定点和动点：在肌肉工作时，起止点中相对固定的点为定点，相对不固定的点为动点。

4. 肌肉工作的条件

肌肉工作的条件指各种固定（或称支撑）条件，一般有以下一些不同的条件。

①近固定和远固定：肌肉工作时，如果定点在近侧则称近固定，如果定点在远侧则称远固定。

②上固定和下固定：肌肉工作时，如果定点在上则称上固定，如果定点在下则称下固定。

③无固定：肌肉工作时，如果起止点均不固定则称为无固定。

除无固定外，其他固定形式在皮划艇技术动作中都有应用，因而在肌肉训练中，要安排和设计不同固定形式的各种辅助练习。

一般来说，近、远固定体现在四肢肌；上、下固定体现在头颈、躯干肌，有时也体现在四肢肌；无固定体现在躯干肌。

5. 肌肉的协作关系环节

在关节的动作，除了要有直接收缩发力的肌群起作用外，还需其他肌群的配合。根据这些肌肉的协作关系，它们可分为原动肌、对抗肌、中和肌和固定肌。

①原动肌：指在完成动作中起直接作用的肌群。其中，起主要作用的为主动肌，起次要作用的为次动肌。

②对抗肌：如果某些肌肉机能与原动肌在动作中的作用相反，那么这些肌肉就是对抗肌。

③中和肌：如果原动肌具有两种以上功能，而为了有效发挥其中一种，需要某些肌肉去抑制另外的功能，那么起抑制作用的肌肉就是中和肌。

④固定肌：肌肉工作大多需要固定一端，那么对定点端起固定作用的肌肉或肌群就是固定肌。

6. 肌肉工作的性质

对肌肉工作的性质进行区分时，常依据其收缩性和状态，一般可分为动力性工作和静力性工作两大类，而二者又可分别再深入进行区分。

①动力性工作：指肌肉收缩使环节位置发生变化，肌肉长度亦有变化的工作。根据其状态等又可分克制工作和退让工作。克制工作亦称向心工作，指肌肉起止点相对靠拢，肌力大于阻力的工作，在此工作中肌肉状态为缩短紧张。退让工作亦称离心工作，指肌肉虽然收缩，但阻力大于肌力，起止点相对远离的工作，此时肌肉状态为拉长紧张状态。

②静力性工作：指肌肉收缩，但肌力等于阻力，肌肉长度未发生变化的工作。静力工作中最常见的是使身体各环节之间保持一定位置并取得相对平衡的工作，这一工作又称支持工作。

7. 单关节肌和多关节肌

从起点到止点只跨过一个关节的肌肉为单关节肌。由于它只跨过一个关节，因而主要只对一个关节起作用，并且作用相对集中。有时由于具备一定的力学条件，对邻近关节也起作用。多关节肌是指从起点到止点跨过两个或两个以上关节的肌肉，它能作用于多个关节，机能形式一般多于单关节肌，这是它的长处，但它也有肌力不够或伸展性不够的情况，从而出现以下两种现象。

①多关节肌主动不足：这是指多关节肌作为原动肌对一个关节产生作用后，不能作为原动肌充分地作用于其他关节的一种现象。例如，在大腿屈的情况下，小腿较难充分伸直，这主要是股直肌主动不足。又如在大腿伸的情况下，小腿难在膝关节充分屈曲，这是股后肌群主动不足。

②多关节肌被动不足：这是指多关节肌作为对抗肌在一个关节处被拉伸后，不能作为对抗肌在其余关节被充分拉长的现象。例如，小腿在膝关节伸直后再屈髋的幅度，明显小于屈膝条件下屈髋的幅度，其最重要原因就是股后肌群被动不足。

由于存在这两种现象，因此在运动实践中应该兴利抑弊；或是调节身体各部分位置，以避免多关节肌主动不足或被动不足；或是利用这些现象进行训练，加大难度，从而提高肌肉工作能力或伸展性。

（五）儿童和少年的解剖学特点

儿童和少年的身体形态和体形与成人不同。

在体形特点方面，相对而言儿童和少年的头大、躯干长、四肢短，重心不稳，四肢的皮下脂肪比躯干多。儿童10岁以后身体发育进入第二快速增长期，由于骨骼、肌肉迅速发育，形态变化很大，先长下肢再长躯干，最后达到成人体形特点。

在运动系统方面，儿童和少年的骨骼含有机物多、无机物少，可塑性大，不易骨折而易变形。由于骨骺未愈合，因此易发生骨骺损伤，有时影响正常发育。下肢骨的骨化过程比其他部分完成得晚，因此长时间负荷有可能导致下肢骨发育不充分，严重的则可能造成下肢骨弯曲（如"O"形腿等）和扁平足。脊柱的定型大约在 20 ~ 21 岁，因此要注意预防儿童、少年的脊柱变形。

儿童的肌肉体积和力量均小于成人，但弹性好。肌肉的发育有一定规律：在身高的快速增长期（女孩 11 ~ 13 岁，男孩 13 ~ 15 岁），肌肉的发育以长度占优势，而在体重快速增长期（15 ~ 16 岁以后），以肌纤维增粗、力量增大为主。体内各部肌肉发育不平衡，大肌肉先于小肌肉，因此幼小儿童精细工作能力差，15 ~ 18 岁时，肌力显著增大，功能日益完善，其准确性和灵活性均得到提高。

儿童和少年的心肌纤维较细，心脏体积小于成人，工作能力低于成人，因此，在运动负荷上要小于成人，特别是高强度、长时间运动需要安排得当，否则易使心脏受损。

儿童和少年的呼吸道黏膜较薄，肺中弹力纤维较少，胸廓较小，呼吸肌较弱。在运动中，要注意指导儿童和少年掌握正确的呼吸方法（包括呼吸方式、节奏等），以促进呼吸器官的发育。

儿童和少年的神经系统在构造上虽发育较快，较接近成人水平，但其生理机制明显不及成人，在运动训练中要特别注意这一点。

二、肌肉训练

肌肉是人体运动的动力装置，一切主动运动无不与肌肉工作有关，因而在各项目的训练中，都要十分注意肌肉训练。不同项目对肌肉有不同的要求，比如有的要求肌肉收缩有力，有的要求速度快，有的则要求一侧肌肉收缩的同时，另一侧肌肉有较大的伸展性。但如将上述要求归结起来，主要还是两大类：一类要求肌肉作为原动肌而工作，一类要求肌肉作为对抗肌而被动地受到拉伸。在这两类中，前者以力量训练最为典型，后者则是伸展性训练。

人体肌肉共有 600 多块。下面主要以关节运动为中心，对肌肉加以介绍。就皮划艇运动而言，重点是肩带、肩关节、肘关节、腕关节及躯干的运动，但下肢各关节的协调配合也不能忽视。

对于某些重点肌肉，下面将较全面地、综合性地介绍其机能，以及典型的练习手段。

（一）肩带运动肌群及其训练

①上提肩胛骨涉及的肌肉有斜方肌上部、菱形肌、肩胛提肌等。

②下降肩胛骨涉及的肌肉有斜方肌下部、胸小肌和前锯肌下部。

③前伸肩胛骨涉及的肌肉有前锯肌、胸小肌。

④后缩肩胛骨涉及的肌肉有斜方肌和菱形肌。

⑤上回旋肩胛骨涉及的肌肉有斜方肌上、下部肌纤维和前锯肌下部肌纤维。

⑥下回旋肩胛骨涉及的肌肉有菱形肌、胸小肌和肩胛提肌。

上述肌肉中，以斜方肌、前锯肌最为重要，下面予以介绍。

发展斜方肌肌力的练习较多，凡属肩胛骨上提、上回旋、后缩练习，均可锻炼斜方肌力量，例如提拉杠铃耸肩、负重直臂侧上举等。

凡使肩胛骨上回旋、前伸的练习，均可锻炼前锯肌力量，如实力推、俯卧撑推实心球、肩后拉橡皮带等。

（二）肩关节运动肌群及其训练

肩关节运动多为上臂在肩关节的运动，因而重点讲述上臂运动肌群。

①上臂屈肌：三角肌前部、胸大肌、喙肱肌和肱二头肌长头。

②上臂伸肌：三角肌后部、背阔肌、大圆肌、小圆肌、冈下肌和肱三头肌长头。

③上臂外展肌：三角肌和冈上肌。

④上臂内收肌：胸大肌、背阔肌、大圆肌、冈下肌、小圆肌和肩胛下肌。

⑤上臂旋内肌：肩胛下肌、胸大肌、三角肌前部、背阔肌、大圆肌。

⑥上臂旋外肌：三角肌后部、冈下肌和小圆肌。

上述肌肉中，以胸大肌、三角肌、背阔肌、肱二头肌、肱三头肌最为重要。由于肱二头肌和肱三头肌的主要机能是使肘关节运动，因而这两块肌肉将在肘关节有关内容中讲述，其余三块分述如下。

凡上臂屈、内收及拉引躯干向上等动作均可锻炼胸大肌力量，如双杠支撑摆动臂屈伸、卧推、引体向上、持哑铃仰卧，以及爬绳、爬竿等。

凡使上臂屈、伸、外展的动作均可锻炼三角肌肌力（分别锻炼肌肉的某部或整体），如负重直臂侧举、推手倒立、胸前提拉杠铃、持哑铃俯立侧平举等。

凡使上臂伸、内收及拉引躯干向上的动作均可锻炼背阔肌力量，如单杠引体向上、模拟皮艇练习动作、向后或由体侧向内拉拉力器、爬绳等。

（三）肘关节运动肌群及其训练

肘关节运动主要是前臂在肘关节的运动。前臂运动肌群有如下四类。

①前臂屈肌：肱二头肌、肱肌、肱桡肌和旋前圆肌。

②前臂伸肌：肱三头肌及肘肌。

③前臂旋内肌：旋前圆肌和旋前方肌。

④前臂旋外肌：肱二头肌、旋后肌、肱桡肌。

肘关节运动肌群中，以肱二头肌、肱肌、肱三头肌最为重要。

凡前臂屈的动作、向上引体的动作都能锻炼肱二头肌和肱肌力量，如持杠铃前平举、负重弯举、引体向上。

凡伸肘和伸肩动作均能锻炼肱三头肌力量，如推手倒立、负重直臂后伸和俯卧撑。

（四）腕关节运动肌群及其训练

腕关节的运动主要是手在腕关节的运动，相应肌肉有四群。

①手屈肌：桡侧腕屈肌、掌长肌、尺侧腕屈肌、指浅屈肌、指深屈肌、拇长屈肌。

②手伸肌：桡侧腕长伸肌、桡侧腕短伸肌、指总伸肌、尺侧腕伸肌等。

③手外展肌：桡侧腕屈肌、桡侧腕长伸肌、桡侧腕短伸肌、拇长伸肌等。

④手内收肌：尺侧腕伸肌、尺侧腕屈肌。

凡手屈的动作，均可锻炼手屈肌、前臂前群肌的力量，如反缠重锤练习、反握负重腕屈伸和握弹簧哑铃练习。

凡手伸的动作，均可锻炼手伸肌、前臂后群肌的力量，如正缠重锤、正握负重腕屈伸等练习。

（五）骨盆运动肌群及其训练

骨盆运动分前倾、后倾、侧倾和旋转。

①骨盆前倾肌：髂腰肌、股直肌、耻骨肌等。

②骨盆后倾肌：大收肌、臀大肌、股二头肌、半腱肌、半膜肌等。

③骨盆侧倾肌：主要有同侧的臀中肌、臀小肌。

④骨盆回旋肌：同侧梨状肌和对侧臀大肌。

重点肌肉有髂腰肌、股直肌、大收肌、臀大肌、股二头肌、半腱肌、半膜肌等。但这些肌肉同时又是髋关节肌肉，我们将在后面有关髋关节的内容中详细介绍。

（六）髋关节运动肌群及其训练

髋关节运动主要是大腿的运动，下面分述大腿运动的各肌群。

①大腿屈肌：髂腰肌、股直肌（股四头肌的一个头）、缝匠肌、阔筋膜张肌、耻骨肌。

②大腿伸肌：臀大肌、大收肌、股二头肌、半腱肌、半膜肌。

③大腿外展肌：臀中肌、臀小肌、臀大肌上部、梨状肌。

④大腿内收肌：大收肌、长收肌、短收肌、耻骨肌、股薄肌等。

⑤大腿旋内肌：臀中肌前部、臀小肌前部、阔筋膜张肌。

⑥大腿旋外肌：髂腰肌、臀大肌、臀中肌后部、耻骨肌、梨状肌等。

髋关节运动肌群中，以髂腰肌、股四头肌、臀大肌、股二头肌、半腱肌、半膜肌、大收肌最为重要。

凡大腿屈或躯干屈的动作均可锻炼髂腰肌力量，如悬垂举腿、高抬腿跑、仰卧剪腿。

凡使大腿屈、小腿伸的动作均可锻炼股四头肌力量，如负重深蹲起、负重半蹲跳、高抬腿等。

凡使大腿伸同时小腿屈的练习均可锻炼股四头肌伸展性，如跪撑后倒、后耗腿和后压腿等。

凡伸髋的练习均可锻炼臀大肌力量，如俯卧背腿、负重腿屈伸、后蹬跑。

凡使大腿伸的练习均可锻炼股后肌群力量，如后踢腿、俯卧小腿拉橡皮带。

锻炼股后肌群的伸展性非常重要，凡是伸膝同时屈髋的动作都可发展其伸展性，如正压腿、纵劈腿和正踢腿。

凡大腿内收动作均可锻炼大收肌力量，如直腿拉橡皮带内收练习、武术中的里合腿、足内侧踢实心球等。

凡大腿外展动作均可锻炼内收肌群伸展性，如横劈腿、侧压腿、侧耗腿等。

（七）膝关节运动肌群及其训练

膝关节的运动多是小腿在膝关节处的运动，相应肌群共有四类。

①小腿屈肌：股二头肌、半膜肌、半腱肌、缝匠肌、股薄肌、腓肠肌。

②小腿伸肌：股四头肌。

③小腿旋内肌：半膜肌、半腱肌、缝匠肌等。

④小腿旋外肌：股二头肌等。

小腿运动肌群中，最重要的是股后肌群、股四头肌和腓肠肌。

这些肌肉有的已于前述，有的将在足运动肌群中述及。

（八）足关节（距上、距下联合关节）运动肌群及其训练

足关节运动主要是足在足关节处的运动，包括屈、伸、内翻、外翻。

①足屈肌：小腿三头肌、胫骨后肌、拇长屈肌、趾长屈肌等。

②足伸肌：胫骨前肌、拇长伸肌、趾长伸肌。

③足内翻肌：胫骨前肌、胫骨后肌、趾长屈肌、拇长屈肌。

④足外翻肌：腓骨长肌、腓骨短肌等。

上述肌肉中，最重要的有小腿三头肌、胫骨前肌。

凡足跖屈动作均可锻炼小腿三头肌力量，如负重后蹲跑、负重屈身跳、负重提踵。

勾足尖前压腿、前耗腿和前控腿等可发展小腿三头肌的伸展性。

凡足伸动作均可锻炼胫骨前肌力量，如各种负重勾足尖练习。

（九）脊柱运动肌群及其训练

脊柱的运动表现为躯体运动，脊柱屈为屈体，脊柱伸为展体。脊柱侧屈为体侧屈，脊柱回旋则为转体。

①屈体肌：腹直肌、腹外斜肌、腹内斜肌及髂腰肌。

②展体肌：斜方肌、夹肌、竖脊肌。

③体侧屈肌：同侧屈体肌、展体肌。

④转体肌：主要是同侧腹内斜肌、对侧腹外斜肌。

上述肌肉中最重要的是竖脊肌、腹直肌、腹外斜肌和腹内斜肌。

凡展体动作均可锻炼竖脊肌力量，如提拉杠铃、负重体屈伸、俯卧臂腿上振。

屈体或举腿（要超过水平位）练习均可锻炼腹直肌力量，如仰卧起坐、仰卧举腿、仰卧直角坐、悬垂举腿等。

举腿动作、转体动作可以锻炼腹内斜肌、腹外斜肌力量，如悬垂举腿、负重体侧屈、负重转体、持球掷远。

第二节　皮划艇运动员的生理学知识

一、运动生理学基础

影响皮划艇运动成绩的因素很多，但诸多因素中没有任何一项可以比人的因素更重要。有人做了一个生动的比喻：皮划艇好比一艘船，人好比其中的发动机。发动机功率的大小在很大程度上决定着船的速度，因而研究皮划艇运动必须由研究人体入手。这部分内容将扼要介绍有关皮划艇运动员的生理学基础知识。

（一）肌肉的活动

人体的运动是通过肌肉的收缩来实现的。肌肉在接受神经冲动后，通过将肌肉中储存的及由血液中摄取的化学能转变为机械能，从而实现人体的各种各样的运动。肌肉的这种接受神经冲动、实现能量转化，以及肌肉收缩的精细调节等都有其特殊的结构基础。

1.肌肉的构造

（1）基本概述

在显微镜下仔细观察一块肌肉的横切面，会发现肌肉是由许多肌纤维组成的。每根肌纤维，即一个肌细胞都被一层结缔组织膜——内膜所包裹，并借此与相邻的肌纤维分开。许多包被有肌内膜的单根的肌纤维集合成束（约150根）叫作肌束，肌束被一层较为疏松的结缔组织膜包被，谓之肌束膜。肌束膜向肌束内发出结缔组织隔，叫作小梁，把肌束分成许多部分。许多肌束构成了肌腹。肌腹外面又覆有一层疏松结缔组织膜，称作肌外膜。肌束膜和肌外膜相互延续，共同融入肌腱中。肌腱是非常坚韧的结缔组织，借此肌肉与骨骼连在一起。在肌内膜下是肌细胞的膜，它包裹着肌细胞的胞浆。胞浆中有收缩蛋白、酶脂肪粒、核和各种细胞器等。在胞浆中还嵌着纵横交错的管状结构，叫作内质网。这些特殊的结构是肌肉实现其功能的基础。

（2）肌纤维的微细结构

上述关于肌肉的构造的描述是在光学显微镜下所观察到的。这种粗略的描述没有涉及肌肉细胞的内部，不能解释肌肉的收缩机制。电子显微镜、X光衍射和组织化学染色技术等的发展使我们能够进一步观察到肌纤维的内部。每根肌纤维都是由更小的功能单位——肌原纤维组成。肌原纤维呈纤维状，直径约1微米，沿肌纤维的长轴平行排列。

肌原纤维是由更小的肌丝组成的，肌丝也是沿着肌原纤维的长轴排列的。肌丝主要由两种蛋白质组成，肌动蛋白组成细肌丝，肌球蛋白组成粗肌丝。细肌丝中还有小部分原肌凝蛋白和肌钙蛋白。每条粗肌丝都是由 200 ～ 300 个肌球蛋白分子组成的，每个分子都呈长杆状，一端有膨大的、弯曲的球部，形成横桥。横桥有两个特性：一是可以和细肌丝结合并且产生摆动；二是具有三磷酸腺苷（ATP）酶活性，可分解利用 ATP。肌管系统指包绕在每一条肌原纤维周围的膜性囊管状结构。这些囊管状结构实际是由来源和功能都不相同的两组独立的管道系统组成的。一部分肌管的走行方向和肌原纤维相垂直，称为横管系统，简称 T 管。T 管实际是肌细胞膜向内凹入形成的。肌原纤维周围还有另外一种管道，走行方向与肌原纤维平行，称为纵管系统，简称 L 管。纵管在接近两端的横管时管腔出现膨大，称为终末池。终末池中储存了大量的钙离子。每一横管和来自两侧的纵管终末池共同形成了三联管结构。

肌肉中含有丰富的线粒体，它们能够利用由毛细血管扩散到肌细胞中的氧来氧化由糖原、脂肪酸等在胞浆中形成的丙酮酸和脂酰转酶 A 产生肌肉可直接利用的能量形式 ATP，供肌肉收缩。胞浆中含有许多酶，一方面这是产生线粒体可氧化的底物，另一方面可在无氧条件下产生部分 ATP，这在肌肉缺氧时特别重要。

2. 肌肉的收缩机制

当由运动神经元传来的兴奋冲动以动作电位的形式通过运动终板到达肌肉膜后，该动作电位便在肌纤维膜上传导。已知肌管系统中的横管本身就是肌纤维膜，而动作电位在单细胞中的传导是"全或无"的，因而通过了运动终板的动作电位可到达整个肌细胞的膜，也就是说可以到达整个细胞的所有横管。横管在三联管处与纵管非常靠近，到达三联管结构中横管的动作电位可引起终末池释放其储存的钙离子。由于终末池是肌浆网的膨大部，其释放的钙离子可到达肌原纤维，与细肌丝中的肌钙蛋白结合，从而引起一系列收缩蛋白的结构变化，最终引起粗肌丝和细肌丝的相互滑动，实现肌肉收缩。

3. 肌肉的血液供应

血管围绕每一条肌纤维，在肌内膜中形成广泛的毛细血管网。通过观察肌肉组织横断面发现，每平方毫米肌肉组织具有 200 ～ 500 根毛细血管分布。通常每个肌纤维便具有 4 根毛细血管。毛细血管的数量还可因训练而增加。有研究表明，进行耐力训练的人比无训练的对照组每平方毫米肌肉组织的毛细血管分布量高 40%。毛细血管丰富程度的增加显然提高了肌肉的氧供，为肌肉利用氧提供了良好条件。肌肉的血液供应还受运动方式的影响。在皮划艇运动中，肌肉的收缩和放松相间隔，这时肌肉的血流是波浪式的：肌肉收缩时，由于肌内压力升高而导致血流下降；肌肉放松时，由于肌内压力下降而引起血流量上升。同时由于肌肉收缩时的高压有助于肌肉中的静脉血回心，肌肉放松时的低压有助于动脉血的充盈，与"唧筒"（即水泵）的工作原理相似，加速了肌肉的血液循环。

在静力性或等长运动中，由于肌肉一直保持收缩状态，肌内压力居高不下。一般情况下当肌肉用力达到最大力量的 60% 时，肌内压力便可阻断血流，这时肌肉便得不到血供，也就得不到氧供，其能量代谢要更多地依靠无氧代谢来进行。

4. 运动单位

运动神经元的每条终束纤维分支支配几条至上百条甚至更多的肌纤维。我们将一个运动神经元及其所支配的肌纤维称作一个运动单位。一个神经元是一个细胞，其兴奋的产生是"全或无"的，即对每个运动单位来说，每次收缩都是最大收缩。我们所感受到和所观察到的不同的肌肉收缩强度，是由于运动单位的动员数量不同而造成的。刺激强度越大，运动单位的动员数量越多，收缩强度也越大。

5. 肌纤维类型

一块肌肉中的肌纤维并不都是一样的。根据肌纤维的收缩特性和代谢特点，可将肌纤维分为两大类：快肌纤维，也叫Ⅱ型纤维；慢肌纤维，也叫Ⅰ型纤维。

（1）快肌纤维

快肌纤维具有较高的电化学转换能力，肌浆球蛋白的 ATP 酶活性较高，肌质网对钙离子的释放和再摄取速度快，横桥摆动速度快，表现出收缩速度快、力量大的特点。在供能系统中，糖酵解系统较发达，可以快速供能。快肌纤维又可分为Ⅱ–a 型纤维和Ⅱ–b 型纤维。

Ⅱ–a 型肌纤维是介于慢肌纤维与Ⅱ–b 型之间的一种纤维，它具有较快的收缩速度，同时具有很高的有氧供能能力和酵解供能能力，因而又叫作快速氧化酵解型纤维。

Ⅱ–b 型肌纤维收缩速度很快，具有很高的糖酵解供能能力，而有氧供能能力却非常低，又叫作快速酵解型纤维。

（2）慢肌纤维

慢肌纤维的肌球蛋白 ATP 酶活性较低，收缩速度慢。肌细胞中 ATP 的再合成主要依靠有氧代谢来完成，糖酵解的酶活性相对较低，细胞中含有的线粒体数量多，有利于有氧代谢的进行。这种纤维耐疲劳，又叫作缓慢氧化型肌纤维。慢肌纤维的线粒体数量大，因为线粒体与肌红蛋白结合，所以慢肌纤维呈红色，又叫作红肌；而快肌纤维相对较白，又叫作白肌。

（3）不同肌纤维类型对运动训练的适应

对于不参加运动训练的人来说，快慢肌纤维的比例平均为 1∶1，而且全身各主要肌肉的分配比例非常接近，男女之间没有差异。但如果我们考察训练有素的运动员就会发现：耐力性项目运动员的慢肌纤维比例特别高，例如一名优秀滑雪运动员的慢肌纤维可达 90%；速度力量性项目运动员的快肌纤维比例特别高，例如一名优秀短跑运动员的快肌纤维比例可达 74%。这是训练的作用还是选择的结果尚不明了，但一般认为人体骨骼肌的肌纤维类型百分比是由遗传决定的，训练对它的影响极小或没有影响。不同类型的肌纤维的特点不同，特别的肌纤维类型分布对于某些项目的运动特别有利。训练不能改变肌纤维类型，这是不是说运动成绩不能通过训练来提高呢？不是。一方面，运动成绩并不能由肌纤维类型这一单一因素来决定，还有许多诸如心脏、神经、骨骼、关节等因素的影响；另一方面，训练虽不能改变肌纤维类型，但却能明显改变肌肉的代谢能力。大量的研究表明，耐力训练可使慢肌纤维选择性肥大；力量训练可使快肌纤维选择性肥大；高强度的耐力训练可明显增强Ⅱ–b 型纤维的有氧代谢能力，使其向Ⅱ–a 型纤维转变。有研究表明，通过高强度耐力训练后的人其快肌纤维的有氧氧化能力较无训练的人的慢肌纤维的氧化能力更高。

虽然运动训练能够影响肌纤维的工作能力，但肌纤维类型的百分比仍然对运动成绩的提高起到很大作用。优秀运动员是训练和遗传共同造就的，因而肌纤维类型百分比在科学选材中十分重要。

（二）氧运输

肌肉是一个能量转化系统，它将储存在能源物质中的化学能转变为机械能。这种转化的第一步就是对能源物质的氧化。这就需要将外环境中的氧分子摄入体内。这个过程需要呼吸、循环、血液等系统的参与。

1. 肺呼吸

肺呼吸指血液与外界环境之间的气体交换，包括肺通气和肺换气。我们将肺与外界环境之间进行的气体交换过程叫作肺通气，它是通过胸廓的运动来实现的。

肺换气是指肺泡与肺泡毛细血管之间的气体交换。肺通气的最终目的是肺换气，肺换气的主要场所是肺泡，呼吸道的绝大部分不能进行肺换气，因而只有到达肺泡的气体才是有效的肺通气。在我们的每次呼吸中，留在呼吸道中的气体最先呼出体外，并不参加气体交换，在生理学上我们把这部分容积叫作解剖死腔，约为 150 毫升。在通气量一样的情况下实际有效的通气量不一定一样。因此，我们利用肺泡通气量来衡量通气功能。

每分钟肺泡通气量＝（潮气量－解剖死腔）×呼气频率

其中，潮气量是指平静呼吸时每次吸入或呼出的气量。它与年龄、性别、体积表面、呼吸习惯、肌体新陈代谢有关。运动中为了提高呼吸的效率，我们要求运动员提高呼吸深度、控制呼吸频率，就是要在保持肺通气量不变的情况下提高肺泡通气量。

在安静状态下，肺活量、潮气量、每分通气量等主要受年龄、性别、身高等因素的影响，而与是否训练的关系不大。有研究表明，马拉松运动员与相同年龄、身高的普通人对照组相比，安静状态下的肺通气功能没有差别。最大通气量可通过训练而得到提高，这主要是因为呼吸肌的力量和耐力得到提高所引起的。

对于皮划艇运动员来说，由于上肢用力的缘故，胸廓的运动受到限制，因而限制了呼吸的深度，容易出现高肺通气量、低肺泡通气量的现象，这是我们在训练中要注意纠正的。虽然肺通气对于人的有氧能力是十分重要的，但大多数的研究表明，对于正常的人体来说，肺通气功能不构成对有氧能力的限制。

2. 氧和二氧化碳在血液中的运输

（1）氧的运输

通过肺换气，吸入空气中的氧顺着氧分压梯度扩散到血液中。但血浆的氧溶解度很低，约为 0.3 毫升氧 /100 毫升血浆。如果血液仅仅依靠血浆的载氧能力来进行氧的运输，那么在安静的状态下我们也需要约 80 升的血来满足机体对氧的需求，这样的血量相当于目前有记载的最大心排血量的两倍。实际上我们的血液中含有一种能结合氧的物质，叫作血红蛋白。由于它的存在，血液结合氧的能力比血浆提高了 65 ～ 70 倍。每一克血红蛋白可结合 1.34 毫升的氧，正常男子的血红蛋白浓度为 120 ～ 160 克 / 升，女子约为 110 ～ 150 克 / 升，这样，血液的结合氧的能力平均为 20 毫升氧 /100 毫升血液。

血红蛋白在氧分压高的情况下可与氧发生氧合作用，其结果是生成氧合血红蛋白。氧合血红蛋白与氧的结合没有电子的转移，结合得非常疏松，在氧分压低的情况下又可与氧分离。

（2）二氧化碳的运输

氧的运输是由肺到组织，而二氧化碳的运输方向正好相反，是由组织到肺。组织的代谢不断地产生着二氧化碳，使组织的二氧化碳分压高于动脉血，于是发生二氧化碳由组织向动脉血的扩散。二氧化碳在血液中的运输以三种方式进行：物理溶解、碳酸氢盐、氨基甲酸血红蛋白。代谢产生的二氧化碳大约有 5% 是以物理溶解的形式运输的。

二氧化碳扩散到血浆中，使血浆的二氧化碳分压提高，促使二氧化碳向红细胞扩散，在红细胞内形成大量的碳酸氢盐。碳酸氢盐可扩散到血浆中去。在肺一侧由于肺泡气中二氧化碳分压低于静脉血，因而发生方向相反的反应，将二氧化碳排出体外。以这种形式运输的二氧化碳约占代谢产生的二氧化碳的 88%。

二氧化碳还可以与血红蛋白结合形成氨基甲酸血红蛋白。在组织一侧，二氧化碳分压较高，血红蛋白便与扩散到红细胞中的二氧化碳结合，形成氨基甲酸血红蛋白；在肺一侧，由于二氧化碳分压的降低，血红蛋白与二氧化碳分离。以这种形式运输的二氧化碳约占运输总量的 7%。

血液的主要功能之一是运输氧和二氧化碳，完成运氧功能的主要物质是红细胞中的血红蛋白。运动训练中我们常常利用血液中血红蛋白浓度来评价运动员的机能状态：机能状态良好时，血红蛋白值较高；在疲劳、机能状态下降、过度训练时，往往伴有血红蛋白值的下降。

3. 血液循环

血液是氧和二氧化碳运输的载体，这个载体必须在运动的状态下才能发挥其运输作用。血液在血管中运动，运动的动力来自心脏的搏动。心脏和血管构成了机体的循环系统。

血液循环系统是一个闭合系统，血液在其中按一定方向运动。由心脏搏出的是动脉血，携带着氧到达组织；由组织回心的是静脉血，携带着二氧化碳。

（1）心脏

心脏的主要功能是泵血，心排血量是监测心脏泵血功能的重要指标。

①搏出量

一次心搏，一侧心室射出的血量称为每搏输出量，简称搏出量。

②射血分数

心室舒张期内，心室被回心血液逐渐充盈，至舒张末期充盈量达到最大，此时心室的容积称为舒张末期容积。心室射血末期容积最小，这时的心室容积叫作收缩末期容积。舒张末期容积与收缩末期容积之差为搏出量。心肌的每一次收缩并不能将回心的全部血液搏出，我们将搏出量与舒张末期容积之比叫作射血分数。

③每分输出量

一分钟的时间里一侧心室射出的血液总量称为每分输出量，简称心排血量，等于搏出量与心率的乘积。心排血量与机体的代谢水平相适应，可因性别、年龄及其他生理因素而不同。健康成人安静时的心率约为 75 次 / 分钟，搏出量约为 70 毫升，心排血量约为 5 000 毫升。在剧烈的运动中，心率可达 180 ～ 200 次 / 分钟，搏出量也可增加到 170 毫升，优秀运动员的心输出量可达 34 000 毫升之多。

心排血量要受到心率、心肌收缩能力、回心血量和外周阻力等因素的影响。心率的提高也增加了心脏的泵血次数，在一定范围内，它的增加可引起心排血量的增加，但如果心率过快，会缩短心脏的充盈时间，使搏出量下降，进而引起心排血量的下降。

心肌收缩力的增加可提高射血分数，从而提高心排血量。

回心血量的增加可增加心室肌的初长度，进而增加心肌收缩力。

外周阻力指动脉血压，它的增加可加大心肌收缩的后负荷，从而减小心室肌的收缩程度和速度，使射血速度减慢，搏出量减少。

（2）血管

血管由动脉、毛细血管和静脉三大类组成。除毛细血管外，其他血管的管壁中都有平滑肌存在，可受到神经和激素的调节。支配血管的主要是交感缩血管神经纤维，其节后纤维释放的递质是去甲肾上腺素。血管平滑肌的肾上腺素能受体有两种，即 α 受体和 β 受体。与前者结合引起血管收缩，与后者结合引起血管舒张。但去甲肾上腺素与 α 受体的结合力较强，故交感缩血管纤维兴奋引起的是缩血管效应。交感缩血管纤维具有紧张性活动，大部分的血管依靠其紧张性活动的强弱来调节舒缩。

在动物的骨骼肌的血管中还有交感舒血管神经纤维的存在。这种纤维的递质是乙酰胆碱，平时没有紧张性活动，只有在剧烈运动中才起作用。

调节血管活动的体液因素很多，血管紧张素、血管升压素和去甲肾上腺素等都可使血管收缩；肾上腺素可使内脏器官和皮肤的血管收缩，而使骨骼肌的血管舒张；局部的代谢产物也可使血管扩张。

运动中血液的重新分配，运动中交感神经兴奋，肾上腺素分泌增加，引起肌肉内的血管扩张，而内脏器官的血管收缩，使血液更多地流向肌肉。由于肌肉的活动增加，肌肉内的局部代谢产物增多，也促进了肌肉血流量的增加。

4. 组织换气

通过肺换气将空气中的氧分子摄入动脉血中，并将静脉血中的二氧化碳排出体外。氧分子以血液为载体，沿着动脉血管运输到组织的毛细血管，在那里发生组织换气。

动脉血的氧分压高于组织液，于是动脉血中的氧分子扩散到组织中；组织中的二氧化碳分压高于动脉血，其二氧化碳便扩散到动脉血中。这种气体交换的速度与气体的分压差、血流量和扩散面积有关。以骨骼肌为例，当肌肉处于静息状态时，所消耗的氧量和产生的二氧化碳很少，动脉血的氧分压与组织的氧分压差值也很小，因而扩散速度很慢。再加上静息时肌肉的毛细血管大多处于闭合状态，毛细血管与组织之间的距离很大，血流量和扩散面积都较小，而扩散距离却加大。这些因素加在一起，使得组织换气的速度和量都很小。在肌肉运动时，肌组织的耗氧量增加，二氧化碳的产生量也增加，使组织中的氧分压降低，二氧化碳分压升高，而血液的氧分压和二氧化碳分压却基本不变，这样组织与血液的氧分压和二氧化碳分压差值最大，气体的扩散速度加快。再者，毛细血管因交感舒血管神经纤维的活动增强，肾上腺素分泌增多，代谢产物浓度上升而开放量大增，使血流量增加，使得扩散速度和扩散量都增加。

组织换气的进行在很大程度上受到组织代谢率的影响，其最大换气速度和量又受到组织最大氧化代谢能力的影响，组织的这种能力与其进行氧化代谢的场所——线粒体的体积、数量以及线粒体内的各种酶的活性有关。

5. 最大吸氧量

经过肺换气、血液循环和组织换气等诸多环节，氧分子最终到达组织并被最终利用。

我们将机体每分钟摄入体内并被组织利用的氧量叫作每分吸氧量或每分耗氧量。在机体有关氧运输和利用氧的器官和系统的功能水平达到最大时，机体每分钟摄入体内并被利用的氧量叫作最大吸氧量。它是衡量机体有氧能力的最客观的指标，在很大程度上受到遗传的限制，因此是选材时的重要指标。

机体对氧的利用经过了诸多环节，各个环节都相互依赖、相互制约。肺换气受到肺血流量和血液载氧能力的制约，肺血流量受到循环系统的制约，载氧能力与血红蛋白浓度以及组织的氧利用率有关，而组织的氧利用率又与组织的活动水平和代谢能力有关。因此，每个环节都可能是限制最大吸氧量的因素。这方面的研究很多，但结论不一。最近有许多研究者认为高强度运动时的肌肉微循环是限制最大吸氧量的重要因素。

（三）肌肉运动时的能量供应

ATP，即三磷酸腺苷，是肌肉唯一可以直接利用的能量形式。在肌球蛋白的横桥头部含有 ATP 酶，可分解 ATP，使其放出能量供肌肉收缩用。

ATP 作为能量的提供体在肌肉能量代谢中起着极其重要的作用，但它在体内的储存量较少，况且运动中不可能将其用光。在实际的高强度运动中，体内储存的 ATP 只能供能约 1～2 秒，在其他供能水平提高之前发挥承接作用。虽然 ATP 的体内储存量极少，但无论机体处于何种状态、疲劳与否，它总是维持在一定水平。即使在精疲力竭时，也能保持安静水平的 60%～70%，其原因在于 ATP 在分解的同时不断地进行着再合成。再合成的途径有三条，也就是我们常说的三个供能系统。

1. ATP–CP 系统

ATP–CP 系统（磷酸原系统）是指肌肉中储存的高能磷酸键分解后合成肌肉中 ATP 来提供能量的系统，该系统包括两个基本反应。

（1）腺苷酸激酶催化的反应

ATP 分解放能的产物二磷酸腺苷（ADP）可在腺苷酸激酶的作用下继续分解，释放出能量供 ATP 的再合成。

（2）肌酸激酶催化的反应

肌酸激酶（CK）是一种酶，参与肌肉组织中磷酸肌酸（CP）与 ADP 之间的相互转化。这个催化反应是体内能量代谢的一部分，尤其是在肌肉中，以确保细胞有足够的能量进行各种生物学活动，如肌肉收缩。肌酸激酶催化的主要反应是 CP 和 ADP 之间的互相转换，这个过程中涉及肌酸作为储存和传递能量的化合物。这个反应在肌肉组织中经常发生，特别是在需要迅速释放能量以支持肌肉活动的情况下，如运动或其他高强度活动。因此，肌酸激酶在体内能量代谢中扮演着重要的角色。

2. 乳酸供能系统

糖原分解为丙酮酸的过程中可放出能量，该过程中脱下的氢可使丙酮酸还原为乳酸。这个供能途径简称乳酸供能系统。这个系统中，实际供能的还是糖原的分解，只是在缺氧状态下脱下的氢不能进入呼吸链产生 ATP，而是将丙酮酸还原成了乳酸。其实，乳酸在乳酸供能系统中并不供能。

乳酸供能系统可以在无氧的条件下产生能量，在机体高强度运动而供氧不足时显得尤为可贵。每个葡萄糖分子经过该途径可净生成两个 ATP 分子，糖原的一个葡萄糖单位经过该途径可净生成三个分子 ATP。这在高强度运动的开始阶段对保持 ATP 和 CP 的水平起到了重要作用：由于它产能快，供能功率大，使运动开始阶段的高强度不至于因 ATP 和 CP 的消耗而下降。该供能途径的终产物为乳酸。乳酸的产生和积累可对内环境造成影响，使氢离子浓度升高，甚至发生代谢性酸中毒。肌肉中乳酸积累太多时可抑制糖酵解的继续进行，因而必须有合理的去路，那就是继续氧化糖异生和排泄。

快肌细胞产生乳酸的能力高于慢肌细胞，而慢肌细胞氧化乳酸的能力却大于快肌细胞。因此，在同一肌肉中，快肌细胞产生的乳酸，可穿过肌细胞膜进入慢肌细胞被氧化。另外，工作强度较高的肌肉产生的乳酸可穿过毛细血管壁进血液到达工作强度较低的肌肉中被氧化，或到达内脏器官中进行糖异生。

3. 有氧氧化供能系统

机体运动的能量最终来自能源物质的有氧氧化。运动中可利用的能源主要为糖和脂肪，蛋白质参与供能的量很少。

每分子葡萄糖在有氧条件下经过糖酵解、三羧酸循环以及反应过程中脱下的氢经过呼吸链的氧化磷酸化可使 36 分子 ADP 转变为 ATP，代谢产物是二氧化碳和水。这两种代谢产物可通过呼吸排汗、排尿等途径排出体外，不会干扰内环境的稳定。脂肪分解后，其甘油部分可经过酵解和三羧酸循环产生 19 分子的 ATP，其脂肪酸部分可经过 β - 氧化和三羧酸循环产生大量的 ATP，产量可因脂肪酸的分子大小而异。含有三个 18 碳饱和脂肪酸的甘油三酯分子的脂肪酸部分可使 441 个 ADP 转变为 ATP。

另外，在乳酸供能途径中产生的代谢产物也可通过有氧氧化途径继续供能。每个乳酸分子经有氧氧化可使 18 个 ADP 转化为 ATP。由于乳酸是可解离出 H^+（氢离子）的酸性物质，会对内环境的 pH 值产生影响，所以必须将其清除，清除的主要途径之一就是继续氧化。

ATP-CP 系统是运动开始阶段在各供能系统之间起着衔接作用的重要供能方式，它在运动中消耗的部分必须在运动停止后及时补充，以保证下一次运动能够继续进行，其补充的主要途径也是有氧氧化系统的供能。

糖原在人体内的储量很大，对于皮划艇运动来说，糖原是主要的能源也是最好的能源。脂肪的储存量更大，约占体重的 15%（男）或 25%（女）。对于任何一项运动来说，能源物质的储存是足够的。

与前两种供能途径相比，有氧氧化途径的特点是供能量大、经济性高。代谢产物不干扰内环境的稳定。有氧氧化途径不仅是提供大量能量的途径，而且也是保证乳酸供能系统和 ATP-CP 供能系统能够发挥作用的基础。但有氧氧化系统的供能必须有氧分子的参与，受到氧运输系统动员速度的制约，也受到氧运输系统能力的制约，因此动员较慢、输出功率较小。

4. 三个供能系统之间的相互关系

ATP 是肌肉唯一可以直接利用的能源形式，肌肉储存的 ATP 在任何形式的运动中都首先分解供能。ATP 分解供能后其浓度必然下降，而且 ADP 和磷酸的浓度上升，这时腺苷酸激酶催化的反应被激活，两个 ADP 反应产生一个 ATP 和一个活化蛋白激酶（AMP）。同时，肌酸激酶催化的反应使 CP 分解，供 ATP 和 ADP 的再合成。上述反应造成 ATP 和

CP 浓度的下降，AMP、ADP 和磷酸浓度的升高，这对糖的分解代谢的酶活性起到了激活作用，使糖的分解代谢加强，补充 ATP 和 CP 的储存水平。运动中，能量代谢的加强，ATP 和 CP 的排空加快，ADP、AMP 及磷酸的浓度上升速度加快，使得糖的分解速度大大提高。同时，运动时儿茶酚胺水平上升，也大大促进了糖的分解代谢水平。有研究指出，高强度运动中，丙酮酸的产生速度可达安静时的 1000 倍。

糖是运动中肌肉利用的主要能源物质，而糖的分解必须由糖酵解开始。丙酮酸是有氧氧化反应和乳酸供能系统的交界。丙酮酸有两条去路，一是进入线粒体进行有氧氧化，二是在乳酸脱氢酶的作用下生成乳酸。当丙酮酸的产量太高不能全部进入线粒体时，或由于其他原因致使线粒体缺氧时，必然使乳酸等生成增加，以解除丙酮酸对糖酵解的抑制作用。其实在任何状态下，乳酸的生成都是存在的。

在生理状态下，三个供能系统同时地、不间歇地工作着。安静状态和低强度运动时，ATP、CP、乳酸的分解和合成的速度相等，乳酸供能系统和 ATP-CP 系统没有净供能，只有有氧氧化系统净供能，所以，有时我们说安静状态下的能量供应由有氧氧化系统来完成。在高强度运动时，ATP 和 CP 的排空不能在运动中得到完全补充，乳酸的生成大于乳酸的消耗，出现乳酸的积累，ATP-CP 系统和乳酸供能系统出现了净供能。运动的时间越短，强度越高，这两个供能系统的净供能比例就越高。因此，有时我们说短跑运动中主要是 ATP-CP 系统供能，皮划艇 200 米比赛时主要是乳酸系统供能。

虽然不同形式的运动中各供能系统的净供能比例不同，但并不是说某个供能系统可以在某种运动中或某个运动阶段独立供能。其实，三个供能系统是一个统一的整体，无时无刻不在相互促进、制约、激活，共同参与机体的能量供应。在这个统一的整体中，ATP-CP 系统只是起到一个时间和空间的缓冲作用，一方面在其他供能系统的速度调动起来之前保证运动对能量的快速需求，起到时间缓冲作用；另一方面将线粒体产生的 ATP 传递到肌原纤维的肌球蛋白，起到空间缓冲作用。乳酸供能系统是在有氧氧化系统充分调动之前或在运动的强度大于最大有氧氧化能力时发挥作用，其净供能的持续时间由于乳酸的积累而受到限制。有氧氧化系统是产量最大和最经济的供能途径，但其调动速度慢，功率输出小，在高强度运动中或运动的开始阶段需要前两条供能途径的参与和补充。在有氧氧化系统功能被充分调动以后，又能对 ATP-CP 的再合成、乳酸的氧化和 H+ 的降低起到积极作用，从而保证供能系统的连续。

任何一项运动的完成都不可能利用单一的供能系统来完成。有研究表明，受试者在全力运动 30 秒之内耗氧量即可达到最大吸氧量的 74%，可见在这样短时间的高强度运动中，有氧氧化系统也起了相当大的作用。在较长距离的项目中，如皮艇的 1 000 米，虽然血乳酸的积累只可达 15 毫摩尔 / 升，但由于乳酸的穿梭作用，进入同一块肌肉的慢肌纤维，或进入运动强度较小的肌肉或其他器官被氧化，因而工作肌实际通过乳酸系统的供能远比我们设想得多。

在任何一项运动中，由于个体生理机能特点不同，三个供能系统之间的比例在个体之间存在差异。有氧能力强的个体比有氧能力差的个体依赖有氧氧化供能的比例大一些。相反，乳酸系统供能能力强的个体通过乳酸系统供能的比例比其他个体要大一些，并不存在统一的比例。

（四）青少年的生理学特点

1. 神经系统

（1）神经系统的可塑性

我们的大脑能不断地学习新东西，可见脑的神经回路网络并不是一经形成其形状和功能就一成不变了，它具有因生长的环境条件不同和不断学习而产生变化的可能性，这就是神经系统的可塑性。

我们的一切活动都是在神经系统的支配下进行的。神经与其靶细胞之间的关系并不是简单的支配与被支配的关系。一方面神经通过发放冲动，分泌特殊的营养物质等对靶细胞的活动模式、器官的发育和分化产生影响，例如，失去神经支配的肌肉要萎缩、失去神经支配的视网膜不能发育；另一方面，靶细胞的传入冲动对脑的发育有着极其重要的影响。

从神经生理学的角度来看，早期的训练对运动技能的形成极其有利。在我们的生活中也可以发现，从小学会的运动技能最稳固、最协调。早期的训练对速度素质也有很大影响，速度素质在很大程度上与神经的活动方式有关。有人认为 10 ～ 13 岁是训练速度的最好时机，在 16 ～ 18 岁以后的训练不会对速度素质产生明显的影响。

（2）青少年的学习特点

学习是大脑皮层的功能。新生儿阶段，大脑皮层的抑制过程占优势，随着年龄的增长，兴奋性逐渐增强，6 ～ 13 岁时，兴奋过程占优势，活泼好动，注意力不集中。13 ～ 14 岁时，皮层抑制调节功能达到一定水平，能较快建立条件反射。儿童期大脑皮层的第一信号系统占优势，对形象、具体的事物较敏感。9 ～ 16 岁，第二信号系统中语言联想能力逐渐提高，到 16 ～ 18 岁两个信号系统发展基本完善。在训练中要充分利用这些特点，针对不同的对象采用不同的教学方法。

2. 骨、关节和肌肉

（1）骨

青少年处在生长发育阶段，骨质软，骨径细，软骨成分多，骨化不完全。在生长过程中，骺软骨不断增长并骨化，使骨增长。骨膜下的成骨细胞不断增生，使骨径增粗。青春期后，骺软骨逐渐完全骨化。20 ～ 25 岁时骨化完成。与成人相比，青少年的骨的有机质较多，弹性大，韧性好，但强度不大，易变形。有研究表明，进行适度的体育锻炼可促进骨的发育，有助于骨长和骨径的增加，但过度运动会起到相反的作用，这可能与骺软骨的损伤有关。

（2）关节

青少年的关节软骨厚，关节囊薄而松，关节周围的韧带不够坚固，肌肉细而长。因而关节的活动范围大，柔韧性和灵活性好，但不够坚固，易脱臼。在青少年阶段进行柔韧性和灵活性方面的训练，成人后其关节的坚固性加强，并仍能保持良好的灵活性。

（3）肌肉

男孩和女孩肌力的发展与其成熟的过程有关。力量增加速度的峰值发生在身高增加峰值出现后的一到一年半，女孩一般在 13 ～ 14 岁，男孩一般在 14 ～ 15 岁。肌力的增加主要是肌肉细胞的肥大。婴儿出生后几个月，机体器官的细胞数量就基本固定了。在青少年时期，肌肉尚未发育得像成人那样，表现为肌肉的横断面小、肌纤维细、收缩蛋白较少、水分较多、力量小、易疲劳。

3.无氧代谢能力和有氧代谢能力

（1）无氧代谢能力

儿童肌肉中的 ATP 和 CP 的浓度与成人无异，在全力运动后的排空程度也没有差别。但青少年的肌肉较少，占体重的比例也小。因而，虽然浓度一样，实际的 ATP 和 CP 的供能能力较成人弱。

青少年、儿童在进行次极量和极量运动后的乳酸积累较成人少，这可能是由于他们的肌肉量较少和肌肉中的糖酵解酶活性较低。

（2）有氧代谢能力

青少年、儿童的最大吸氧量随着年龄的增加而加大，男子在 18 岁左右达到成人水平，女子在 15 岁左右达成人水平。青少年、儿童的吸氧量较低主要有以下几个方面的原因。

①青少年、儿童的心输出量较小，尤其是每搏输出量小。这与其心脏容积小和心肌力量小是联系在一起的。由于每搏输出量小，因而在强度较大的运动中常常以心率的增加来补偿，因此，青少年、儿童的心率在高强度运动时很高。

②血红蛋白浓度较低。新生儿的血红蛋白浓度很高，之后显著降低，在 7 岁左右时降到最低；之后渐渐回升，到 15 岁左右时达到成人水平。

③最大动静脉氧差较小，这主要是由于肌肉量较小，肌肉内氧化能力较低所致。有氧氧化能力很大程度上受遗传因素的限制。研究表明，人的最大吸氧量最多只能在训练前的水平上通过训练提高 25% ～ 30%，进一步的训练虽然能改善耐力项目的成绩，但却不能进一步提高最大吸氧量。

二、皮划艇运动的能量代谢特点

（一）皮划艇比赛过程中的能供应特点

皮划艇运动的项目很多，主要的比赛距离有 500 米、1 000 米，有些比赛还有 200 米、5 000 米，历时最短的不足 1 分钟，最长的近 30 分钟。不同的项目在比赛中的能量代谢特点是不同的。在运动生理学上我们常常根据项目比赛的历时来估计三个供能系统（有氧氧化系统、乳酸供能系统、ATP–CP 供能系统）的参与情况。虽然我们人为地将供能体系分为三个系统，但这三个系统是不可分割的整体。在任何项目的比赛中，这三个系统都缺一不可。

1.有氧氧化系统的主导作用

人们普遍地认为，在两分钟以内的高强度运动中，无氧代谢占主导地位（供能比大于50%）。得出这种结论的依据大概是运动中血乳酸的浓度和肌乳酸的浓度，但这种结论值得讨论，我们有许多的理由提出异议。

首先，在全力运动中，肌乳酸累积的高峰出现在运动持续 45 秒到 1 分钟的时候。之后，由于肌肉的乳酸水平太高，抑制了肌肉进一步产生乳酸，因而一定要降低运动强度来减少乳酸的产生，增加乳酸的利用，这时肌乳酸浓度不会继续升高。这说明从整体上讲没有乳酸系统的净供能。乳酸产生的降低和乳酸利用的增加都是依靠有氧氧化供能系统来完成的，因而即使前 45 秒到 1 分钟的运动全部依靠乳酸系统供能，在 500 米比赛中也有 50% 以上的能量来自有氧氧化系统的供能。

其次，曾有人观察了皮划艇运动员在专项测功仪上进行模拟比赛时的吸氧量，发现在比赛开始后的 30 秒左右运动员的吸氧量便可达到其最大吸氧量的 74%，60 秒左右便可达94%，约为 4 升 / 分钟。

因此，即使在历时不到 2 分钟的 500 米比赛中有氧氧化供能系统也起着主导作用，更不必说 1 000 米的比赛或更长距离的比赛了。有氧能力强的运动员无疑会在比赛中的能量供应上占优势，在比赛的间歇期间也能更快地恢复以迎接下一次的比赛。需注意的是，氧化能力也有专项性，如果我们因为氧化能力重要而一味地以低强度、长时间的训练来提高有氧能力，是达不到预期效果的。

2. 乳酸供能系统的先锋作用

在皮划艇 500 米的比赛中，乳酸的供能虽然不像大家原先预想的那样大，但供能系统的重要性并不因供能比例的大小而定，它确定是非常重要的供能途径，原因有以下两方面。

①动员快

运动一开始，人体对能量的需求就达到了最高，而在前 30 秒内有氧氧化供能途径尚在提高阶段，ATP-CP 系统的供能也只能维持几秒钟，这时的乳酸供能系统以其较快的动员速度和较长的供能时间起到了供能先锋的作用。

②功率大，即供能速度快

运动员在比赛中就是需要速度快。骨骼肌的组成成分（如快肌、慢肌）、代谢特点（有氧能力、无氧能力）、比赛中的运动方式等存在极大的差异，各部分肌肉产生乳酸的量和消耗乳酸的量是不同的。工作强度大、乳酸供能能力强的肌肉会产生更多的乳酸，而工作强度小、氧化供能能力强的肌肉会利用更多的乳酸。因而，虽然整体水平的乳酸供能比例不大，但实际运动中工作强度大的主动肌的乳酸供能比例可远远大于整体水平。我们甚至可以这样理解，在比赛过程中，工作强度大的肌肉依赖乳酸系统的供能，这样可以保证这些肌肉的高强度工作，而工作强度小的肌肉主要依赖有氧氧化供能，可以将高强度工作的肌肉产生的乳酸氧化，减少其对乳酸供能系统的抑制作用。因此，虽然在皮划艇比赛中乳酸供能系统的净供能比例较小，但比赛中的高强度运动很大程度上是依赖它来实现的。

3. ATP-CP 供能系统的缓冲作用

ATP-CP 系统的供能较之乳酸系统快，而且是随时待用的，因此运动开始的供能非它莫属。ATP 和 CP 是在乳酸供能系统和有氧供能系统充分调动起来之前发挥作用的，具有时间上的缓冲作用；线粒体产生的 ATP 不能靠扩散作用到达肌球蛋白，而要依赖胞浆中的 CP，以其为递体，将高能磷酸键传递到肌球蛋白附近的 ADP，使之成为 ATP，这种作用被称为空间缓冲作用。

（二）皮划艇运动员能量供应系统的训练和适应

1. 专门性原则

专门性是运动训练的灵魂。皮划艇训练之所以区别于其他项目的训练，就是专门性的体现。在供能能力的训练中要贯彻专门性，分割开来的训练所获得的有氧能力的提高和无氧能力的提高是没有意义的。专门性原则主要体现在以下三个方面。

①训练中动用的肌肉要与皮划艇比赛中动用的肌肉一致。在专项训练中做到这一点很

容易，但在辅助性训练中要做好这一点并不容易，因而在辅助性训练时要特别注意。

②肌肉的工作方式、收缩速度和持续时间等都要符合专项性。这在力量训练中要特别注意。在技术练习中也要强调这一点，只有接近比赛桨频的训练强度才是有效果的。大多数的技术划都是在慢速度、低桨频下进行的，这只能作为辅助方法，更多的技术划应该在高桨频、快速度下进行。

③训练中能量代谢的方式要接近专项。如果某运动员的主项是 500 米，那么能量代谢能力的训练就要围绕 500 米比赛的能量代谢方式。通过 200 米划来提高无氧能力、通过 10 000 米划来提高有氧能力都是不符合专门性原则的。因为运动员需要的有氧能力是在两分钟内起作用的、伴有高浓度乳酸的高强度的有氧能力，而不是在 50 分钟内发挥作用的低强度有氧能力；运动员需要的无氧能力需要在两分钟的时间内表现出其最大能力，而不是在 30 秒内就力竭的短时间无氧能力。但这并不是说 500 米专项的运动员不应该划 200 米和 10 000 米，而是强调专项以外的项目只能是辅助练习。

在实际的训练中我们常常采用一些离开专项的训练手段，这种训练往往特别注意某一个局部，如某块肌肉的力量、动作的某一环节、能量代谢的某一途径等，这种离开专项的局部训练是期待着所练的局部能力能够向周围转移和扩散。研究证实了这种转移和扩散的存在，但这种转移和扩散是有条件的、有限的，只发生在所练部位的周围。局部练习的针对性很强，使用得当会取得很好的效果，但应切记的是要接近专项。离专项越远的项目，训练的次数要越少。

2. 区别对待原则

运动队是一个充满差异性的群体，运动员各具特点，不同时期会有不同的表现。如果教练员以一种方法对待诸多不同，往往会使一部分队员受益，而另一些队员受损。由于差异性的存在，区别对待是非常必要的。区别对待可体现在以下三个方面。

①充分发挥运动员的特长，不强求无益的一致。每个运动员在形态和机能方面都有自己的特点，臂长的运动员和臂短的运动员在技术上不能强求一致，有氧能力强的运动员和无氧能力强的运动员在比赛中对节奏的掌握不可能一样，训练也不能要求一致。教练最易犯的错误是盯住运动员的弱点试图加强，结果忘记了发挥他的优点。

②弥补运动员的缺点，解决运动员成绩提高的主要障碍。发挥运动员的特长并不意味着排斥弥补运动员技术上或体能上的缺点。在运动员的运动生涯中往往有一些影响成绩全面提高的障碍，一经克服，成绩便会大幅度地提高。这些障碍的形式在每个运动员身上的体现是不同的，要区别对待。

③不同时期要有针对近期训练目标的、不同的训练方法和手段。运动员各方面的能力和特点是变化的，变化之后的训练要与变化之前不同。例如，运动员的有氧能力和无氧能力是相互依赖、相互制约的一对矛盾，无氧能力的提高需要有氧能力作为基础，而有氧能力要达到高强度必须以好的无氧能力为前提，两者之间的关系可以通过训练而发生变化，有时有氧能力是主要矛盾，有氧能力提高之后，无氧能力又发展为主要矛盾。训练要针对主要矛盾来进行。

3. 高强度训练原则

皮划艇比赛实际是高强度的比赛。如果训练没有高强度，就不可能发生针对高强度的适应。这一点与专项性原则是一致的。高强度的训练原则主要体现在以下两个方面。

①高强度是围绕专项的高强度，并不是绝对的某一数值。已知强度与运动的时间成反比，运动时间越短的项目强度越大，反之，运动时间越长的项目强度越小。但无论绝对强度有多大，针对代谢能力的训练一定要以自己专项或接近自己专项的最高强度进行。

②针对代谢能力的低强度的训练也要用最高强度来完成。如果都进行最高强度的训练是否只练习了无氧代谢能力而忽略了有氧代谢能力了呢？不是的！无论有氧能力还是无氧能力都需要高强度的训练才能达到成绩提高的要求，而且高强度的训练使两者都可得到提高。如果想有针对性地训练有氧能力，就要降低训练的运动强度。但降低运动强度不是通过运动员的努力程度的降低来实现的，而是通过延长运动距离来实现的。如果某运动员的专项是500米，那么550米或600米的最高强度划就是降低了运动强度的训练。如果想有针对性地训练无氧能力，那就要提高运动的强度。运动强度的提高是通过缩短运动的距离来实现的。对于500米专项的运动员来说，400米或450米的最高强度划就是提高了运动强度。

高强度训练原则不排斥离开专项的低强度的训练内容，但强调在以体能为目标的训练中都应符合这一原则。

4. 充分恢复原则

恢复是运动训练的重要组成部分。高强度的训练是建立在充分恢复的基础之上的，没有充分的恢复，不可能实现真正的高强度训练。此原则的具体内容是，在以提高体能为目的的高强度训练中，次与次之间、组与组之间运动员的身体机能要有足够的时间恢复，这种足够的恢复是指能够使下一次练习或下一组练习以最高强度或接近最高强度来完成的恢复状态，并不是指完全的恢复。课与课之间身体机能应有足够的时间恢复，这个足够的恢复是指能够使下一次课以较高的质量完成的恢复状态，也不是指完全的恢复。在小周期与小周期之间身体机能应该有足够的时间恢复，这个足够的恢复是指机体的机能状态能够保持基本的稳定，不至于因高强度的训练而发生过度训练的状态。在大周期与大周期之间身体机能应完全恢复，使机体在该大周期中的训练效果体现出来。

教练员常常根据经验给某个训练阶段定出一定的训练量，这个量的实施可能会与充分恢复原则和高强度原则发生冲突，这时应该以牺牲训练量来保证高强度训练和充分恢复。

三、青少年皮划艇运动员训练中应注意的生理学问题

青少年处于生长发育阶段，许多系统和器官的发育尚未完善，而且各系统之间的发育是不平衡的，不能将其视为成人的缩影，因而应针对其特点进行训练，不能照搬成年运动员的训练方法。

（一）科学选材

优秀运动员是先天素质和后天训练共同造就的。作为专业运动员，如果没有优良的先天素质，在当今日趋激烈的竞争中成功的机率很小。机体的机能能力有许多方面是由遗传决定的，例如最大有氧能力和形态特征等，后天的训练只能对其起到较小的影响，因而选择有先天优势的运动员是训练开始的第一步。

皮划艇运动员目前选材所选指标都是较容易测定的，还有一些非常重要但不容易测定的指标，如接受能力、水感等未见相关的研究报告，只有通过一段时间的训练才能知道。选材所选指标的值是对众多优秀运动员进行统计得出的数据，这种数据抹杀了优秀运动员的个体特点。例如有的优秀运动员形态指标很好，有较长的手臂，但有氧能力一般，而另外一些优秀运动员却具有较好的有氧能力，而形态指标一般，这些并不妨碍他们成为优秀运动员。也就是说，有些方面的长处可以弥补另一些方面的不足。但多大的、什么样的优势可以弥补多大的、什么样的不足呢？这个问题完全按照所列指标的数据去选材也不一定能得到令人满意的结果。最好的方法是先根据这些指标初选，训练过程中再选。其实整个青少年运动员的训练过程也是选材过程。

（二）全面发展

1. 全面的技能训练

从小接受全面训练的运动员可掌握多种技能，这样的运动员能表现出较高的灵活性和较强的学习能力，在以后的专项训练中能较快地接受新技术，领悟新东西，有成为优秀运动员的可能。机体各部分的肌肉和关节只有得到全面的训练才能得到均衡的发展，只有均衡发展的机体才能在以后的高强度训练中避免劳损和伤害事故的发生。因而针对青少年进行多种技能训练，特别是那些与皮划艇项目有关的技能训练，如游泳练习、赛艇练习等，有很重要的意义。

2. 速度和耐力的均衡发展

速度是皮划艇训练追求的最终目标，因为皮划艇比赛就是比速度。但对于皮划艇运动来说是在耐力基础上的速度，是持续2分钟到4分钟甚至更长时间的速度，因此必须有耐力做基础。大量的研究表明，低强度、长时间的运动训练可提高机体的有氧能力，原因是除了肌肉代谢的适应之外更重要的是循环系统和肌肉微循环的适应，拥有较大的心排血量和更为丰富的毛细血管。这样的适应对于运动员以后的速度耐力的提升非常有利。因为肌肉代谢能力的适应较之循环系统和肌肉微循环的适应更容易，所以获得这样的适应对于青少年运动员来说更有意义。也有研究表明14～15岁是发展速度的最佳时机，16岁以后的速度训练收效甚微，因此在这个阶段也要强调速度训练。

如何解决耐力性的低强度训练和速度型的高强度训练之间的关系呢？已知神经系统的活动方式是决定速度素质的主要因素之一，而神经系统的可塑性是随着年龄的增加而下降的，因此这一阶段的速度训练应以神经系统的适应为主要目标。加拿大赛艇教练员在耐力训练中穿插高桨频、短时间的变速划来使神经系统得到适应的方法值得借鉴。在训练中也可利用小桨叶、高桨频、短时间的组合穿插在低强度的有氧训练中，使神经系统在循环系统和肌肉微循环得到耐力性适应的同时得到速度型的适应。

（三）循序渐进，避免伤害

循序渐进是训练适应的要求，因为训练的适应只是针对训练中的良性刺激，突然的大刺激对于机体来说是劣性刺激，因此不能引起预期的适应效果。同时，循序渐进也是为了避免伤害。青少年处于生长发育阶段，各系统之间的发展并不平衡，容易造成伤害。例如中枢神经系统的高度兴奋性可使机体对伤害的保护性抑制减弱；过大的负重可使骨骼变形，骺软骨损伤；关节活动范围大而周围的肌肉和韧带薄弱，容易扭伤；运动量过大而营养不良时容易贫血；热环境下训练时容易中暑等。青少年的损伤对其以后的运动生涯乃至正常的生长发育都会造成很大的影响。例如，过度的缺氧可造成大脑的永久性损伤，骺软骨的损伤会影响身高的发展，关节的反复脱臼会造成以后的关节囊松弛等。因此，对于青少年来说避免伤害甚至比获得适应更为重要。循序渐进、避免伤害的原则可体现在下列几方面。

①青少年的神经系统稳定性差，注意力容易转移，一次训练课应安排多种训练内容，但每种内容的训练时间要短。

②通过增加训练课次来提高运动量，每次课的运动量不宜太大。儿童容易疲劳也容易恢复，采用短时间、多课次的训练方法有助于防止伤害，提高训练质量。

③由于神经系统的可塑性随年龄的增加而降低，而其他系统并未表现出明显的这种倾向，因此对于青少年运动员来说发展神经系统的能力更为重要。宜多进行技能训练、水感训练和节奏训练，适当降低体能训练的比例。

④青少年的有氧训练主要是针对循环系统和肌肉的微循环的，因此也应采用低强度的训练。

⑤加强对训练过程中强度的控制和训练后恢复情况的监测，对于可能出现的伤害要及早发现和排除。

（四）合理营养

合理的营养对于任何人来说都是很重要的，对于青少年运动员来说尤为重要。一方面是健康，青少年如果营养不良可导致许多发育不良症的出现；另一方面是训练，训练要消耗更多的物质，训练的适应需要合成更多的物质。营养不充分的运动员不可能获得训练的成功，而且更容易受到营养不良症的威胁。目前我国运动员的营养状况并不是缺乏某种成分，而是各成分的比例可能出现问题。青少年的营养要求与成人有所不同，主要体现在以下两个方面。

①蛋白质的需求量大于成人。有研究认为青少年的蛋白质相对摄入量应高于成人。一般成人的蛋白质摄入量应占食物总热量的 10%～12%，成人运动员的蛋白质摄入量应占食物总热量的 15%～19%，一般儿童的蛋白质摄入量应占食物总热量的 13%～15%，青少年运动员的蛋白质摄入量应占到食物总热量的 20% 左右。蛋白质缺乏会造成发育迟缓、容易疲劳、贫血、免疫力下降等问题。

②容易缺铁和锌。铁是人体内的重要微量元素，它是构成血红蛋白、肌红蛋白等物质的重要元素。青少年、儿童中铁缺乏症的发病率非常高，运动员中铁缺乏症的发病率也非常高。铁缺乏可使机体很多含铁酶和铁依赖酶的活性下降，影响多种代谢过程，可导致神经、消化、肌肉和免疫系统的功能受损。最明显易测的是血红蛋白，缺铁可导致贫血。我们在日常生活中常以该指标来判断缺铁与否，实际上存在着很大不足，最好是能够测定血清铁蛋白。锌是许多金属酶的组成成分，又是多种酶的激活剂，现已确认与锌有关的酶至少有 60 种，这与蛋白质的合成、糖的利用有密切的关系，缺乏时可导致肌肉力量发展缓慢、厌食、免疫功能下降等。在儿童和运动员中缺锌的情况较多，有研究表明补充锌制剂后运动员的肌肉力量可得到更快地提高。

第三节　皮划艇运动员的心理学知识

一、皮划艇运动员的心理素质

皮划艇比赛要求运动员在最短时间内完成特定距离的船的位移。该项目比赛受到运动员个人因素和环境因素等多重因素的影响，对运动员的心理素质提出了较高要求。

（一）高水平的运动智力

皮划艇运动员在比赛中需要综合考虑天气、风向、水文等环境条件，同时结合比赛对手特点、个人状态等多种因素，制定相应的比赛方案。较高的比赛难度要求运动员具备高水平的专项运动智力，对训练规律和制胜因素有深刻的理解和运用能力，能够根据比赛的主客观条件制定因地制宜、因人制宜的比赛方案。

青少年的心理发展处在一个从形象思维到抽象思维的过渡阶段，可塑性较强。在平时的训练中可以根据皮划艇运动专项的特点，有目的、有计划地引导运动员多观察、多思考比赛中的现象和问题；组织运动员进行业务学习、讨论，养成运动员分析问题的习惯，提高运动员的专项运动智力。

（二）坚强的意志品质

皮划艇是一项对体能要求极高的运动项目，要求运动员在训练和比赛中要有完成训练和比赛任务的积极心理，以及积极面对疲劳的正确态度。这要求皮划艇运动员必须具有坚强的意志品质，才能在训练和比赛中克服困难、应对逆境、挖掘自己的运动潜能。

首先，不管是在短距离比赛还是长距离比赛中，都需要运动员依靠坚强的意志品质来克服由于超强运动负荷带来的身体上的不适体验，表现出敢于面对疲劳、克服疲劳的乐观态度。这就要求在平时的训练中首先要在心理上建立克服疲劳的心理定向，严格要求自己，积极面对训练中的疲劳问题。

其次，在平时的训练中要加入高难度的训练任务，比如在恶劣天气条件下的训练、在落后时的赶超训练等。另外，设置合理有效的目标、表象训练等心理训练方法也可以有效提高运动员的意志品质。

最后，端正运动员的运动动机，帮助运动员树立远大的理想和正确的价值观，这对于运动员意志品质的培养具有重要意义。

（三）较强的心理调控能力

皮划艇比赛持续时间较短，心理状态的细微变化会对运动员的技术动作和策略的使用产生较大影响。因此，优秀的皮划艇运动员能够在比赛中心理状态将要发生波动时运用心理调控技能和方法及时调整心理状态，最大效度地保持心理状态的稳定性，降低心理波动对比赛表现的影响。

青少年运动员在比赛中的心理波动比较大，容易受到各种因素的影响。因此，在皮划艇运动训练中要加强运动员心理调控能力的训练，提高运动员对比赛中各种影响因素的正确认识，制定既有效又有针对性的应对方案。比如，教练员可以和运动员一起制定比赛心理对策库和程序化参赛方案，进行模拟训练。

（四）较强的节奏控制能力

战术策略的使用在皮划艇比赛中具有重要意义。一方面，皮划艇运动员在比赛中要根据自己的技术和体能特点，坚持以我为主，制定适合自己特点和习惯的比赛节奏策略，充分发挥自己的运动水平；另一方面，可以结合比赛对手的具体情况，主动改变策略，打乱对手的节奏，在心理上给对手造成压力，达到出奇制胜的效果。

由于青少年皮划艇运动员的专项化训练程度不高，比赛策略还处在尚未完全定型的阶段，因此，在训练过程中确定运动员的最优化竞赛节奏策略对于运动员的潜能挖掘具有重要意义。在平时的训练中，要鼓励运动员不断尝试不同的划桨频率和分段速度、体力分配方案，积极探索符合运动员自己特点的比赛策略，并在训练中积极练习，在比赛中不断应用。多人艇项目还需要同一条艇上的运动员之间相互合作，寻找能够发挥团队最大潜能的桨频和速度模式。

（五）不断进取的创新能力

皮划艇项目是一项比赛难度较高的运动，为了掌握项目的训练规律和制胜要素，赶超世界优秀选手，在国际大赛中取得好成绩，需要运动员突破常规思维，在训练方法、比赛策略上勤于思考，敢于创新，在学习国外先进训练手段的同时结合自身特点，寻找适合运动员自身特点的个性化训练方案。

要提高运动员的创新能力，促进运动员对皮划艇专项训练规律的掌握，就需要教练员在平时的训练中制定详细方案，加强运动员的专业理论学习。可以开设专项理论课程，通过专题讲座、录像观摩或业务讨论等方式，针对皮划艇运动项目的发展历史、竞赛规则的演变、国内外相关研究理论和实践、皮划艇训练先进国家的训练方法和手段等方面的知识进行传授。

（六）专项的感知觉水平

皮划艇项目的专项感知觉包括水感、器械感、划桨肌肉用力感、时空感和速度、节奏感等。专项感知觉是皮划艇运动员专项技术训练的重要基础，对运动员的运动成绩也具有重要影响。

青少年运动员由于其感知觉系统处于一个较高的敏感期阶段，因此在此阶段加强运动员专项感知觉的训练对运动员的专项能力的发展具有重要意义。在青少年皮划艇运动员的专项训练中可以采用表象训练、集中注意力训练等心理训练方法和"闭目划"等多样化的训练手段来提高青少年运动员的专项感知觉水平，强化其技术动作的精确性和规范性。

运动员的专项感知觉水平的提升，一方面可以提高运动员在比赛中每一桨的划桨效果，增加船艇前进的速度；另一方面，清晰稳定的专项感知觉可以提高运动员对自身动作的调节能力，使运动员能够根据不同的比赛情境和距离，及时、准确、有效地对自己的桨频和划桨动作进行调整，以达到最佳的划桨效果。同时，专项感知觉水平的提高还可以促进运动员的自信心。

二、皮划艇运动员运动技能学习的心理特点

（一）皮划艇运动技能的性质与特征

皮划艇运动员的运动技能是一种习得的能力，受运动员内部心理过程的调控，与运动员的各种心理活动相联系。

皮划艇运动技能是连续的封闭性技能。在划船过程中，外部环境条件相对稳定，运动员事先可以对可能发生的各种情况进行预测，在做好充分准备的情况下开始划船。

针对皮划艇运动技能封闭性和连续性的特点，教练员在指导青少年皮划艇运动员学习运动技能时应注意：第一，帮助运动员在头脑中建立有关动作、顺序的记忆系统。这有助于青少年运动员将单个的动作系列联合成一个整体程序，使动作的控制发展成一个系统的内部程序，促进动作的自动化进程。第二，提高运动员本体运动感知能力，指导运动员利用内部反馈完成动作。这有助于促进青少年运动员对动作的控制由神经系统较高级部位的控制转向较低级部位的控制，从而扩展运动员的注意范围，提高活动的预见性与准确性。第三，帮助运动员掌握控制自己心理状态的方法。

运动心理学家的调查研究表明，皮划艇运动技能与其他运动技能一样，也具有四种技能成分：第一，运动中的认知成分。运动员需要理解训练项目。第二，知觉因素。运动员必须准确和敏锐地辨别需要做出反应的线索。第三，协调能力。这对于运动员掌握划船技能起着关键的作用。第四，放松能力。运动技能的掌握需要运动员具有高超的放松能力。

皮划艇运动技能是在皮划艇运动员完成划桨动作的运动过程中表现出来的，当运动员能以较高速度、准确、轻松而连贯地完成一系列的划桨动作时，标志着他已获得皮划艇的运动技能。皮划艇运动技能的获得主要有以下几点特征：第一，立即反应代替了笨拙的尝试。初学划船的运动员每次上艇之前总是需要不断地调整自己的身体姿势以保持艇的平衡，而一旦能够熟练地操作后便能很快地操桨划行。第二，微弱的线索被利用。初学划船的运动员对艇的倾斜角度以及水浪对艇的作用力等，有关艇的平衡性及行艇速度的感知能力很差，而优秀皮划艇运动员却能够敏锐地感知脚下艇的微弱变化情况。第三，错误被排除在发生之前。初学划船的运动员经常会出现翻艇的现象，但当运动员掌握划船技能后是很少翻艇的。第四，局部动作综合成连锁动作，并且动作受内部程序控制。当运动员的动作技能达到较高水平时，他的整个划船动作就显得流畅自如，好像完全自动化一样。第五，在不利条件下能维持正常水平。优秀皮划艇运动员即使在气候条件很恶劣的情况下也能自如地破浪行舟，而初学划船的运动员在有风浪的情况下几乎不能下水训练。

（二）皮划艇运动技能的形成、保持与迁移

1. 皮划艇运动技能的形成

皮划艇运动技能学习分为以下三个阶段。

（1）认知阶段

运动员在认知阶段的主要任务是领会技能的基本要求，掌握技能的局部动作。运动员在这一阶段全身肌肉紧张，动作忙乱且不协调，会出现多余的动作，不能察觉自己动作的全部情况，难以发现错误和缺点。

（2）联系形成阶段

这一阶段的主要特点是技能的局部动作被综合成更大单位，最后形成一个连续技能的整体。运动员在这一阶段通过反复练习后已经能够在划桨过程中将自己的手、脚、头、腰与身体各部位的肌肉运动协调起来，但是，动作之间还不够连贯，速度慢，准确性差。

（3）自动化阶段

技能学习进入这一阶段时，一长串的动作系列已联合成为一个有机的整体并已固定下来。运动员的整个划船动作协调，似乎是完全自动化的，无需特殊注意，技能逐步由脑的低级中枢控制。在这一阶段的训练中，教练员要训练运动员在各种条件下完成动作的能力，改进技术的薄弱环节，提高动作的实效性。

2. 皮划艇运动技能的保持

运动员一旦学会运动技能之后便不易遗忘。划船技能不易遗忘的主要原因有以下三方面：第一，皮划艇运动员的运动技能是经过自己多年大量的练习之后获得的，这种经过反复大量练习所获得的技能是难以遗忘的。第二，皮划艇运动技能是以连续的动作形式表现出来的。连续性的运动技能相对较简单，故不易遗忘。第三，皮划艇运动技能不同于语言知识，它的保持高度依赖小脑和脑的低级中枢，这些中枢可能比脑的其他部位有更大的保持动作痕迹的能力。

3. 皮划艇运动技能的迁移

皮划艇运动技能的学习与一般学习一样，也存在着迁移，即先前掌握的技能对学习新的技能产生影响。皮划艇运动技能学习中主要有三个方面的迁移问题。第一，两侧性迁移。两侧性迁移最明显的是人体对称部位；其次是同侧部位，即左手—左脚，右手—右脚；最弱的是对角线部位，即右手—左脚，左手—右脚。两侧性迁移对皮划艇这种需要双手和四肢协调的运动技能的学习具有促进作用。第二，语言—动作迁移。在指导青少年皮划艇运动员的运动技能的学习过程中，存在着语言—动作迁移。通过语言和运动员动作相结合的训练，可以提高运动技能学习的效率。第三，动作—动作迁移。皮划艇运动员学习其他的运动技能对皮划艇运动技能的提高也会有帮助。如球类运动可以提高皮划艇运动员的灵活性，体操可以提高皮划艇运动员的协调性和柔韧性等。

（三）影响青少年皮划艇运动员运动技能学习的因素

影响青少年皮划艇运动员学习和掌握皮划艇运动技能的因素有运动员的智力、态度、动机、年龄、学习环境和指导方法等。我们可以把这些因素分成两类，即内部因素（运动员自身的因素）和外部因素。

1. 影响青少年皮划艇运动员运动技能学习的内部因素

（1）成熟与经验

运动员掌握运动技能的能力随着年龄和经验的不断增加而增加，一般来说，成熟与经验之间相互作用，它们对动作技能学习的影响也是相互的。近年来，运动心理学的研究表明，对于较复杂的运动技能越从小开始训练，成绩就越好。因此对于皮划艇运动项目来说，在不影响青少年身体发育的前提下，越早开始学习，对于运动技能的提高越有帮助。

（2）智力

当运动员的智力处于正常水平时，小肌肉动作技能的学习与智力间有较低的正相关，智力水平越高，学习成绩越好；大肌肉运动技能的学习和智力之间几乎没有什么相关。当运动员的智力处于常态以下时，小肌肉与大肌肉的运动技能的学习和智力之间都有清晰的正相关，智力越低，学习进步也越慢。

（3）个性

皮划艇运动员的个性特征对他们掌握运动技能有较大的影响。与出色完成竞赛有关的个性因素有：达到目标的动机；忍耐力，对刺激的抵抗力；保持稳定的能力；控制力；任劳任怨、能吃苦的能力；自信、大胆、心胸开阔；中等以上的智力水平。

2. 影响青少年皮划艇运动员运动技能学习的外部因素

（1）有效的指导与示范

在学习运动技能时，运动员只能觉察自己身体的一部分动作，而难以看清整个动作的表象。因此，教练员从旁指点和评价就显得非常重要。教练员具体的指导方法包括用语言进行指导、边做示范边指导、利用现代视听手段进行指导。但是不同的指导方法，其效果是不一样的。

教练员通过语言指导可以使运动员获得有关皮划艇运动技能的整体印象和局部细节，但是对于初学皮划艇的青少年运动员来说，仅有语言指导是不够的。语言指导结合示范是帮助青少年运动员理解运动技能最有效的方法。教练员在指导青少年运动员学习动作技能的过程中，对运动员完成动作时身体部位的操纵示范指导，有助于加深运动员对运动技能的正确感知。

利用视听手段对青少年皮划艇运动员进行指导，也能有效地促进他们对技能的学习。运动员可以通过电化教学了解皮划艇的运动技能，还可以提高兴趣，扩大经验范围，提高学习和指导效率。

（2）练习与反馈

练习不是动作的简单重复。给运动员在练习过程中提供适当的反馈信息，能有效地促进运动技能的提高。反馈包括内部反馈和外部反馈。内部反馈是指运动员在运动过程中肌肉运动的刺激所提供的信息，外部反馈即行为结果的反馈。在青少年运动员学习皮划艇运动技能的初期，他们主要是通过外部反馈来改进技能，也就是通过对自己行为结果的知悉来提高自己的技能。初学划船的运动员对自己的运动过程或姿势是否正确，往往不易察觉，这就特别需要教练员提供反馈信息。因此，在指导运动员技能学习的过程中，教练员应尽可能多地给运动员提供反馈信息。因为教练员的反馈信息有助于运动员保持训练的注意力，使其对学习更感兴趣，从而使单调的动作在反复的练习中变得更有吸引力，同时教练员的反馈还能使运动员的动作正确性得到及时的强化，有助于运动技能的早日形成。外部反馈还可以通过录像或其他手段，记录动作的结果，并且记录动作的过程，让运动员观察自己的行为，为他们提供真实而客观的信息。这些反馈信息不仅能纠正运动员的错误动作，而且还可以帮助初学者克服过高估计自己进步的问题。在技能学习的后期，由于反馈信息主要来自内部，协调、平衡、节奏等感觉只能靠运动员自己去体会，所以此时教练员的反馈可以相对少一些，应该强调运动员的主动练习和发现运动的感受。如果青少年运动员不能从自己的运动实践中获取各种真情实感，那么他们便不可能真正掌握皮划艇的运动技能。

三、皮划艇运动员训练兴趣与动机的培养

（一）皮划艇运动员的训练兴趣与动机

1.运动员的训练兴趣

训练兴趣是训练积极性中最现实、最活跃的心理因素，它在皮划艇运动训练中起着非常重要的作用。这种作用表现在以下几个方面。

首先，训练实践证明，如果运动员对皮划艇运动有兴趣，他们就会把每次的训练作为自身的需要，在训练过程中能够全神贯注地领会教练员的意图与指导，以愉快而紧张的情绪投入训练，并能够以坚强的意志努力克服训练中的困难，从而较好地完成训练任务，增强训练效果。

其次，青少年运动员对皮划艇运动的早期兴趣，对他们今后的训练具有较深的影响。强烈的兴趣会使运动员沉溺于皮划艇训练中，使他们从艰苦的训练中获得更多的乐趣。

最后，训练兴趣对调动运动员的主观能动性有促进作用。对皮划艇训练感兴趣的运动员对训练具有更强的自觉性，能敏感地体会到自身的训练感受，从而能够更有成效地完成训练任务。当训练中出现问题和困难时，会主动提出问题，积极配合教练员改进技能，促进自身运动水平不断提高。

训练兴趣有直接兴趣和间接兴趣之分。直接兴趣是由皮划艇运动训练本身的特点引起强烈情绪而产生的，例如在训练中教练员安排的训练内容、方法和手段能激起运动员积极的情绪体验；教练员具体生动的讲解指导、运动员在活动中产生的肌肉满足感等都可以引起运动员对训练的直接兴趣。间接兴趣不是由训练过程本身引起的，而是由训练的结果引起的。例如运动员深知比赛意义重大，对手较强，而为了达到战胜对手的目的就自觉地刻苦训练。直接兴趣和间接兴趣是密切联系、可以相互转化的。只有间接兴趣与直接兴趣有机结合，才能使运动员对训练活动始终充满热情，努力克服训练中的困难以获得预期成果。

2.运动员的训练动机

运动员的训练兴趣和训练动机是相互关联、相互促进的。当运动员具有正确的训练动机时，他们的训练积极性就高，训练就更加自觉，训练兴趣也就更强烈。同时，强烈的训练兴趣又会对运动员原有的训练动机起到巩固和加强的作用。训练动机是引起、维持和推动运动员运动训练的动力，是激励运动员从事皮划艇运动的动因。运动员的训练兴趣、信念和意向等都是运动员训练动机的重要形式。动机是在需要的基础上产生的。无论是物质需要还是精神需要，只要是以兴趣、愿望或信心的形式影响运动训练，并激发起运动员的训练积极性，就构成了训练动机。

训练动机有两个来源，即源于运动员的内部和源于运动员的外部。从内部被激发起训练动机的运动员有一种内在的动力，要求自己能够独立自主地应对挑战，获得成功。他们所追求的目标一旦得以实现，这种实现本身就构成了奖励。在皮划艇运动中，由于喜欢比赛而参加比赛的运动员就是属于具有内在训练动机的运动员。他们参加比赛是为了满足一种内在的自身需要。这就使得他们即使在无人观看的情况下也会竭尽全力去拼搏。外部动机是指运动员对外部条件的渴望，例如，运动员参加比赛是为了获得奖杯和金钱，或者是

为了得到教练员、观众等他人的赞扬。运动员参加皮划艇运动，既可能出于内部动机，也可能出于外部动机的驱使，但对每个运动员而言，这两种动机的重要性可能会是完全不同的。对于教练员来说，认识和了解这些差异是非常重要的。

（二）影响青少年皮划艇运动员训练兴趣与动机的因素

1. 需要是训练兴趣和动机产生的基础

训练兴趣与动机总是与需要相联系的，需要是运动员训练积极性的源泉和机制，训练兴趣和动机是这种源泉和推动力的具体体现。因此培养运动员的训练兴趣和激发他们的训练动机前，要首先了解运动员的需要。通过对大量运动实践研究资料的分析表明，运动员参加某项体育运动是为了满足下列三种主要的需要。

（1）从体育运动中获得乐趣

这是为了满足追求刺激和兴奋的需要。心理学家认为，每个人都具有一定程度的追求刺激、兴奋的需要。由于体育运动本身具有挑战性、竞争性、激烈性和创造性等特点，因而运动员能够在体育运动中获得运动本身所带来的刺激感受，在运动中达到身心的高度交融状态，体验情绪饱满自如的感受，从而获得运动的乐趣。

（2）与人交往的需要

这是为了满足被他人接纳和归属于某一个群体的需要。有些运动员选择参加体育运动是因为想成为某一个运动队的成员，他们认为归属于某一个运动队，使得他们的生活具有新的意义。这些运动员参加体育运动主要是为了被他人接受。

（3）显示自我能力以及满足自我价值的需要

运动员在运动竞技中获得成功，是他们自我价值的反映。这种体现自我价值、证明自己有能力以及能够成功的因素是体育运动中最具影响力和最普遍的一种需要。当技能尚不完善或者运动员还不够成熟时，积极的自我概念和被他人认为有能力这两个因素就显得非常重要，可以帮助运动员在无他人评价的情况下也能够正确评价自己。

2. 运动员运动技能水平的高低影响训练兴趣和动机的强弱

运动员训练兴趣和动机的形成有赖于他们运动技能水平的高低和技能水平提高的快慢程度。运动员掌握运动技能的能力越强、运动成绩提高得越快，自身运动水平越高，他们的训练兴趣就越大，训练动机就会越强。随着运动员技能水平的提高，训练兴趣和动机也会不断增强。运动技能水平的高低以及发展的快慢是训练兴趣和动机形成与发展的重要条件。

3. 训练过程中运动员的情绪体验对训练兴趣和动机的影响

在训练过程中，积极的情绪体验能增强运动员训练的积极性，消极的情绪体验则会降低运动员的训练兴趣和动机。运动实践表明，如果训练过程的安排过于严密和单调，或者对运动员提出过高的要求，那么，运动对于运动员来说就会变成一种令人厌烦和疲惫的苦事。在这种情况下进行训练，运动员的训练兴趣会降低，训练积极性会下降，运动机能系统会处于抑制状态。

（三）青少年皮划艇运动员训练兴趣的培养与训练动机的激发

青少年皮划艇运动员的训练兴趣与动机同他们的需要、情感体验以及训练水平有关。因此，培养和激发运动员的训练兴趣与动机就应从以下几个方面着手。

1. 了解运动员的需要，激发适当的运动动机

由于每个运动员参加皮划艇运动的动机和需要不同，因此，作为教练员了解每个运动员的不同需要并满足其需要是一件重要的工作。教练员可以通过与每个运动员单独交谈来了解他们的需要。在了解其需要的基础上，适当激发其训练动机，培养他们对皮划艇运动项目强烈而持久的训练兴趣。内部动机的确立对于青少年运动员来说是十分重要的，因为它表示的是一种内化要求出成绩的愿望。内部动机的确立并不一定要依靠别人或外在物质来动员，皮划艇运动本身就是一种鼓励和激发手段。同时，以运动项目本身为激励手段的内部动机与外部动机相比较具有更不容易满足的强化效能。外部奖励往往会比能力感、满足感这类内部奖励更快地失去强化效能，而内部奖励却是能不断得到自我补充和自我加强的奖励。也就是说，如果运动员纯粹是为了喜爱皮划艇运动而参加训练，那么，一旦参加训练他就会获得一种满足，从训练和比赛中获得极大的乐趣。

当然，外部动机的确立对于青少年运动员来说，在帮助他们确立内部动机的过程中，也是极有价值的。如果奖惩得当，那么通过外部奖励措施和很小范围内的惩罚措施来激发运动员将会是行之有效的方法。但是，如果教练员使用外部奖励的过程中不注意选择适当的奖惩手段，不是对正确的行为进行奖励，而且不注意选择合适的奖励时间，那么，外部奖励就会使内部动机的确立受到损害。因此，教练员在使用外部奖励的过程中，要根据运动员的具体表现来提供外部奖励，而不是让运动员感到教练员运用外部奖励是在企图控制他们的行为。

教练员在培养和激发运动员的训练动机的过程中，还应当注意以下几点：第一，尽量变换训练方式，使训练更加有趣、吸引人。第二，奖励运动员的表现和努力，而不是他们的获胜和成绩。第三，随时对达到要求的运动员进行奖励。第四，给予运动员的奖励应当注意个体差异，做到因人而异，要给予运动员确切的反馈信息。

2. 在训练过程中，调动运动员产生积极的情绪体验

皮划艇运动是一项偏重体能的技能性运动项目，这一项目的训练往往是单调而令人疲惫的艰苦过程。而且一名优秀运动员的成材周期较长，大多需要七八年的时间。这就要求教练员在对青少年运动员进行皮划艇训练的过程中，尽量使他们感受到皮划艇训练的乐趣。

首先，教练员训练内容的安排要合理。训练内容的安排与训练活动的组织，既要考虑到整体训练过程的系统性，又要注意到运动员的年龄体质和接受能力等特点。如果运动员不能完成训练任务，经常体验到一种失败的挫折感，那么他们绝对不会觉得皮划艇训练有任何乐趣。因此，教练员对训练课程的安排，应该有意识地给予运动员成就感。

其次，训练的方法和手段要多样化。在训练过程中，变换练习可以改变训练气氛。例如进行有氧耐力训练时，偶尔让运动员去踢踢足球会使他们兴奋不已，他们会踢得非常开心，同时也达到了身体训练的目的。

再次，在训练中如果有条件的话，变换训练场地以及训练器材设备也能够明显地调动运动员训练的积极性。如果能够让平时的训练像比赛似的进行，那会是提高训练动机的好方法。有经验的教练员都能适当地变换训练方式和内容，使运动员始终保持旺盛的精力。

最后，教练员的指导方式对运动员的训练情绪影响极大。对于青少年运动员来说，教

练员教学过程中的讲解与示范动作都要做到既简明扼要又易于理解与把握。每次训练开始之前，让运动员准确清楚地知道将要进行的训练内容，可以说是一种有效的激发手段。与此同时，教练员采取的奖惩方式，对于帮助青少年运动员提高训练积极性具有很大的影响。对于训练过程中运动员的行为表现，教练员的反应方式有三种：一是积极的强化；二是惩罚；三是忽视，也就是不采取任何奖惩方式。对国外著名教练员的指导方式的调查统计表明，优秀教练员在指导运动员改进技能的过程中，他们百分之五十的时间是对正确的动作进行积极的强化，仅仅只用百分之五的时间对不能容忍的错误动作给予惩罚。因此，教练员在对青少年皮划艇运动员进行指导的过程中，应当尽可能多地给予运动员以积极的强化。对青少年运动员错误行为表现，教练员应尽量避免过于吹毛求疵地指责以及过于频繁地大声斥责。教练员的严厉批评与指责，往往会挫伤青少年运动员从事皮划艇运动的积极性，还会使运动员过于紧张和压抑，使训练变得更不能令人满意。对青少年运动员的错误行为的指导，不仅应当让他们知道自己的动作错误，而且更应当告诉他们如何改正自己的错误动作。一种有效的方法就是三步骤的"夹心饼法"，具体做法是例如，当教练员指导运动员改进划桨入水的角度时，可以首先用真诚的语言鼓励运动员。然后再进一步给予正确的指导，最后当运动员尝试改进动作时，再进一步给予鼓励。

3. 促进青少年皮划艇运动员自我责任感和自我价值感的发展

由于皮划艇训练的长期性和艰苦性，要使运动员在长期的训练中始终保持热情，不懈地克服训练中的各种困难，不但需要运动员喜爱皮划艇运动项目，而且更需要运动员具有为实现自己的训练目标而不断自觉奋斗的责任感。为了促进青少年运动员自我责任感和自我价值感的提高，可以从以下三个方面入手。

（1）了解运动员的自我控制类型

运动员对于成功与失败的不同的归因方式，反映了他们不同的控制类型，也就是反映了他们在生活中感到能够把握和控制各种事件的程度。具有自我控制能力的运动员认为生活中发生在他们身上的各类事情取决于他们自己的行动，例如由于自己在比赛中战术运用得正确而获得了比赛的成功，或者获得金牌是由于自己平时努力训练、比赛时发挥出色等。这类运动员属于内控型运动员。另一类运动员是外控型运动员，他们把成功归于运气、机遇或其他对自己有影响的人。与外控型运动员相比，内控型运动员在训练中表现得更加努力，在比赛时更敢于迎接挑战、追求成功，更善于调整自己的目标。因此，作为教练员应当了解运动员的控制类型，帮助他们加强自身的内部控制能力，使他们更能持之以恒地坚持训练。

（2）设置现实的、合理的目标

运动员的自我责任感与自我价值感的形成是以其自身的成功与失败的经历为基础的。如果运动员在比赛与训练中常常是通过自身的努力而获得了成功，也就是说如果运动员能够经常看到自己的行为可以导致所期望的结果，那么他们就会更加对自己的行为负责，而且更有价值感。相反，如果运动员在训练和比赛中常面临挫折，那么他们就会更多地感到自己无能，通常会放弃努力。所以，教练员在平时的训练过程中，应当给运动员设置现实的和合理的目标，使他们能够通过自己的努力而看到目标的实现。

（3）合理利用期望效应

教练员对具有各种心理特点的运动员加以分析，提出相应的要求，就是教练员对运动员的期望。这种期望可以影响青少年运动员的自我价值感。教练员的期望在青少年运动员的训练过程中会发生很大的作用。这种期望的作用在心理学中称为皮格马利翁效应，是指人们常常会实现他人对自己的期望，使期望转变为现实。教练员对运动员的期望之所以能够产生积极的效果，就在于教练员常常在他们认为有出息的运动员身上花更多的时间，对这种运动员的指导更多，指导的过程中给予运动员更积极、更丰富的反馈信息。这种更有意识和更多的、更细致的指导，可以促进运动员运动成绩的提高。同时，运动员可以从教练员的一举一动中感受到他对自己的期望，他们训练就会更加努力，从而促进了运动水平的提高。运动员在运动成绩不断提高的过程中，会更加信赖教练员，师生之间产生了一种默契，彼此的交往发生了某种微妙的变化，运动员更愿意接受教练员的指导，运动成绩朝着教练员期望的方向提高得更快。这种期望作用在青少年运动员的身上表现出更明显的效果。这是因为教练员在青少年运动员的心目中占有重要的地位，他们特别需要教练员的重视和鼓励，一旦他们感到教练员对自己抱有很高的期望，就会更大地调动自身训练的积极性，从而促进了运动潜力的开发。

复习与思考：

①如何理解 500 米比赛中三个供能系统的相互关系和作用？
②青少年皮划艇运动员具有哪些心理特征？
③影响青少年皮划艇运动员运动技能学习的心理因素有哪些？
④如何激发青少年皮划艇运动员的训练兴趣与动机？

第三章 不同年龄阶段皮划艇运动员的系统培养和训练

本章目标：

①了解不同年龄阶段运动员的生长发育特点与训练要求。
②明确皮划艇运动员在各年龄阶段的训练和安排。
③了解各年龄阶段的测试内容和评价标准。

第一节 青少年和儿童不同年龄阶段的生长发育特点与训练要求

一、7～10岁儿童的生长发育特点与训练要求

①生长发育特点：处于生长发育相对缓慢的阶段，无性别差异。
②心肺功能特点：心脏、血管的发育水平低，但增长速度快。
③神经系统特点：神经系统的稳定性差，可塑性强，但兴奋抑制转化慢。
④骨骼关节及肌肉特点：骨骼的发育快于肌肉，关节柔韧性好。
⑤训练的要求：注重神经系统的协调稳定训练、心血管系统的耐力训练和保持柔韧性的训练。

二、11～12岁少年运动员的生长发育特点与训练要求

①生长发育特点：男性处于生长发育的相对缓慢阶段，但部分女性已开始有青春前期的表现，其神经系统的反应速度下降，可塑性减少，脂肪开始堆积；有性别差异。
②心肺功能特点：男性心脏、血管的发育水平低，但增长速度快；女性血管发育水平明显落后于心脏发育水平，有青春期高血压现象出现。
③神经系统特点：男性神经系统的稳定性差，可塑性强，但兴奋抑制转化慢；女性神经系统的注意力下降。
④骨骼关节及肌肉特点：男性骨骼的发育快于肌肉，关节柔韧性好；女性骨骼、肌肉发育加速，高度、围度、力量超过同年龄的男性，但脂肪堆积使得相对力量水平下降，柔韧性下降。

⑤训练的要求：男性维持神经系统的协调稳定训练，心血管系统的耐力训练，保持柔韧性的训练；女性加强力量训练，加强柔韧性练习，强调疲劳的消除。

三、13 ～ 14 岁少年运动员的生长发育特点与训练要求

①生长发育特点：男性处于青春前期，身体各系统进入加速发育阶段；女性发育逐渐趋于平衡；男女性别差异加大。

②心肺功能特点：男性血管发育明显慢于心脏发育，青春期高血压出现；女性的心肺功能发展速度开始进入稳定阶段。

③神经系统特点：男性神经系统进入稳定阶段，可塑性减少，但兴奋抑制转化加快；女性神经系统抗疲劳能力差，但神经系统活动稳定。

④骨骼关节及肌肉特点：男性骨骼的发育快于肌肉，关节柔韧性迅速下降，但骨骼肌蛋白合成由于激素的作用而加强；女性由于激素的不稳定性，出现训练水平的分化，其肌肉含水量加大，柔韧性降低。

⑤训练的要求：男性强调力量、柔韧性练习；女性强调耐力和力量练习；男女均需加强心血管系统的耐力训练，加强疲劳的消除。

四、15 ～ 17 岁青少年运动员的生长发育特点与训练要求

①生长发育特点：处于生长发育相对缓慢、稳定的阶段；女性发育出现停滞现象，男性仍有发展的空间、时间。

②心肺功能特点：心脏、血管的发育趋于平衡，耐力发展有限。

③神经系统特点：神经系统稳定。

④骨骼关节及肌肉特点：骨骼肌发育迅速，骨骼发育稳定，尤其是女性，关节柔韧性随力量的增长而降低。

⑤训练的要求：增加速度耐力练习比例，稳定技术练习；建立个体化鲜明的训练和监控模式。

第二节　各种竞技能力开始和加强训练的年龄特征

一、爆发力量和速度素质

爆发力量和速度素质包括爆发力量、爆发速度能力，通常指机体短时间、快速发力的运动能力，在机体供能方式上，属 ATP-CP 供能及无氧糖酵解供能方式。男性在 15 ～ 17 岁年龄段爆发力素质发展最为迅速，而女性则在 12 ～ 14 岁年龄段爆发力素质发展最为迅速。

二、耐力素质

耐力素质包括一般耐力、力量耐力，通常指传统长时间耐力运动和小负荷力量练习，属于糖的有氧氧化供能方式。关于耐力素质的发展，男性在 13 ～ 16 岁发展速度快，17 ～ 18 岁达到高峰；而女性则在 11 ～ 14 岁发展速度快，15 ～ 16 岁可达到高峰。

三、柔韧素质

柔韧素质随着年龄的增长事实上是在逐渐下降的，这种下降也存在一个高速下降阶段。男性的高速下降阶段在 15 ～ 17 岁，而女性在 12 ～ 14 岁。

四、协调素质

协调素质包括先天神经协调能力、后天动作学习协调能力。先天神经协调能力在后天训练中的可塑性极小；至于后天动作学习协调能力，男性的快速发展时期与女性无异，通常在 11 ～ 12 岁前进行训练可取得事半功倍之效。

五、灵敏素质

灵敏素质包括基本速度灵敏和反应能力。灵敏素质基本上是随着神经系统的发育完善而趋于完善的，因而其快速发展阶段在 10 ～ 15 岁，目前通常认为不存在男女差别。

在进行各种运动素质的训练内容的配置上，随年龄由小到大，应按照柔韧、有氧耐力及反应速度、最大速度及速度力量、最大力量、无氧耐力及力量耐力的顺序予以安排。

第三节　年龄阶段的划分和训练目标

理论研究与训练实践都已证明，不经过多年系统科学的训练，就不可能培养出高水平的优秀运动员。为了保证多年的训练取得理想的效果，即培养出高水平的优秀运动员，需要遵循运动员生理、心理和机能发展的自然规律，以及在训练负荷影响下生物适应状态发展变化规律，根据竞技能力发展的长期性、阶段性特点和运动员先天遗传性竞技能力与后天获得性竞技能力最佳组合的要求以及运动项目性质与特征对整个训练、竞赛过程进行合理和整体的规划。

运动员生理、心理和机能发展的自然规律以及在训练负荷影响下生物适应状态发展变化的规律，决定了优秀运动员完整的训练过程具有明显的年龄特征。为了顺利地培养出世界水平的优秀选手，不同项目对运动员开始参加训练的年龄、进入专项训练的年龄、保持最佳竞技水平的年龄以及竞技能力开始下降的年龄，都有着特定的标准。因此，运动员多年训练的核心问题和目标是，在最适应的年龄阶段使运动员处于最佳竞技水平并创造出优异的运动成绩。

优秀皮划艇运动员开始皮划艇训练的年龄为：男子 12 ～ 14 岁，女子 10 ～ 12 岁；首次取得较好成绩的年龄为：男子 18 ～ 20 岁，女子 16 ～ 18 岁；取得最佳成绩的年龄为：男子 21 ～ 25 岁，女子 19 ～ 24 岁；保持和继续提高成绩的年龄为：男子 26 ～ 28 岁，女子 25 ～ 30 岁。从开始训练到取得成绩一般要经历 6 ～ 10 年。因此，皮划艇运动员的多年训练过程可划分为 5 个年龄阶段，即基础教育阶段（12 岁以下）、基础训练阶段（13 ～ 14 岁）、专项准备阶段（15 ～ 16 岁）、竞技能力的发展和提高阶段（17 ～ 18 岁）和高水平竞技能力的发展和表现阶段（19 岁以上）。

一、基础教育阶段

在这一阶段，培养对皮划艇运动的兴趣，初步学习和掌握划船基本技术；开始游泳、田径等基础性运动项目的训练，着重发展一般耐力和动作协调能力；初步掌握在风浪中游泳的技术和技能，熟悉安全知识，正确使用和保养艇和桨；训练课的安排要符合年龄特点，注重游戏和娱乐，内容要丰富多彩。

二、基础训练阶段

在这一阶段，参加各项运动和竞赛，积累运动经验；进一步改善协调能力；基本掌握皮划艇专项运动技术；提高一般性和专项性基础耐力；开始借助自身体重提高力量能力；运动员基础训练的总任务是发展一般运动能力。在这一阶段中，首要的具体任务是发展运动员的协调能力及基本运动技能，学习和掌握多种运动项目的基本技术。通过这些练习和初级比赛，培养运动员的一般心理品质，并相应地发展运动员的基本运动素质。

三、专项准备阶段

在这一阶段，培养吃苦耐劳、顽强拼搏的思想品质；着重发展高度专项和一般基础耐力；发展基本速度能力；巩固和细化划桨技术，基本掌握正确的皮划艇技术和技能，突出单人艇的基本功训练；熟悉安全知识，正确使用和保养艇和桨。通过全面考核，完成初选到重点选拔的过程，评价运动员的潜在能力；讲授皮划艇运动的基本知识和理论。

四、竞技能力的发展和提高阶段

在这一阶段，不断提高专项负荷量；发展基础耐力与比赛所需耐力；发展专项力量；提高划船效果和功率水平，完善划船技术战术结构、节奏，发展综合竞技能力。加强训练理论的学习，以提高运动员训练的自觉性。

五、高水平竞技能力的发展和表现阶段

以取得个人最好运动成绩、达到最佳竞技状态为目标，不断提高专项耐力、力量素质、专项技术和技能的训练量，发展和保持专项竞技水平。

第四节　各年龄阶段的教学训练和竞赛工作线路

各年龄阶段的教学训练和竞赛工作线路如表 3-1 所示。

表 3-1　各年龄阶段的教学训练和竞赛工作线路

阶段	主题和地点	条件 / 选拔标准	训练目标 / 方法重点	比赛 / 检验	规划与分期提示
基础教育阶段	初级选材；小学和体校	兴趣与健康是前提条件；吸收大量儿童；挑选具有运动天赋的儿童；对体育和项目的自信；争取父母的支持	发展一般协调能力；游戏—训练—游戏；训练内容来自不同的运动项目	多项目比赛；多组比较，按年龄组进行选材	无固定计划，对体育的爱好为主，对运动技术简单了解

阶段	主题和地点	条件/选拔标准	训练目标/方法重点	比赛/检验	规划与分期提示
基础训练阶段	认识训练；体校或运动队	健康，更感兴趣；对所选项目的动机；学习能力/可见成绩的提高，完成规范的训练	基础技术运动能力；相关项目的技术；训练更有目的性；训练中的连续性（速度/耐力）	项目比赛；开始安排测试和检查；定期成绩检查（一般与专项）	开始有目标，计划一般与专项训练的内容有关；激发观看/经历大赛的兴趣，树立榜样
专项准备阶段	学习与训练；体校或运动队	健康/兴趣提高/动机；专项（皮艇/划艇）的进步；一般与专项训练的进步；负荷承受性增加	发展一般与专项协调能力（速度/耐力）；巩固掌握的运动技术；协调总体水平的提高；训练是目的明确的、有动机的	定期专项比赛、一般性补充比赛、青少年比赛；定期的成绩检查（一般与专项）	深入研究竞技能力；导出竞技目标；写训练与竞技日记；开始客观化/理论化工作
竞技能力的发展和提高阶段	训练与提高；运动队或体校	目标明确的专项准备训练、提高影响成绩的因素，可觉察到训练与竞技的自立能力和动机，专项上的成绩提高；负荷承受性增加	建立高效的基础竞技能力；运动技术的经济化，与专项素质密切相关；目标是发展耐力与速度，发展稳定比赛的基本能力	定期专项比赛（多级）、青年比赛；定期的成绩检查；适应标准与预测	分期训练（6周为一周期）；周期结束前进行比赛；开始有目的地进行训练与竞技控制（桨频、时间、心率、船速等）；标准化的工作；比赛评定
高水平竞技能力的发展和表现阶段	训练与成绩；运动队或体校	标准是项目专项和面向目标形成自立能力和动机；高度的负荷承受性和休息能力	发展一般和专项能力及技能为目标，运动技术的经济化；有重点地训练主导能力，战术变化/单人或多人	定期比赛（国内外）；定期竞技诊断；根据标准/预测评定个体分析	接近高水平训练的分期（准备期—比赛期—赛前备战）；全年训练的恒定性；合理运用训练手段，刺激相互动力；目标明确的训练与竞技控制；比赛分析、对手分析、营养管理、预防医学措施

第五节　各年龄阶段的测试内容和评价标准

在长期系统的训练过程中，为了使运动员达到能参加奥运会和世界锦标赛并夺得冠军的水平，必须使运动员个人的天资和影响成绩的主要因素在不同年龄阶段得到最大限度的发展，使运动员的竞技条件和能力得到全面提高。对运动员的竞技条件和能力的系统测试与评价既是对训练质量和效果的检查，也有助于实现训练和成长的目标。因此，各项测试与评价的内容必须与各年龄阶段的训练目标和重点相适应。

一、专项竞技能力的测试内容

专项竞技能力测试内容包括距离为 500 米、1 000 米、2 000 米的国内测试或国内外比赛，超长距离为 2 000 米，超短距离为 250 米、100 米。

二、一般竞技能力的测试内容

（一）一般力量能力

1. 最大力量——卧拉、卧推

在第一至第三年龄阶段中最大力量目标值可以通过个人体重的百分比追加计算出来。在专项准备训练和高水平训练阶段中，给出的重量就是最大力量目标值。

2. 力量耐力——卧拉、卧推

在第一至第三年龄阶段中，可进行 2 分钟以上的 50% 体重的力量耐力测试，计算重复次数和整个工作距离。在专项准备和高水平训练阶段中可使用规定的重量。

3. 测试条件的准备与要求

（1）卧拉

①器材——凳板厚度 10 厘米，在肩的部位不超过 35 厘米宽度，凳板平放。

②运动员的位置——上体伏在板上，头不要抬起。

③提升高度——臂伸直至挡板。

（2）卧推

①器材——举重凳或卧榻板，宽度要保证后背稳定。

②运动员的位置——上体至腰椎平放在板上，后腰不要悬空，双腿稳定上体。

③提升高度——胸前 5 厘米至伸直。

引体向上、俯卧撑、仰卧起坐和跳箱上俯卧上体后仰等测试练习是用体重进行力量训练的一部分。

4. 对测试内容的解释和规范

（1）引体向上（反握）

跳起抓单杠，同时屈臂至下颌达到手握的高度。女子运动员做半引体向上，杠高度与肩平，体位（双脚固定）要做到臂和躯体形成 90°、准确无误的引体向上才算。

（2）地上俯卧撑

屈臂至下颌触地，立即伸直胳膊，头、躯体和腿构成一条直线。只计算做得准确无误的俯卧撑。

（3）仰卧起坐

仰卧，插手放在颈后，腿弯曲，脚踩地，抬起上体，躯体前曲，紧接着回躺。躯体前屈时，右臂肘触左膝，下一次前屈时，左臂肘触右膝。计 30 秒内仰卧起坐的最大数量。

（4）跳箱上俯卧上体后仰

练习者并直双腿，从脚到髋关节卧在一个跳箱上，插手放置颈后，上体最大限度地向下弯曲，双脚固定（借助同伴或肋木的帮助）。躯体抬起至水平，然后放下。计 30 秒内起坐的最大数量。

（二）一般耐力

1. 跑步

所有的跑步尽量在跑道上进行，如条件不允许，建议选择林间路或公园路。

2. 游泳

游泳测试应在 25 米或 50 米游泳池进行，泳姿不限。

（三）一般速度

进行 30 米短跑训练。

三、技术评价标准和方法

要达到世界顶尖水平，良好的划船技术是关键。因此，必须通过对运动员划船技术技能的系统评价不断地加以完善。

对第一至第三年龄阶段的测试与评价主要由省市皮划艇协会和训练管理中心按要求完成，对第四和第五阶段的测试与评价主要由中国皮划艇协会完成。

（一）技术评价方法

由 1 名技术人员和 1～2 名测试员通过 100 米测验来进行评价。评价基于以下环节和标准。

1. 活动空间（动作表现）

幅度大、高度合适、角度合理、力度适中、速度轻快、动作协调。

2. 主驱动表现

臂—肩—躯干的动作平稳、节奏鲜明、协调充分、用力合理有序并有效转为划船动力。

3. 拉水表现

划桨动作平稳、轻快，划水满、牢、实，有效做功时间长，入水和出水动作干净利落。

4. 整体运动效果

船艇运行平稳、方向直、姿态高飘、运行速度均匀快速。

5. 皮艇技术评分标准

皮艇技术评分标准见表3-2。

表 3-2　皮艇技术评分标准表

评定技术的环节	优秀（4～5分）	良好（3～3.9分）	及格（2～2.9分）
船的运行	左右稍有侧倾，前后基本无起伏，船头前进无偏移，船速均匀	左右侧倾较大，前后稍有起伏，船头前进稍偏移，船速较均匀	左右侧倾很大，前后起伏较大，船头前进有较大偏移，船速不太均匀
躯干动作	坐姿自然，桨叶入水时肩带转动35°～40°，桨叶入水后肩带转动25°～35°，桨叶出水时肩带转动20°～30°	坐姿前倾太大，桨叶入水时肩带转动25°～35°，桨叶入水后肩带转动20°～25°，桨叶出水时肩带转动小于20°	坐姿僵直或后仰，桨叶入水时肩带转动小于25°，桨叶入水后肩带转动小于20°，桨叶出水时肩带转动小于30°
手臂动作	握桨宽度适宜，桨叶入水的手臂屈肘175°～180°，划水结束时，手臂屈肘100°～110°，推桨中肘同肩高，推桨臂匀速伸直	握桨太宽，桨叶入水时手臂屈肘165°～175°，划水结束时，手臂屈肘大于110°，推桨中肘低于肩，推桨臂加速伸直	握桨太窄，桨叶入水时手臂屈肘小于165°，入水结束时手臂屈肘小于100°，推桨中肘高于肩，推桨开始肘即伸直

6. 划艇技术评分要点

①动作舒展、自然连贯、协调和流畅。
②节奏明显，前伸幅度大，拉桨经济性和实效性好，保持稳定桨频。
③艇运行时上下起伏小，左右晃动小，船速均匀。
④二直一松，即下方手臂拉桨，上方手臂要直臂顶住桨柄，头部要放松。
⑤三快一慢，即下桨、拉桨、出桨要快，回桨要慢。

7. 评分

①分数5：完整完成4个环节的测试标准和达到皮艇优秀分值或划艇5个技术要点。
②分数4：完成3个测试标准和基本达到皮艇优秀分值或划艇5个技术要点。
③分数3：完成2个测试标准和达到皮艇良好分值或划艇4个技术要点。
④分数2：完成1个测试标准和达到皮艇及格分值或划艇3个技术要点。
⑤分数1：没有完成任意1个测试标准和未达到皮艇及格分值或划艇2个技术要点。
根据评分人的分数算出平均分为技术成绩。

四、年度测试参照表

年度发展过程数据见表3-3。

表 3-3　年度发展过程数据表

姓名：　　项目：　　　　单位：　　　　训练年限：

测试内容	上一年成绩	第一测试	第二测试	第三测试	第四测试
身高 / 厘米					
体重 / 千克					
臂展 / 厘米					
跪高 / 厘米					
坐高 / 厘米					
耐力（距离 / 时间）					
跑步（距离 / 时间）					
游泳（距离 / 时间）					
2 000 米艇成绩					
速度（距离 / 时间）					
30 米、60 米、100 米跑					
50 米艇					
100 米艇					
250 米艇					
4×1 000 米系列					
3×250 米系列					
力量竞技（次数 / 时间）					
引体向上					
俯卧撑					
卧推最大					
卧推耐力					
卧拉最大					
卧拉耐力					
协调、柔韧和灵活性（按很好 / 好 / 不足评定）					
躯干前屈					

续表

测试内容	上一年成绩	第一测试	第二测试	第三测试	第四测试
仰卧起坐					
背仰					
髋、躯干、肩					
灵敏性					
划船技术（分数）					
活动空间、动作表现					
主驱动表现（臂—肩—躯干协调）					
拉水表现					
整个运动、船艇运行					
备注					

复习与思考：

①皮划艇专项竞技能力的测试内容有哪些？
②划艇技术评分要点有哪些？

第四章　皮划艇运动员的选材

掌握皮划艇运动员的选材方法和标准。

第一节　选材的意义

选材是皮划艇训练工作中的重要环节。皮划艇运动员的选材，就是指根据皮划艇运动项目的特点，以科学的测试和预测的方法，从众多的青少年、儿童和运动员的后备力量中，准确地选拔出那些先天和后天条件均较优越的、适合从事皮划艇运动的人才。

现代运动训练包括三个方面，即科学选材、科学训练及科学管理，其中科学选材是第一个重要环节。选材的准确性往往决定着训练的成功率。选材成功，则训练得心应手，成材率很高；而选材不当，则纵然投入很大的人力、物力和财力，也是白白地浪费。人们说的"选材成功意味着训练成功了一半"是不无道理的。

随着科学技术的发展，世界各国在训练条件、物质基础和运动技术水平方面的差距越来越小。许多体育强国把力量转移到选材上，借以取得自己的优势。有人认为，人体机能有 60% 以上取决于先天遗传，40% 受训练和其他外界影响的制约，而且取决于遗传的潜在运动能力，只有在有机体的敏感发展期受到适宜刺激时，才能得到最充分的发展。由此可见，准确地选择先天条件优越的青少年运动员进行系统的、科学的训练，是提高成材率和培养优秀运动员的经济有效的途径。日益频繁的体育交往和媒介宣传，使先进的训练理论、方法和手段，往往不能保持长久的独占优势，而运动员的先天条件，却是一个地区一个民族或个人所独有的。因此选拔具备良好条件的青少年，进行系统的、科学的训练，使之发挥各自独特的才能，对皮划艇运动的发展是具有重要意义的。

第二节　选材应考虑的因素

为了提高运动员选材的科学性，选材时应考虑许多因素，这些因素对运动员今后能否成材都很有影响。

一、遗传因素

运动员选材主要选择专项方面的天才，而"天才"是指父母遗传给子女的先天条件，因此遗传因素是皮划艇运动员选材时必须考虑的因素。

二、年龄因素

年龄因素包含日历年龄、生物年龄和运动年龄。日历年龄即生活年龄，是指人从出生开始计算的年龄，它反映了人生命过程的实际年龄。生物年龄是指人体生长发育的"年龄"，它反映了一个人生长发育的快慢。运动年龄是指运动员从参加训练开始计算的年龄，它反映了运动员在专项竞技能力上的阶段性发展特点。年龄是人的有机体和心理发育成熟的象征，在选材中必须对运动员的年龄及其真实性予以充分重视。

人的一生经历生长、发育、成熟和衰老几个阶段，各阶段都有不同的生理、生物指标。由于受先天遗传、营养和生活条件的影响，每个人的发育时间和程度会有所差异。正常人的生物年龄与生活年龄相差一年左右。

研究证明，体坛上成功的运动员绝大部分是晚熟型的。早熟型的选手到成年阶段，往往潜力挖尽，难以提高。在确定选材目标时，采用手腕骨的 X 光片来确定运动员的发育程度是比较科学的。

三、竞技能力因素

竞技能力是一个运动员成材的必要条件。竞技能力可以从运动员的实际潜力和现实表现两方面进行诊断和预测。实际潜力是指运动员生长发育的先天条件的潜力和后天训练的潜力。现实表现包括身体形态、机能、素质、心理、智力、运动技术和成绩等。

四、专项因素

皮划艇运动是体能类项目，其专项特点要求选材时更多地考虑形态、机能和素质。

五、个体因素

一个运动员在所有方面都达到或超过理想模式是不可能的，往往一些指标超过群体理想模式，而另一些指标又低于模式标准。但只要对专项起主导作用的指标比较理想，即使某些指标稍差也可以考虑选材。我国皮划艇的优秀运动员中，这样的例子是屡见不鲜的。因此选材时要考虑分析运动员的个体特点，突出专项指标，全面地评价一个运动员今后成才的可能性。

第三节　选材的方法

随着科学技术的日益发展和选材的准确性要求越来越高，选材的方法也越来越多，并且不断地出现新的方法，其中有许多是对被选运动员全面性状未来发展水平的预测方法。

对皮划艇运动员选材来说主要有以下几类方法。

一、遗传选材法

（一）家庭情况分析

这种方法主要是根据祖代、亲代和子代的各种性状表现状态去估计、推测和预测选材对象未来性状发展的水平。运动员家庭的后代中，运动员与非运动员的对比关系是一比一，因而选材的对象可多在运动员的子女中找，而且根据"杂交优势"的生物共性规律来看，亲缘关系越远、父母出生地相隔越远，在子代中出现超越父母亲代的可能性越大。有研究表明，父母出生地越远，子女平均身高越高。还有研究材料表明，将18岁的儿子的身高与其父母的平均身高做比较发现，矮个父母所生的18岁儿子平均比高个父母所生的18岁儿子矮14.8厘米。这表明，应对运动才能表现较优越的父母的子女给予更多的注意。

（二）遗传力情况分析

具体做法是，按专项的特点与需要确定一些与专项关系密切的性状指标，然后按这些性状指标的遗传力大小进行对比分析，选择那些与专项关系密切而遗传力又较大的指标作为最后确定的专项选材指标。

在组成人体运动能力主要性状的诸多遗传指标中，可以选择出与皮划艇关系密切的选材指标。

①体形主要指标遗传力及其与皮划艇专项的关系，如表4-1所示。

表4-1　体形主要指标遗传力及其与皮划艇专项的关系

指标	遗传力 /%	与皮划艇专项的关系
身高	男 75，女 92	密切
坐高	85	密切
臂长	男 80，女 87	密切
腿长	男 77，女 92	无
足长	82	无
体重	男 63，女 42	无
去脂体重	男 87，女 78	密切
头宽	男 95，女 76	无
肩宽	男 77，女 70	密切
腰宽	男 79，女 63	无
盆宽	男 75，女 85	无

指标	遗传力 /%	与皮划艇专项的关系
头围	男 90，女 72	无
胸围	男 54，女 55	密切
臂围	男 65，女 60	密切
腿围	男 60，女 65	无
心脏形状	82	密切
肺面积	52	密切
轮廓形状	90	无
膈肌形状	83	无

②主要生理指标遗传力及其与皮划艇专项的关系，如表 4-2 所示。

表 4-2　主要生理指标遗传力及其与皮划艇专项的关系

指标	遗传力 /%	与皮划艇专项的关系
最大心率	0.86	密切
血型	1	无
血压	0.42	无
最大吸氧量	0.93	密切
月经初潮年龄（女）	0.99	密切
CNS（中枢神经系统）活动强度，灵活性，均衡性	0.90	无
安静心率	0.33	密切
无氧阈	0.50	密切
肺通气量	0.73	无

③生化代谢指标遗传力及其与皮划艇专项的关系，如表4-3所示。

表4-3　生化代谢指标遗传力及其与皮划艇专项的关系

指标	遗传力 /%	与皮划艇专项的关系
CP、ATP	0.78	密切
线粒体数量	0.81	密切
肌红蛋白含量	0.73	密切
血乳酸浓度	0.70	密切
乳酸脱氢酶活性	0.72	密切
红白肌纤维比例	0.80	密切
血红蛋白含量	0.90	密切
磷酸肌酸	0.78	密切
血睾酮	男 78，女 91	密切

④运动素质指标遗传力及其与皮划艇专项的关系，如表4-4所示。

表4-4　运动素质指标遗传力及其与皮划艇专项的关系

指标	遗传力 /%	与皮划艇专项的关系
反应速度	0.75	密切
动作速度	0.50	无
位移速度	0.30	无
反应时	0.86	无
绝对肌力	0.35	密切
相对肌力	0.64	密切
无氧耐力	0.85	密切
有氧耐力	0.70	密切
柔韧性	0.70	无
50 米快跑	0.78	密切

指标	遗传力/%	与皮划艇专项的关系
握力	0.41	密切
背肌力	0.49	无
立定跳远	0.11	无
投掷小球	0.54	无
仰卧起坐	0.25	无
走路	0.53	无
膝反射时间	0.98	无

⑤智力、个性特征遗传力及其与皮划艇专项的关系，如表4-5所示。

表4-5　智力、个性特征遗传力及其与皮划艇专项的关系

指标	遗传力/%	与皮划艇专项的关系
基本情绪	0.75	密切
柔韧性	0.91	密切
活力	0.79	无
思考能力	0.72	密切
心理状态	0.60	密切
意志韧性	0.77	无
智力	0.70	无
判断的果断性	0.96	无
对抗性	0.95	无
记忆力	0.62	密切
运动冲动	0.90	无
好奇心	0.87	密切
冲动协调	0.86	密切

指标	遗传力 /%	与皮划艇专项的关系
对矛盾的反应	0.80	无
运动制约	0.65	无

（三）双生情况分析

双生选材法是指选材中在对双生儿运动才能分析的基础上，进行高效益选材的方法。由于双生儿在性状遗传上具有极其相似的特征，因而他们在运动才能上和参加的运动项目上也具有相似的发展趋势，只要发现有一个适合选材，另一个也必定适合，这就大大提高了选材的效益，因此具有较高的选材意义。双生选材的具体方法：

①首先要确定他们是一卵双生，即通常为同一性别的两男或两女。如有条件，可检查其血型是否相同。

②测定双生儿的全面运动才能，确定其是否适宜皮划艇运动。

双生选材用于皮划艇运动已有不少先例。例如，挑选皮划艇运动中的双人艇的运动员，如果是一对双生儿，又有较好的运动才能，其成功率比非双生儿高得多。

（四）左利情况分析

这是根据人体存在的左利现象的机制及左利者的竞技能力优势确立的选材方法。人体存在一种左利现象，不少人习惯用左手写字和工作，而且同侧的下肢也具有强于右侧体的工作能力。这是一种大脑对肢体具有较高遗传度的控制功能。人的大脑分为左右两个半球，左半球负责语言、逻辑推理等功能，右半球负责支配人的肢体，而右半球的这种控制功能具有交叉控制的特点，也就是右半球能直接控制左手或左腿，但控制右手或右腿时却要绕过左半球，致使左利手的反应速度要比右利手快 0.015 秒。因而左利手的运动员具有反应速度快和动作灵活等特点。对皮划艇运动来说，双人艇的两名运动员，如有一个左利手的运动员，将是理想的配对。左利现象往往在小时候被父母强行改变，因此要注意发现先天左利功能的儿童和少年。

二、形态选材法

形态指标主要反映人体的外形特征，包括全身的整体形态与各局部结构的形态（如高度、长度、围度、宽度和充实度等）。各运动项目要求不同的形态特征，以产生适合于本专项需要的生物学和生物力学效益。皮划艇运动员形态的总要求是身体高大，体形粗壮，肩膀宽、手臂长、骨骼粗、胸腔大。

（一）身体高度

身体高度的主要指标为坐高和身高，其遗传力都很强，是形态选材中的重点指标。

1. 坐高

坐高反映躯干的长短，分为长躯形（坐高高）和矩躯形（坐高低）。坐高与身高有密切的联系，呈负相关关系，即坐高越高，身高越矮，而坐高越低，身高越高。多数项目需要运动员的身高较高，因而坐高不宜太高。但运动员的坐高高，重心低，平衡和稳定能力就较强，对体操项目有一定好处。

2. 身高

身高受各种因素的影响，选材中既要重视遗传因素，也要注意分析环境因素对身高的影响。随着现代竞技体育出现"高大化"趋势，身高选材受到了人们的普遍重视，目前已有许多预测身高的方法，主要包括以下几种：

①根据遗传因素预测：主要根据父母身高和选材对象染色体形态特征进行预测。

②根据自己当年身高预测：这类方法很多，常用的有瓦尔克尔氏预测法、梅德维德氏身高对照表预测法以及骨龄预测法。其基本方法是通过测定当年身高，运用一定的方法去预测未来的身高。

③根据当年足长预测以后身高：

足长比值如表4-6所示。

表4-6 足长比值表

年龄	男子比值	女子比值
11 岁	0.859	0.926
12 岁	0.896	0.961
13 岁	0.931	0.978
14 岁	0.964	0.987
15 岁	0.984	0.996
16 岁	0.992	0.996
17 岁	0.992	0.996
18 岁	0.992	0.996

一般来说，腿长、臂长的人身高就高，尤其是小腿和前臂长的人身高更高。

此外，研究表明，双脚第二脚趾长的人未来身高较高，反之此脚趾粗短的人未来个子较矮。

头形与身高也有较密切的关联。人的头形有三种：第一种是圆形，未来身高不高；第二种是椭圆形或长圆形，未来身高较高，而且体形匀称、瘦长，素质较好；第三种是长方形，未来身高较高，但体形宽大笨重，反应慢，素质差。

（二）身体长度

长度指标中较重要的一个指标是指间距，即当两臂平举时两手中指指尖之间的长度，这是由肩宽与臂长组成的指标。根据运动姿势特点，皮划艇选材时，测试坐臂长度（皮艇和跪臂长度（划艇）。它对皮划艇运动员有重要意义，因为两臂长划幅就大。通常要求坐臂长度或跪臂长度达到 20 ～ 25 厘米。

（三）身体宽度

身体宽度主要指肩宽和髋宽。不同项目对这两个指标有不同的要求。肩宽一定程度上决定了上肢肩带肌肉力量，皮划艇运动员的肩宽—身高指数较大。此指数 12 岁以后增加，20 岁趋于平衡，因而可在 12 岁后开始这一指标的选材。

$$肩宽 - 身高指数 = \frac{肩宽}{身高}$$

（四）身体围度

身体围度指标主要包括胸围、大腿围、小腿围、上臂围、腰围和臀围等指标，它们从不同的角度反映身体各部分的肌肉力量和外部形态特点。少儿发育过程中，围度晚于长度和高度的发展，男 14 岁、女 12 岁开始明显增长，男性增长指数大于女性。皮划艇常用胸围指数评价运动员胸围的发育状况，我国皮划艇运动员围度指数的计算公式为：

$$胸围 - 身高指数 = \frac{胸围}{身高}$$

（五）身体充实度

所谓充实度是指身体的均匀、营养状况和肥胖、结实、瘦弱的程度，多用体脂厚度、体重—身高指数，体重—胸围指数、体重—坐高指数来反映。国外每厘米身高的体重以 350 ～ 450 克为正常，小于 350 克为过瘦，大于 450 克为过胖，而我国男性为 350 ～ 360 克，不超过 380 克，女性为 330 克，不超过 340 克。我国青年体重—坐高指数一般在 90 ～ 93。

在大量群体进行充实度选材时，也可用肉眼做初步观察，初选出来后再进一步测试和评定。

三、机能选材法

各器官、系统的机能指标非常多，在此介绍一些主要的生理生化指标。

（一）心率

反映心脏功能和运动员承受体力负荷的能力。主要测试安静时心率，低些的为好，以反映承受最大负荷极限的能力。在负荷后脉搏恢复到原有水平的时间应短些，以反映运动员的恢复能力。当脉搏达 180 次 / 分钟时，恢复到 120 次 / 分钟约需 5 分钟，机能高的运动员会更快些。

（二）血压

血压包括舒张压、收缩压和脉压差三个指标，其中收缩压随年龄的增长而增加。在少年期有时也会出现生理性的血压偏高，只要不是病理性的过高，不必看得过重。

（三）肺活量

肺活量反映了呼吸功能的潜在能力。13 岁以前男女差别不太大，少年期后男子超过女子。选材时尽可能选肺活量较大的，但要与体重相称按每千克体重的肺活量来进行比较。

（四）吸氧量与最大吸氧量

吸氧量是指安静时每千克体重的相对吸氧量，最大吸氧量则是指在激烈运动时的最大吸氧量。选材时，应尽量选最大吸氧量高的，对 13 岁的少年则可以进行最大吸氧量的选材。另外，最大吸氧量也可用肺活量来进行测算。

（五）氧债

当承受短时间最高强度负荷需氧量超过了最大吸氧量时就出现了氧债，健康人的最大氧债为 3～5 升，而世界水平的中距离跑运动员最大氧债可超过 20 升。简易的测定方法为测定深吸气后最长的随意屏气时间（安静时或定量负荷后），健康人为 40～50 秒，运动员可达 1 分钟。

（六）血乳酸

血乳酸是反映运动员无氧能力的重要指标。非运动员血乳酸的静息值（男 11.5 毫克，女 12.2 毫克）比运动员高（男 10.9 毫克，女 9.2 毫克）。因而在选材时，应尽量选血乳酸静息值较低的。

（七）血型

血型完全由遗传决定，不会改变，血型与运动能力（体质与气质）的类型有较明显的关系（见表 4-7）。由于各运动项目对运动能力有不同的要求，因而在各项目中有明显的不同血型，可供专项选材时参考。

表 4-7　血型与运动能力（体质与气质）的关系

血型	体质	气质
O	速度和爆发力好，弹跳力好	敢于拼搏，目的性强，不达目的不罢休，精力充沛，斗志昂扬，但对环境的适应性差
A	灵活性、耐力、爆发力、柔韧性（腰）好，学习动作踏实，掌握动作的协调能力好，动力定型较巩固，但弹跳力素质较差	吃苦耐劳，忍耐性好，不满足现状，有毅力，但受外界影响易灰心
B	移动敏捷，速度好，协调性、技术性强，心灵手巧，解决问题很利索	好胜心强，果断、大胆、乐观、热情，不易受环境影响，但大胆中有些任性、随便和盲目
AB	神经反应快，爆发力强，具有 A、B 型的双重特点，协调性好，感知能力强，速度力量好，但持续时间不能太长，易厌烦	沉着冷静，应变力强，头脑清醒，具有 A、B 型双重气质

四、心理与智力选材法

（一）心理选材

心理选材的基本内容包括两方面：一是心理过程的选材；二是个性心理特征的选材。

①心理过程：心理过程的选材指标包括感受的敏锐度、知觉的深广度、表象的完整性、和清晰性、运动记忆的及时性和准确性，以及运动员的想象力和注意力等各种指标。

②个性心理特征：个性心理特征的主要指标有训练动机、自我控制能力、意志力和神经类型等。

经测试统计，优秀运动员多属于活泼型和安静型，但不同项或同一项目（集体项目）的不同位置与分工对神经类型也有不同的要求。皮划艇运动应挑选稳定型的运动员。

（二）智力选材

智力是人行为的一种表现，是各种智力心理的综合体，因而大多心理指标选材方法也可用于智力选材。智力将直接影响运动员学习知识和掌握动作技能。智力有较大的遗传力，因而智力选材时，应注意选材对象父母的智力情况。智力选材的主要方法与要求：

①全面了解选材对象所处的影响智力的内外环境，客观地评价运动员的智力。

②测定运动员智力的实际潜力。人的智力有一个范围相当广泛的智力潜力，其上下限是由遗传决定的。因此，某甲虽比某乙有更高的智力潜力，但他的智力的实际表现也可能因环境影响而落在某乙的后面，但从其潜力来看，某甲却大于某乙，因而最终的智力表现也同样会高于某乙。可见在选材中要重点注意选材对象的实际智力潜力，不要光看外在表现。

③测儿童和少年运动员掌握动作的能力。由于掌握动作能力的好坏与智力有很大关系，因而在选材时，初选时可把儿童和少年集中起来选择几个都未做过的动作让他们在统一安排下进行同一指导练习，动作掌握得越快的少年和儿童智力水平就越高。

④在实际训练、比赛中进一步地观察其智力的一些外部表现。

五、运动素质选材法

运动素质选材主要指力量、速度、耐力、灵敏和柔韧五大素质的选材法。

（一）力量素质

力量素质选材常用握力计和背力器等测力计测定绝对力量，此外还要测相对力量。相对力量是反映单位体重的绝对力量，计算公式为：

$$相对力量 = \frac{绝对力量}{体重}$$

（二）速度素质

速度素质有较大的遗传力，很稳定，是运动素质选材的重要指标。动作速度可用规定时间里重复完成各种动作的次数来反映，移动速度可用 30～100 米跑的速度来反映。

（三）耐力素质

耐力素质是人体身体素质的重要组成部分之一，是指有机体坚持长时间运动的能力或运动中克服疲劳的能力。同时也是反映人体健康水平或体质强弱的一个重要标志。耐力水平的提高表现为更长时间保持特定强度或动作质量，或在一定时间内承受更高强度的能力。运动员要在竞赛全过程保持特定的运动强度，或动作质量，就必须具备良好的耐力素质。

（四）灵敏素质

灵敏素质是皮划艇运动员的重要选材指标，选材可结合各专项动作进行。除此之外，也可用测定 10 秒钟的俯卧撑次数来评定灵敏素质。动作顺序为直立—蹲撑—俯撑—还原成蹲撑—还原直立，计算反复做的次数。另外，为了更好地了解孩子们的全面灵活性，也可用"之"字跑、躲闪跑、穿梭跑和立卧撑等动作组成的综合性障碍跑的成绩进行评价。

（五）柔韧素质

在选材中可以通过各专项专门设计的一些柔韧动作测评。一般柔韧性常用背桥横劈叉、竖劈叉和各种身体的伸、屈、旋内、旋外、内收、外展等动作的测定来评价。

复习与思考：

①皮划艇运动员应从哪些方面进行选材？
②哪些内容是皮划艇运动员选材的重点？

第五章　皮划艇的基本技术与教学方法

本章目标：

①掌握皮划艇的基本技术和教学方法。
②学习发现皮划艇技术的常见错误和掌握纠正方法。

第一节　皮艇技术

皮划艇技术是指能充分发挥运动员机体能力的、合理有效完成皮划艇动作的方法，它在皮划艇运动项目中有着极为重要的作用，甚至是决定性的作用。

第一，正确的皮划艇技术是取得优异运动成绩的保证，技术动作的细微错误或不合理都将成为取得优异成绩的障碍。错误的技术会消耗和浪费能量，必然影响成绩的提高。

第二，皮划艇技术和身体训练水平互为条件，互相制约。良好的身体训练水平是掌握和提高运动技术的基础，而只有掌握了正确的运动技术才能更有效地发挥身体训练水平，使已有的身体训练水平充分地表现出来。

第三，皮划艇技术是形成和运用比赛战术的基础，战术是在技术充分发挥的情况下形成和发展的。没有好的技术也就谈不上战术，技术越全面，战术也就越多样化。技术越扎实娴熟，战术运用的质量也越高。

第四，熟练的皮划艇技术能使运动员在训练和比赛中节省能量。正确的动力定型能使有机体在运动过程中消耗最低的能量，在比赛中始终保持旺盛的精力，从而创造优异成绩。

因此，青少年开始学习皮划艇技术时，就应掌握正确、合理的技术，并在训练中不断加以完善。

皮艇技术包括选桨、握桨、艇上坐姿和划桨的一个循环动作等。

一、选桨和握桨

运动员两手正握桨杆，对称地放在头顶上，上臂与两肩平行，肘关节屈成90°，这时两手距离桨颈15厘米左右。如再加上两桨叶的长度，即为该运动员较适宜的桨长。另一种方法是运动员站立在平地上，让桨竖起向上，举起单臂用食指和中指能勾住桨叶顶端，即为适合于自己的桨长。桨上的握桨点（见图5-1），最好做好标记，以免在练习中滑动。运动员根据自己手腕关节的灵活程度使两片桨叶相互偏转70°～90°。根据运动员的习惯又可分左手转桨或右手转桨。

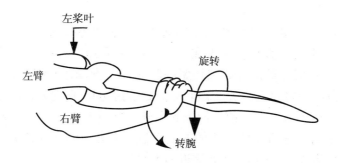

图 5-1　握桨点

二、艇上坐姿

运动员坐进船舱后，应位于艇的中心线上，以保证良好的平衡。两膝大约屈成 120°～130°，背部要直起，躯干垂直或前倾 5°～15°，身体重心应落在船的重心上或在船的重心前面一点，这要根据运动员的体重来决定，可以观察船体的水线是否水平来加以调整（见图 5-2）。船头可稍下沉，划进时船头上升。运动员自然地正坐船中，头部正直，两眼平视前方，颈部放松。

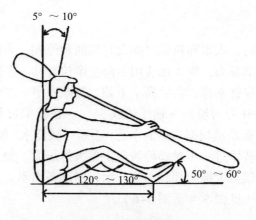

图 5-2　基本坐姿

运动员的这一坐姿，有利于上体转动和两臂用力。如果过于前倾，对肩部力量较差的女运动员较为有利，但不利于运用躯干转体的力量。如果上体后仰，则划水的后半部分用不上力。

三、划桨的一个循环动作

皮艇和划艇的划桨技术都是连贯而有节奏的循环动作。皮艇是以两边相同的动作在左右两侧不断地重复，因此要求运动员的动作高度协调，努力做到两边划桨动作对称。为了更好地理解动作过程，可以把划桨的一个循环动作分成四个阶段来说明。

（一）桨叶入水

以右划水为例，桨叶入水时，运动员上体应围绕纵轴最大限度地向左转动，肩轴和躯干一起转动约 70°，右膝弯曲使臀部稍向前移动，而左膝微伸。这时右肩下斜，右臂充分前伸，右前臂与手成一直线，左手在头旁，离左耳 20 ～ 25 厘米。桨叶入水时贴近船体。臀部、胸部、肩部和臂部等肌肉均紧张收缩，左脚撑住脚蹬板，桨叶与水平面成 40° ～ 50°，入水点应超过自己脚尖。桨叶入水发力于腰部，同时转体蹬腿开始直臂拉桨。在入水阶段，桨叶的运动方向是向前、向下和向外（见图 5-3）。上身轻微前倾，躯干最大扭转，手臂几乎展直，上方手位于头的前上方位，上方手的弯曲角为 110° ～ 120°。桨倾斜（从船头观察为 65° ～ 70°）并靠近船入水。

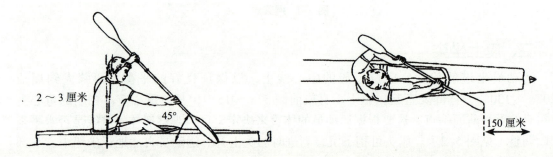

图 5-3　划船动作位置：入水开始

（二）拉桨

拉桨紧随在入水之后，入水和拉桨之间没有间断和停顿，力的传递是从入水开始一直到拉桨结束。拉桨时腰部发力，躯干加速用力向左牵拉转动。左脚撑住脚蹬板，要有用力推艇向前的感觉。右臂屈臂支撑，右手高于下颌，与眼齐平。左臂直臂拉桨，由于瞬旋桨的作用面，使桨叶向后外方与艇的纵轴线约成 36°。在拉桨过程中，桨叶面则尽可能与船舷保持 80° ～ 90°。运动员根据自己的水感，不断寻找静水，使桨叶相对固定在入水点。左臂拉桨时，左腿随着转体进一步对脚蹬板产生更大的压力，而右臂微屈肘，努力控制划桨的有效垂直部位。划桨至大腿中部，左臂开始屈肘准备出水。在拉桨阶段桨叶的运动方向是向后、向下、向外（见图 5-4 至图 5-6）。

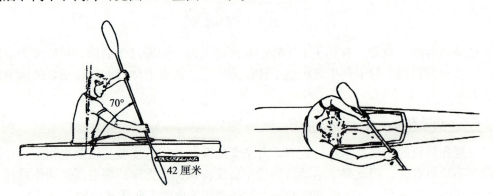

图 5-4　划船动作位置：入水结束和拉桨开始

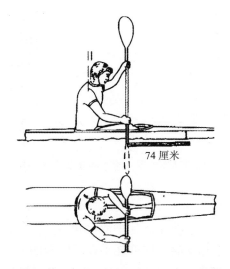

图 5-5 划船动作位置：拉桨至正交位置（桨垂直对水位置）

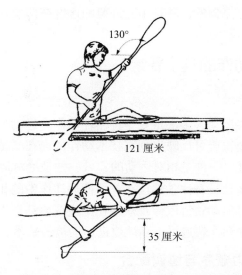

图 5-6 划船动作位置：拉桨结束和出水开始

桨沿船的波浪线在船边向外划开。下压手臂的弯曲角从头顶看是保持固定，手臂轻微弯曲，躯干扭转结束，躯干微挺直（此时必须有许多肌肉集中工作）避免过度提升。

（三）桨叶出水

桨叶划水至髋部结束出水，这时桨柄与水平面约成 145°。左臂屈臂提肘，稍稍转动手腕并向上转桨，使桨叶外缘先出水。出水动作应迅速、柔和而干净利落，桨叶尽量少带起水花。桨叶在出水阶段的运动方向是向后、向上、向内。桨叶离水时与水平面约成 145°～155°。桨叶出水和入水一样，都是一个划桨动作过程中速度最快的阶段，艇速越快，出水和入水也越快。左臂拉桨出水的同时，右臂微屈支撑。当左手向前、向上复位，左臂由屈向前自然推直。当右手腕推过中心线时，转化为拉桨手而开始下一次划桨（见图 5-7）。

图 5-7　划船动作位置：出水结束和入水开始

（四）复位

左桨出水后、右桨入水前，大部分肌肉处于放松状态。左手在复位过程中，肘部向身体中轴移动，当手和臂继续向上移动时，肘部几乎在后甲板的上方。当手与耳同高时，肘与肩也同高。这时上臂后伸，与肩线成 160°～175°。手臂复位时，桨叶由下向上，运动员通常在这时吸气。整个划桨动作是一次连贯、协调的周期性运动，即使是恢复阶段，也应是轻快而顺畅，没有任何停顿的，并且不允许艇的速度在两次拉桨之间有明显的减速现象。

二、皮艇划船技术动作的几个要素

（一）动作轨迹

皮艇技术是周期性的划桨运动，多次重复一种循环动作。运动员身体各环节总是沿着一定的运动轨迹做动作，动作轨迹可反映出划桨技术动作的内在联系和合理性。从高速摄影中，可以得到两种动作轨迹，一种是相对运动的，另一种是绝对运动的。

相对运动轨迹可以说明运动员身体各部位在一个循环动作中的相互位置和关系，以及各环节速度力量的变化。绝对运动轨迹就像观众站在岸边观察动作，它是一个划桨动作的连续轨迹。对照优秀运动员的动作轨迹可不断地改进运动员的技术。

（二）各身体环节发力顺序与协调配合

1. 下肢肌肉

首先蹬伸腿部，促进骨盆积极回旋，为脊柱的回旋创造有利的条件。一侧腿蹬伸时，主要为伸膝动作（140°～150°），原动肌为股直肌、腓肠肌和股二头肌等，在固定条件下收缩，但不需要将膝关节完全伸直，否则会加长做功距离，增加做功时间。另一侧腿屈膝，主要由小腿在踝关节处伸带动大腿在膝关节处屈，使大小腿折叠，进而快速带动骨盆回旋，主要由胫骨前肌、趾长伸肌等原动肌在远固定条件下收缩完成。

蹬伸和屈腿动作推动骨盆快速回旋，同时臀大肌等肌肉在远固定情况下主动收缩，进一步加快骨盆回旋速度，为脊柱回旋创造条件。骨盆在整个皮艇划船动作中始终处于微前倾的位置，需要臀大肌和臀中肌等肌肉在固定情况下做支持工作，骨盆不松不懈，脊柱则容易挺住。

2. 躯干肌肉

动作核心为脊柱回旋发力，带动上肢完成划桨动作。躯干在整个皮艇划船动作中始终处于微屈（约 10°）位置，需要竖脊肌、斜方肌和夹肌等肌肉在固定情况下做支持工作。脊柱回旋发力，主动肌为腹外斜肌和腹内斜肌，协同肌是腹直肌、竖脊肌等，它们均在固定情况下收缩实现脊柱回旋。

3. 上肢肌肉

在摆桨阶段，肌肉收缩保持上肢各环节正确的姿势和调节桨叶入水角度等；在插桨、划桨和桨出水阶段，以肩带和肩关节的运动为主。

（1）肩带的运动

桨出水和向前摆桨阶段，肩带上回旋和外展（前伸），由斜方肌和前锯肌等原动肌在近固定条件下收缩完成。插桨和划桨阶段，肩带下回旋和内收（后缩），由菱形肌、肩胛提肌和胸小肌等原动肌在近固定条件下收缩完成。

（2）肩关节的运动

桨出水和向前摆桨阶段，上臂在肩关节做外展和前屈运动，由三角肌和胸大肌、肱二头肌等原动肌在近固定条件下收缩完成；当上臂运动至身体额状面的前面后，上臂由外展运动转为内收运动，同时继续做前屈运动，使上臂充分前伸，由三角肌前部、胸大肌和肱二头肌等原动肌在近固定条件下收缩完成。

插桨和划桨阶段，肩带下回旋和内收（后缩），由菱形肌、肩胛提肌和胸小肌等原动肌在近固定条件下收缩完成。

（3）肘关节的运动

桨出水、向前摆桨和插桨阶段，前臂在肘关节做前屈运动，由肱二头肌、肱肌和肱桡肌等原动肌在近固定条件下收缩完成；当前臂运动至身体额状面的前面后，前臂由前屈运动转为伸运动，使臂充分前伸，由肱三头肌和肘肌等原动肌在近固定条件下收缩完成，但肘关节在整个动作中屈伸幅度不要过大。在划桨阶段，则是上臂以肘关节为支点向前臂靠拢，由肱二头肌、肱肌和肱桡肌等原动肌在远固定条件下收缩完成。

（4）上肢各环节的运动顺序

在桨出水、向前摆桨和插桨阶段应该为大环节带动小环节运动，靠近躯干的大肌肉群先发力收缩；在划桨阶段，则是远侧小环节先发力收缩，整个身体向远侧端即向桨靠拢。

（5）皮艇划船动作结构的总体特征和身体各环节的运动顺序

首先，下肢首先蹬伸，促进骨盆积极回旋，为躯干的回旋创造有利条件；其次，整个动作的核心——躯干回旋发力，带动上肢完成划船动作；最后，上肢肌肉收缩保持上肢各环节正确的姿势，调节桨叶入水角度，完成插桨、拉桨、回桨阶段的屈伸和收缩等动作。

（三）划船动作节奏

节奏是皮艇一个动作周期内各阶段速度或力量的比例，这种比例基本上是有规律性的。一个动作周期中包括支撑期和无支撑期，可分为入水、拉桨、出水和恢复。其中入水在一个周期中约占 30%，拉桨占 45%，恢复占 25%。动作节奏是技术合理性、正确性的重要标志之一，是相对稳定的技术因素。

（四）桨频

桨频是单位时间内的划桨次数。在皮划艇运动中，可以测定两种不同的桨频，一种是最大桨频，另一种是途中平均桨频。最大桨频是运动员以良好的技术和力量重复划桨而取得的，一般在出发后一段时间内达到。最大桨频和途中平均桨频的差值可以说明运动员在最大桨频下能持久工作多长时间。教练员要教会运动员控制桨频和用最大力量划桨来取得最好的成绩。

（五）划距

划距是指运动员在一定距离内的划桨次数。在训练中，提高划距和桨频都可以提高艇速。对初学者或者青少年运动员来说，主要提高划距；对优秀运动员来说，则要着重提高最大桨频及最大桨频的持久能力。

（六）艇速（划船效果）

$$艇速 = \frac{比赛距离}{比赛成绩（时间）} = \frac{比赛距离}{桨数} \times \frac{桨数}{比赛成绩（时间）}$$

因此，

$$艇速 = 划距 \times 桨频。$$

要提高运动成绩，就是要提高划距或桨频。桨频的提高要通过提高划水的效率和不改变动作的节奏来达到，最后达到提高运动成绩的目的。

（七）划船的感觉（感知觉能力）

运动员在完成划船技术动作时，需要各种感知觉参加，其中肌肉运动感知觉起着重要的作用。经过反复学习，运动员各种分析知觉的能力（如水感、节奏感、速度感、船和桨的感觉等）也得以形成和发展。运动员能够清晰地感觉自己的动作和动作效果，因而划船动作表现出高度的准确性、协调性和有效性。

皮划艇运动员感知觉能力的高低，同其技术水平有着极为密切的关系。良好的划船感觉可感知水、身体、船艇和桨的相互影响及细微变化并在适当的时机、角度、节奏下自动进行调整和控制，可帮助运动员形成人船合一的高质、高效、高速的划船技术，成为优秀选手。

第二节 划艇技术

一、选桨及握桨方法

单人划艇与双人划艇用桨的长度不同。单人划艇桨的长度同运动员的身高一致，而双人划艇桨的长度一般齐运动员的眉梢。两手握桨时，上手（推桨手）正握桨把（手柄），下手（拉桨手）握在距桨颈 15～20 厘米处。

二、跪姿

划艇运动员在艇内呈跪立姿势划桨。正确的跪姿可以在艇内保持较好的稳定性。通常把支撑腿（平衡腿）的脚、跪腿的膝和脚这三点，稳妥地放在一个钝角三角形的三个顶点上。支撑腿的脚趾朝划桨一侧稍向内转，而膝部正对着前方。支撑脚与跪腿的脚和膝部构成 15°～20° 的夹角；跪腿的大腿基本垂直于水平面，小腿向对侧偏移，与艇的纵轴成 8°～25°。跪垫高 7～10 厘米，跪腿的小腿与大腿成 100°～120°，脚掌着地，搁在舱底板上，脚趾蜷曲。桨手的身体重心应位于划艇的几何中心之上。身体高大或体重大的桨手，应跪在重心偏后的位置，而体重轻的桨手则跪在重心偏前的位置。教练员可以通过观察运动员全速划桨时艇的平衡情况来确定正确的跪膝位（见图 5-8）。

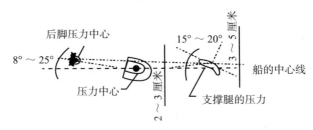

图 5-8　跪位选定方法

三、划艇划桨技术

目前，划艇划桨技术可分成固定髋的技术和转髋的技术，在转髋的技术中又可分成向前后移动和自身转动两种。不论运用哪种技术，其基本原则都是使船艇平稳地向前推进，没有或接近没有前后左右的波动和摇晃。我国大部分优秀运动员运用以抬为主、以转为辅、静动结合的划桨技术。

划艇的划桨动作是单边划行，对艇的平衡控制比皮艇要困难得多，但与皮艇相同的是要连贯和有节奏地运动。只是为了理解动作过程才把一个划桨循环划分为入水、拉桨、操向、出水、恢复等几个阶段。

（一）入水

入水是从桨叶尖端接触水面到桨叶全部漫入水中的阶段。入水是力量传递的重要部分。运动员在前一个恢复阶段有力摆动的基础上，再加速将桨叶靠近船体向前，与船体平行地推出，使桨叶与水平面成锐角。这时，运动员的躯干前倾，转体伸肩，扭紧躯干，使背部接近于面向划桨一侧，两臂伸直，抬高推桨的肘部，使拉桨肩向前，推桨肩稍后移，肩耸起，肘微屈，手在头的上方。桨杆与水平面约成 45° 将桨叶插入水中。

（二）拉桨

桨叶入水后，推桨手迅速前推并撑住，使桨叶抓住水。拉桨手的肩后移，利用抬体和转体的力量直臂向后拉桨。从入水后到拉桨，运动员应将身体重量压在桨上。拉桨时腰背挺直，臀部肌肉紧张。拉桨手拉至跪腿开始屈臂。拉桨手的手腕先向内转，同时肘部向外翻，到上体抬至接近垂直时拉桨结束。拉桨动作是由一连串连续的同时向两个相反方向运动的动作所组成的，要尽可能长地保持力的转移。

（三）操向（转拨桨）

在单人划艇上，由于桨手始终在艇的一侧划桨，力偶作用会造成艇的转动。因此在每一桨结束时，桨手用"J"形划法来控制船艇的方向。推桨手下压转动桨柄，拉桨手手腕内转上提，顺时针转动桨杆，将桨叶面转到与艇的纵轴线成 30°～40°。这时好像桨手把水推离船艇，从而使船艇回到直线航向上。

（四）出水

紧接着操向动作结束，两臂继续向前上提桨，桨叶即迅速从水中提出。这时桨叶的运动方向是向前、向上、向外。由于船速已在下降，出水动作必须快而轻柔，使桨叶出水时干净利落，没有挑水或停顿的现象。桨叶与水面成约 135° 角。

（五）恢复（回桨）

从桨叶出水到下一次桨叶入水之间，桨叶不在水中划行，属回桨阶段。当桨叶达到跪膝时，推桨手转动桨把并上提向前，拉桨手则在髋部附近和同侧髋部一起有力地前移。

桨叶出水后，运动员上身挺直，开始转动上体，将桨继续向前上方推出。在恢复阶段，应强调肌肉的放松和呼吸，这是使划桨动作连贯、协调的重要阶段。在恢复阶段的最后，运动员全身肌肉再度紧张，屏住呼吸，准备下一次桨叶入水。

四、划艇运动员划船技术动作的几个要素

（一）划艇划桨动作的轨迹

划艇的划桨动作，也可以得到两种动作轨迹。一种是相对运动的轨迹（划艇动作循环中从伸桨点到出水点的慢动作轨迹），另一种是绝对运动轨迹。分析划艇划桨动作的绝对运动轨迹可以使我们了解桨相对于身体环节或艇的位置，可以更清楚地分析运动员的技术细节。

（二）动作结构特征和身体各环节的运动顺序

运动员划船时，下肢主要起支撑作用，通过其小幅度运动促进骨盆积极前倾、后倾和回旋，为躯干的屈伸和回旋创造有利条件。动作的核心是躯干通过屈、伸和回旋发力，带动上肢完成划船动作。上肢需要保持其各环节正确的姿势和调节桨叶的角度，并充分向前伸展，增加划船距离。

（三）划船动作的周期与节奏

划艇单边划桨节奏比较鲜明，在一个划桨周期中可以清楚地分出支撑期和无支撑期。划艇是单边划桨，其桨叶运动的方向和各阶段持续的时间和皮艇有明显区别（见表 5-1）。

表 5-1　划船动作周期与节奏

阶段	持续时间 / 秒	桨叶运动方向	用力情况	艇速变化
入水	0.15	向前、下、外	快而有力	增大
拉桨	0.22	向后、下、内	加大用力	最大
操向	0.17	向后、上、外	快速用力	下降
恢复	0.20	向前、上、外	放松恢复	降低

（四）桨频和划距

增加艇速可以通过增加桨频或增加划距来完成。桨频和划距与运动员的体能和技术水平及训练方法手段有关。

第三节　呼吸、起航和冲刺技术

一、呼吸

划皮艇时，在船上呼吸的频率一般与每分钟 90 ～ 110 次的划桨频率难以协调。呼吸频率的提高取决于运动员肺的工作效率（氧气利用率）。在船上，身体的姿势使人呼吸不畅，因此必须用胸腔做深呼吸，身体过分前倾或膝关节收得过高就不能进行深吸气。应特别注意进行强制深呼吸，以保证最大可能地吸入新鲜空气。起航和冲刺前，增加深呼吸将保证吸入充分的氧气。为了保证呼吸自由，在短距离的激烈冲刺中应保持下颌向上翘起。因为通过鼻子呼吸可使用呼吸肌肉，保证嗓子不受凉气刺激，将吸入的空气加热、过滤并湿润。但在比赛中，需要大量的氧气，通过鼻子呼吸不能保障供氧。

划艇的桨频较低，与呼吸较易配合，通常在桨叶出水到下一次抓水前，强调肌肉的放松和呼吸。而在摆桨的最后阶段，桨手开始屏气，以保持肌肉的紧张，为抓水做准备。

二、起航

当初学的运动员学会一定的划桨技术和有节奏感时，就可以开始进行一般起航练习。起航的目的是将船速尽快地提高到最大比赛速度，起航基本技术如下。

（一）准备姿势

入水姿势，桨叶接近水面或插入水中。

（二）快速启动

听到出发信号后，运动员迅速蹬腿转体、拉桨发力。前 4 ～ 6 桨衔接快，做到稳——动作稳、深——桨入水深、柔——第一桨入水柔、狠——拉桨狠。

（三）加速划

启动后，注意加桨频、加力量，力争在 10 ～ 15 秒内使船速达到最大速度，做到高——桨频高、快——船速快、短——划幅短。

（四）转入途中划

出发后 10 ～ 15 秒，当船速达最大速度时，迅速转入途中划。此时要求桨频减慢，但拉桨力量加大，船速不变。划桨节奏明显，注意"三度"——深度、幅度、加速度。

需要注意的是，皮艇运动员划第一桨有可能使艇向右或左旋转，因此运动员在起航前排船时，应将自己的船头略向第一桨边偏约 15°，划艇运动员则根据自己划左右桨的特点来确定船首的方向，划左桨的运动员将船头略向左偏，划右桨的运动员将船头向右偏。

三、冲刺

冲刺技术包括临近终点的加速划技术和冲线技术。

加速划技术与起航技术近似，主要通过缩短划桨的非支撑阶段的时间，提高动作速度和桨频来提高船速。

冲线技术是指皮划艇运动员在接近冲线时，利用艇身比人的体重轻的特点，使自己身体后仰，用力蹬艇向前，这种速度往往比划一桨的速度更快。

第四节　多人艇技术

一、多人皮艇技术

一般来说，多人皮艇无论是双人皮艇还是四人皮艇，都与单人皮艇的技术相同。但是多人皮艇技术要求几名运动员有完美的协调、快节奏的技术、同步一致和合理的桨位安排。

（一）完美的协调

完美的协调是指在一条多人艇上2名或4名队员，其个人体质、生物特性、技术和心理上的特点可以互相弥补、互相取长补短而形成一个完美的整体。在一条艇上，运动员最好能在不同的时间出现"极点"而不导致突然减速。完美的协调还包括运动员心理上的协调。运动员之间应相互了解，团结协作，相互信任，相互宽容。大家有一个共同的长远目标，真正做到整条艇一条心，完美地合作，高度地团结，从而取得集体的胜利。

（二）快节奏的技术

多人皮艇技术首先强调单人皮艇的规范技术，除了完美的协调，在划桨技术上要求更快的节奏和速度。

多人皮艇的抓水动作要快，角度更小些特别是2、3、4号桨手要适应领桨手划桨后快速流动的水，运动员要更快地在流水中找到更大的支撑力，这种支撑力对桨叶产生最大的反作用力以推进多人皮艇前进，这是多人皮艇技术中最重要和最困难的。由于流水速度快，拉桨时既要更快地用力，又要防止推桨臂过早地前移造成力量的转移。同样，多人皮艇桨叶的出水也比单人皮艇早。由于桨频较高，船速快，桨叶稍在水中拖拽就能引起艇的制动。

（三）多人皮艇运动员的同步一致

多人皮艇要求每一名队员从抓水到出水完全同步一致，就像一个人在划一样，但每个运动员不能丢失个人的风格。也就是说，每个运动员在多人皮艇上的效率应和在单人皮艇上相仿，而不是为了取得技术上的同步一致而降低个人的划桨效率。同步一致对2、3、4号桨手提出了很高的要求，他们必须对领桨手的桨频高度敏感，不能稍有落后。在某些情况下，甚至要使领桨手有后面桨手在催的感觉。

（四）多人皮艇的桨位安排

教练员可以通过桨位比赛来选择队员，但运动员的搭配有基本的要求，即领桨手应该矮一些、体重轻一些、节奏感强、战术意识强。尾桨手的体重应大一些，用较长的桨，有良好的跟桨能力。双人皮艇的两名队员最好有相似的风格和桨频，如果两名桨手的桨频差别大而没有其他合适的队员，教练员可让桨频高的队员使用较大桨叶的桨来调节他的桨频。

　　四人皮艇和双人皮艇相似，领桨手的体重最轻、最矮小，后面桨手的身高和体重依次增高、增大。由于后舱一般较宽，因此，最后座次应安排高大、健壮的桨手，使用较长的桨。在起航和加快艇速时，在靠近尾部如能增加最大的力量，其效果是最好的。也可以把配合默契的双人皮艇的两名队员放在四人艇的前两个位置上，以便协调和有节奏地领桨。

二、多人划艇技术

　　多人划艇同样要求完美的协调、快节奏的技术、同步一致和合理安排桨位。由于单人划艇和多人划艇在技术上有较大的区别，因此更应注意技术细节。多人划艇的领桨手要求节奏好、抓水有力、出水快、个性顽强、平衡能力好、抓水时船头不下压，尾桨手要求操向熟练、善于跟桨。此外，运动员的耐力和疲劳极限是组成 C2 平衡的重要因素，优秀的教练员常常安排爆发力强的运动员领桨，而将耐力好的运动员放在船尾。这样，当领桨手无力时，其同伴将竭力相助。

　　两名桨手应在船艇的中心线上一前一后地跪立，但其双脚和双腿的位置与单人划艇所成的几何图形略有不同。支撑脚跪膝和脚应紧靠一条线上，不像单人划艇形成三角形，但要以运动员感到舒适为宜。两个桨手之间的距离要足以让尾桨手自如地移动，划桨时不要将桨碰到伙伴。两名桨手跪立越近，扭力越小，划艇越可以较直地移动，减少操向。

　　C2 和 C1 技术最大的不同之处在于，C2 不必像 C1 那样每次操纵船艇方向。若要操向，也只需要尾桨手操向。在刮横风、大浪或乘浪时，必须操向，使艇保持理想的航线，而一般情况下不用操向，所以 C2 速度比 C1 快，桨频会高一些。对划桨技术要做适当调整，首先，应在更短的时间内完成每次划桨；其次，由于艇速较快，在艇的阻力最大时入水更加困难，为了使拉桨有效，入水必须比 C1 角度小一些。由于双人艇速度比单人艇快，起航的入水也应更快。因此，C2 的特点是快速地入水、加速出水。

三、多人艇配艇的选位

　　桨位比赛是当教练员拥有多名运动员时在赛前进行简易的多人艇选择的方法。这种方法通常用两条多人艇比赛，艇上的运动员逐个交换桨位，进行竞争，最后评价各桨位上运动员的优劣。

第五节　皮划艇教学方法

　　在皮划艇的教学过程中，要处理好人、水、器材这三者的关系，根据水上运动的特点，教学要注意：上艇之前掌握游泳技术和能在风浪中游泳与踩水；要强调对器材的爱护和保养，学会对翻船的处理；要重视对初学者的教学工作，认真备课，考虑各种细节，包括场地的利用、选择器材的分配、划行的方向和距离及安全措施等。

一、皮划艇的教学组织工作

教学组织工作包括讲解、示范、练习和反馈。

（一）讲解

教练员在讲解皮划艇技术时应清晰易懂、简明扼要、充满信心和热情；用词要正确，注意自己讲解的声音和位置，要让全队看到和听到；讲解还应注意指出学习某一技术的重要性，突出动作要领。

①讲解要有明确的目的。

②讲解要少而精、简而明，按照"讲练结合、以练为主"的原则精讲多练。

③讲解内容要具体、正确，结合运动员的实际情况和文化程度，逐渐增加专业语言和知识。

④讲解要有启发运动员思维的效果，让运动员在练习中多思考怎样做和为什么这样做。

⑤讲解时要求运动员高度集中注意力。

⑥讲解要掌握时机，要善于发现运动员在练习中出现的共性问题，及时解决。

（二）示范

皮划艇教练员可以自己示范，也可以让有经验的运动员来示范，以便于示范时进行讲解，也可以采用视听辅助教学器材。示范时应注意：要引导全队注意观看；指出观看示范的重点内容；如条件允许，要从各个方位进行示范；如有必要，可进行完整和分解的示范。

（三）练习

示范以后，要尽快让运动员实践、体验。

①练习时，教练员要严密地组织，提出练习的要求、次数和距离，结合有关的规则，提醒注意事项。

②教练员要处于能观察到全体队员的位置，把他们练习的情况及时、反复地告诉他们。

（四）反馈

教练员的信息反馈有利于鼓励运动员积极练习，减少错误和纠正动作。反馈信息时，教练员应注意：紧紧围绕课的目的任务，围绕学习的重点；及时、反复地提供反馈信息，以防止形成错误的动力定型；反馈信息应既正确又简单，教练员要善于归纳共性的问题，集中于某一两个问题上。

为了上好每一次教学课，教练员备课时应考虑：充分利用运动员在一堂课中的时间，使每个人都有足够的时间练习；选择针对性强的学习内容或练习；选择有效的教学方法和手段；预见可能出现的各种错误和问题。

二、皮艇教学步骤

首先应向初学者讲述皮划艇的一般知识，带他们到比赛场地观察技术娴熟的运动员的训练，多看录像带或电影，主要目的是让初学者对皮划艇有一个全面的感性认识。学习分两个阶段，首先讲解基本的划桨原理和理论，并加以示范，然后让运动员学习正确的技术。

初学者的第一个目标是学习协调性，再"一步一步"地训练技术。

（一）陆上模仿练习的要求

①做好握桨练习。双手持桨，两臂屈肘上举，将桨放在头顶上，两肘部成90°。要求在练习中始终保持两手间距。

②掌握正确的坐姿。运动员自然坐在板凳上，上体前倾约10°。

③模仿转体动作。两手持桨放在颈后，上体围绕身体纵轴做左右转动，动作幅度逐渐加大。

（二）划桨池练习的要求

为了便于教学，可先采用分解练习。整个划桨周期分成5个部分。

①预备姿势时，前伸手臂自然向前伸展伸直，肩部要放松，肌肉不要紧张、僵硬。

②桨叶入水时，入水点要远，不能越空，不能溅起水花，桨叶面要正确对水。

③转体用力拉桨时，同侧脚撑住脚蹬板，要有桨在水中抓住水而蹬船向前的感觉。

④回桨出水时，桨叶转成由外侧边缘出水，动作要迅速、轻快。

⑤推桨时，手在眼睛高度或稍低处向前支撑推出，用力不能过快过猛，要与拉桨手配合，协调用力。

在划桨池练习，可用口令指挥，也可用节拍器控制桨频。要注意分解练习与完整练习相结合，防止动作不连贯。

（三）上艇练习

①学习上下艇的方法。由教练员或老运动员做示范，边示范、边讲解，让初学者观摩并熟悉上下艇的程序。

②划比较稳定的船，这比一开始就练习比赛艇要好。一方面在运动员的心理上减少了对翻船的胆怯，另一方面可以避免器材损坏。一种办法是坐在双人皮艇的二号位上，由一位有经验的老运动员带着划；另一种办法是划带有保护架的练习艇。

③在单人艇上熟悉水性。由教练员或老运动员扶船尾，运动员坐在艇上，将艇轻轻左右摇晃，让运动员体会船的平衡和如何用桨叶来平桨控制艇的平衡。

④在有人扶船的情况下，运动员轻轻地做平桨和划桨动作。

⑤运动员在掌握平桨和慢划的动作后，可以坐在不加座板的艇上慢划。

⑥在不加座板的艇上，双手持桨至胸高（桨叶不成水平），有意让身体晃动皮艇，以适应控制皮艇的稳定性。

⑦在不加座板的艇上，不用桨只用双手划桨，以熟悉水性和掌握平衡。

⑧反复多次用单侧桨叶划水及倒划，以熟悉桨叶面对水的手感和熟悉桨的正确运用。

经过以上练习，运动员已基本掌握船桨的性能后，就可以开始加座板练习了。

三、划艇教学步骤

划艇是单边划桨，训练开始前首先要确定运动员是在右边还是在左边划桨。因为在长距离比赛的拐弯处，右边划桨比较有利。另外，在双人划艇中必须有左桨手和右桨手，所以对此要预先做好安排。

可以按下列条件挑选左、右桨手：个子高大、身体重的运动员应在右边划桨，这在单人艇比赛和长距离比赛中可能占优势；个子中等、灵巧、善于配合的运动员应当训练成数量相等的左桨手和右桨手，以便今后在双人艇上配对。

对青少年（如 12 ～ 14 岁）选手进行划艇教学时，两侧要同时练习，避免出现肌肉发育不对称和背部骨骼变形的缺陷，两侧划桨对多人艇选手来说也是最佳的方法。在码头或划桨池中划桨，用窄桨或桨的反面划非常有好处，因为标准桨从静止动作（或固定位置）划时需要的力量更大。

训练初学的划艇运动员时，可以使用约 120 厘米的桨杆或木棍在陆地上进行技术划桨练习，这种划桨练习对技术训练和准备活动也有用，它的优点是不需要在水上进行。进行划桨技术教学时，首要目标是让新手动作自然、连贯，不要太注重技术细节，而应注重使神经、肌肉达到一定程度的协调。第一次基本的划桨教学应当在陆上、在专用木凳上、在码头或在专用的设施上，如划桨池中。在必要的示范之后，让每一位新手都单独练习，帮助他们做到动作准确。实际操作时可手把手地教。

（一）握桨

拉桨臂握桨杆，推桨臂正握桨柄，两手都不要握得太紧，要稍稍放松，两手间的距离随人的身高和桨长而变化，一般说来大约为 1 米，高个子远一点，矮个子近一点。

（二）跪立姿势

先在陆上训练，将垫子放在板凳上，按划艇姿势跪在垫子上；跪立时大腿垂直，小腿稍向内偏，脚尖着地，支撑腿的脚掌着地，脚稍向内偏，大腿与小腿的夹角为钝角，保持膝部舒服。跪下之前应当先在垫子上压个小坑，尽量加大膝部与跪垫的接触面积，让体重均匀地落在跪垫上，防止膝部负荷集中。

（三）模仿练习

划艇的划桨动作是不对称的，由五个部分组成，而各部分之间是彼此连贯的。模仿练习可以在陆上或划桨池进行分解教学。划艇划桨动作分为插桨、拉桨、出水、恢复和单人艇的操向。

1. 插桨

以右桨手为例，右臂（拉桨臂）伸出，左臂稍屈在头上方，两手轻松握桨，肩和躯干转向左边，几乎是背对拉桨边，上体前屈，桨叶与水面成锐角，决不能成钝角，否则插桨动作不对。

2. 拉桨

两臂伸出插桨以后，躯干和肩转动，桨开始向后运动。拉桨的力量来自肩部，并通过手臂传递到桨上。拉桨之前右肩稍降低，左肩稍抬起。左肩向前转动的同时，左臂向前、向下推桨。开始拉桨时，尽量转动肩部，直起上体使身体离桨远一点。随后拉桨臂（右臂）稍稍弯曲，推桨臂伸直，使桨接近身体。拉桨结束时，桨柄在身体前面，推桨臂完全伸直，拉桨臂弯曲。在掌握拉桨动作后，可接着学习转拨桨，学会操纵艇的方向。

3. 出水

拉桨动作在腰部位置结束，此时桨已空载，运动员两臂向上提起，将桨叶从水中抽出。

4. 恢复

这是出桨动作的继续，桨叶一离开水，就用推桨臂向船中心转动桨柄，让桨叶向前顺着船的前进方向。同时腰和肩转动，躯干前屈，拉桨臂伸直摆动桨向前推桨臂微屈过头，手腕逐渐转动桨柄，桨叶又处于和船的轴线垂直的位置，随后便插桨，开始下一个动作循环。

5. 单人艇的操向

划桨出水时，上手按顺时针方向转拨 30°～40°，好像将水从船边推走，实际是船调正方向，回到直线上。

（四）水上练习

运动员在板凳上练习时间不宜过长（因为桨悬在空中没有依托，所以握桨时间长容易疲劳），只要练习到掌握动作要领就可以了。

转入划桨池练习时，水对桨产生阻力，因此桨的适当选择十分重要。学员最好使用专门的"教练桨"。这种桨长度一般，但桨叶面比较小，桨叶宽为 10～13 厘米，长为 65～70 厘米，用这种桨练习时，拉桨比较轻松。在划桨池划桨，方法与在板凳上划桨没有大的区别。

船坞练习以后，到小拖船或教练艇上继续练习，使学员尽快熟悉水性，同时到真实水面划船也能激发学员的训练兴趣。用教练划艇比教练皮艇困难得多，运动员不仅要熟悉水性、战胜风浪，而且要防止翻船。在教练艇上，教练员既要驾驶船，又要讲解，同时还要做示范动作，要教会学员在风浪中如何划船。

划艇学员最好在平稳的大船上熟悉水性。在大船上可以先坐着划桨，坐时靠近船边，划桨边的腿收在板凳下面，另一条腿前伸，身体稍稍转向水面。让老运动员领划，其他的人坐在他的后面，教练员坐在最后，以便纠正大家的动作。等到大家划桨动作练得利索而有节奏后，再练习跪在船边划桨。

如果没有大船可供练习，也可以用两条双人划艇并排联在一起。两名左桨手和两名右桨手同时进行练习，成为简易的划艇教练艇。

运动员在教练艇上基本掌握划桨技术和平桨方法后，就可以开始到单人艇上练习。

（五）上单人艇练习

将跪垫放在船的中心线上。为安全起见，练习上下船时，先由一名队员抓住船头，学员站在船边，面向船头，靠近船的腿跨进船中心，在跪垫之前或跪垫之后均可，另一条腿站在码头边上（这当然要看他是从左边还是右边上船）。然后屈体向前，把桨横放在船上，桨叶放在码头上，码头边的腿跪到跪垫上。开始时可以让另一名队员抓住船头，用教练桨练习。但是因为抓住船头以后，船向两侧摆动，无法学习校正船向，所以这种练习的时间不宜长，最多两个课时。在学员到开阔水面去训练之前，首先要教会其如何控制船向。转向时，只要船头没有回到要求的方向，桨就不要出水。另外，还要教其左右拐弯、制动船（停船）和倒退，掌握这些基本功，并能得心应手地操纵船，熟练自如地变换船向之后，才能开始进入训练阶段。最好是在离岸 20 米左右处，沿着岸边划行，以便教练员观察和指导。

第六节　划船感觉的培养和训练

"感觉"是可以通过学习和训练获得的，首先必须学习基本动作，其次形成自己的风格，最后获得自己的感觉，具体步骤和方法如下。

一、大脑建立正确影像

皮划艇技术的学习、改进和提高至少要解决三方面的问题：明确什么是好技术；为什么是好技术；怎样做到。最终达到就像用手而不是用桨推进船前进的水平，做到"人船合一"。

（一）观看高水平比赛中优秀选手的表现

在技术教学录像和奥运会比赛实况录像播放时，把所有声音关掉，静静地通过眼睛观看，全面将自己的身体与感觉融入赛场上的运动员，体验不同技术环节拉桨用力的感觉。

（二）观看自己目前的技术录像

自我反馈与个人问题的发现，是"技术反馈训练法"的重要内容。运动员每天观看自己当天水上训练时的技术表现并与优秀选手进行直观对比，能够更快发现问题，进而调整技术，找到改正的感觉。录像播放过程中，不要讲话，教练员利用暂停，让运动员自己评价好与坏，这样可以培养运动员对技术的理解能力。

二、水上本体感觉的训练

曾经在漆黑一片的夜晚划过船的运动员都有体会，如果没有视觉干扰，运动员就能够对技术产生更快、更好、更深的本体感觉。训练学专家认为，生物力学无法解决运动员用力与船之间的感觉问题，什么样的桨频用什么样的力量和收缩速度等只有靠运动员不断激发自己对船的感觉才能练习。

在水上安排 1 ～ 3 千米"闭目划"，是对运动员的技术感觉较好的培养和训练。

三、运动员要发展"倾听"船的能力

人的体重是船的四五倍，人身体微微的运动对船的位置和移动的影响是很大的，只有及时准确地感受船的运动情况，结合一定技术才能获得高效的船速。运动员要在日常的训练中发展对船移动的感知能力，应更多用"心"去划船，发展对船更深的感知力。

第七节　皮划艇教学中常见的错误及其纠正方法

在皮划艇教学过程中，无论是初学者还是成年运动员，由于各种原因总会出现一些错误动作。

一、皮艇教学中常见的错误动作

①拉桨屈臂过早，划距短。

②划桨转体不够充分。

③桨叶入水过浅或过深，特别是太浅时，会浪费势能。

④桨叶出水太晚或太早。

⑤入水动作太慢、无力。

⑥桨叶划水距离太短。

⑦推手过高。

⑧上体过分前倾或上体后仰。

⑨桨叶面对水不好，减少动力。

⑩划桨时上体前后左右摆动。

⑪推桨臂与拉桨臂换位太快。

⑫双手握桨不对称或移动，握桨太紧。

⑬膝关节过曲或过直，未用上蹬的力量。

⑭动作不连贯、不协调，用力不一致。

二、划艇教学中常见的错误动作

①运动员过于急躁，握桨死板，前臂发僵。

②握桨距离与身高不适，太宽或太窄。

③握桨臂或拉桨臂的手腕弯曲，前臂未伸直。

④桨叶与水面角度过小，拉桨产生的推力未使船前进，而使船头升起。

⑤桨叶与水面角度太大，水从桨下流走，桨叶所受阻力减小，拉桨不起什么作用。

⑥入水无力，不稳、不快，溅水花。

⑦拉桨肩前伸不到位。

⑧拉桨手腕弯曲。

⑨身体重量落在支撑腿上，压船头，造成船头起伏。

⑩推桨肩与拉桨肩齐平，或在拉桨肩之前。

⑪推桨臂弯曲，肘悬垂。

⑫桨叶未垂直于运动方向，未向后对水。

⑬当桨叶接近腰部时，身体重心过分向对边转移，人倒向船里。

⑭拉桨开始时身体未离开桨。

⑮推桨臂手腕弯曲，引起肘部下降，因而未抓住桨柄，而且腰部力量不能传递到桨。

⑯桨杆过早向前翘起，未将上体挺直，造成只用手拉桨的现象。

⑰未将臀部向桨的方向移动，而是"后坐"。

⑱桨叶未完全提出水面，并在下一次插桨前击水。

⑲出桨时把水带起，从而减慢船速。

⑳身体没有完全直起，握桨始终僵硬，肌肉得不到放松。

㉑操向太晚，延误时间。

㉒不是每一桨操向，而是划几桨才操向。

㉓未充分利用两手和桨叶操向。

㉔桨柄转动不充分，不是桨叶边向前摆动，因此空气阻力增大。

㉕摆桨时桨握得很紧，因此肌肉，特别是前臂肌肉不能放松。

㉖摆桨慢，导致划桨频率不够快。

㉗摆桨时抬桨太高，造成肩部疲劳，浪费时间。

㉘抬桨不够高，桨叶提前入水。

㉙动作无节奏或节奏不鲜明。

以上这些皮划艇教学中的常见错误动作不仅会影响正确动作技能的掌握和运动成绩的提高，在多人艇上还影响其他运动员的技术水平发挥，而且还有可能影响运动员自身的健康，或出现伤害事故。因此，一旦发现错误，就应立即找出产生错误动作的原因，并对症下药，找出纠正错误的方法。

三、皮划艇技术错误的原因及纠正方法

（一）思想上、心理上的原因

其表现为完成动作时目的性不明确，积极性不高，怕翻艇，怕苦，怕累，怕受伤，无信心，紧张和注意力不集中。

纠正的方法：加强思想、心理和安全教育，采取防护措施；如果怕翻船，可以先练习游泳再上艇练习。

（二）技术上、技能上的原因

其表现为概念不清楚，任务不明确，或由于其他运动项目技术的干扰，如排球的扣球动作或投掷项目的用力方法。

纠正的方法：通过反复观看录像片，强调正确技术的动作要领，选择针对性的纠正方法，如对比技术法、条件作业法（即强制限止法）、矫枉过正法、诱导法、转移法和辅助法等。

（三）身体训练水平上的原因

其表现为动作不协调、不到位，如推桨太高，常常是由于转体力量差、转体不够。

纠正的方法：这需要一边练习技术，一边锻炼各种身体素质。

（四）教学环境或器材上的原因

其表现为动作不协调，船艇摇晃或起伏大，划不到水等。

纠正的方法：向运动员了解情况，及时调整器材。

还有一些是由于运动员错误的习惯动作造成了技术上的错误，这需要教练员经常提醒和纠正。

复习与思考：

①皮划艇的技术和教学方法有哪些？

②皮划艇技术的常见错误和相应的纠正方法有哪些？

第六章　皮划艇运动员的体能训练与测试

本章目标：

①掌握皮划艇运动员体能训练的基本原理与方法。
②掌握皮划艇运动员身体形态训练的原理与方法。
③掌握皮划艇运动员的运动素质与训练要求。
④掌握测功仪使用方法和测试评定方法。

第一节　皮划艇运动员体能训练的基本要求

皮划艇运动员的体能是指皮划艇运动员机体的基本运动能力，是皮划艇竞技能力的重要组成部分。

皮划艇运动员体能发展水平是由其身体形态、身体机能及运动素质的发展状况所决定的。身体形态是指机体内外部的形状。身体机能是指机体各器官系统的功能。运动素质是指机体在活动时所表现出来的各种基本运动能力，主要有柔韧、灵敏、协调能力、力量、耐力和速度等。

构成体能的身体形态、机能、素质三个因素都有各自相对独立的作用，又有着密切的联系，彼此制约、相互影响，其中每一个因素的水平都会影响着体能的整体水平。三个构成因素之中，运动素质是体能的外在表现，所以，在皮划艇运动训练中多以提升各种运动素质为身体训练的基本内容。

皮划艇运动员体能训练的基本要求有以下几个方面。

第一，合理地安排一般体能训练和专项体能训练。安排一般体能训练可全面地发展运动员的力量、耐力、速度、灵敏和柔韧等运动素质，提高运动员各个器官系统的机能，并使运动员身体各个部位得到均衡的发展。一般体能训练可为提高专项运动所需要的身体能力打下基础。安排一般体能训练，并不意味着在运动训练过程中使身体各部位、各器官系统和各种素质绝对均衡地得到发展与提高；相反，正确的做法是根据专项运动的需要和个人的具体情况，将训练安排得有主有次、以主带次。在合理安排一般体能训练的同时，还必须合理地安排专项体能训练。任何专项对身体都有特殊的要求，一般体能训练并不能代替专项体能训练。

第二，体能训练应和技术、战术、心理和智能训练有机结合，选择体能训练手段应力求与专项技术动作形式和生物力学特征相近似。

第三，体能训练在整个训练中所占的比重，以及一般体能训练和专项体能训练的比例的确定，要因时、因项、因人而异。

第四，体能训练的主要内容是运动素质训练。各种运动素质在人生的不同发育阶段发展的程度不同，训练的可塑性也不一样，训练中应根据各运动素质训练的可能性，抓住有利时机，使该素质在适时的年龄阶段得到相应的发展，在敏感期得到较大的提高。

第五，体能训练中运动员常常会感到非常疲劳，有些体能训练的手段又比较单调枯燥。因此，在训练中应加强对运动员的思想政治教育，提高他们对身体训练重要意义的认识，培养他们具有吃苦耐劳的意志品质。教练员也应采用有效的训练手段和方法，培养运动员对训练的兴趣，使运动员减少对训练的枯燥感和乏味感。

第二节　皮划艇运动员的身体形态及其训练

一、身体形态释义

（一）身体形态及其结构

身体形态是指人体外部与内部的形状特征。反映人体外部形态的指标有高度（身高、坐高、足弓高），长度（腿长、臂长、手长、头长、颈长、足长），围度（胸围、臂围、腿围、腰围、臀围），宽度（肩宽、髋宽）和充实度（体重、皮质厚度）等。反映人体内部形态的指标有心脏纵横径、肌肉的形状与横断面等。

（二）身体形态在运动员体能中的重要意义

身体形态在运动员体能中的重要意义在于：一定的身体形态在一定程度上反映着相应的生长发育水平、机能水平和竞技能力水平；不同项目对身体形态的要求是不同的；不同的身体形态在一定程度上影响着运动素质的发展。

（三）皮划艇运动员的形态特征

我国优秀皮划艇运动员的共同形态特征是臂长、上肢发达、躯干粗壮。皮艇项目对运动员的身体素质有较高要求，表现为肌肉质量高、体脂含量低；而划艇项目则对运动员的身体粗壮程度要求更高，表现为运动员具有较粗的大腿围。

二、身体形态训练的方法

各种身体训练方法对身体形态都有意义，可根据需要运用相应的训练方法。任何一种专项训练手段对使身体形态向专项需要方向发展都有显著作用，几乎所有运动项目的运动员身体形态训练基本上都是通过专项训练手段实现的。

（一）手持轻器械训练法

手持轻器械训练法即手持哑铃、木棒、实心球、体操凳等轻器械进行训练的方法。这种训练方法有不同的训练内容与运动方式，可训练身体许多部位，能有效地影响运动员的身体形态。

（二）瑞士球练习法

瑞士球练习法可在没有稳定支撑的条件下，完成各种徒手和器械的练习。在发展局部肌肉的同时，提高全身肌肉和神经的控制能力，有助于运动员在艇上动态划船的状态中保持好身体姿势和有效地用力与传递力量，对身体形态的协调发展有积极意义。

（三）舞蹈训练法

舞蹈动作是经过提炼、组织加工的人体动作，其基本要素有动作的姿势、明显的节奏等，对提高身体的协调能力有特殊意义。

三、身体形态训练的基本要求

（一）根据不同生长发育阶段的形态特征安排身体形态训练

人体在不同年龄阶段的生长发育有不同的特征，一般是先长高度，后长宽度、围度和充实度。心脏发育过程中先加大心脏容量，后增厚心壁肌肉，与其相应的竞技能力的敏感发展期亦有不同，身体形态训练应与之相适应，且不可颠倒。

（二）根据不同专项的特点安排身体形态训练

由于各个专项竞技能力的主导因素不同，而这些专项竞技能力又都对特定的身体形态具有一定的依赖性，因此，必须根据专项的需要及其对竞技能力的需求特点，安排相应的练习方法与手段。

（三）身体形态训练应注意遗传因素的影响

在身体形态的各项指标中，有的指标遗传度很高（如高度、长度和宽度指标），有些指标遗传度则较小（如体重等充实度指标）。因此，在选材时，应重视高度、长度和宽度等形态指标，而与肌肉有关的体重等充实度指标，则应更多地依靠后天的训练加以改善和提高。

（四）采用多种方法手段改善身体形态

影响身体形态的因素很多，如饮食、气候等都会影响外部形态，因而身体形态的训练不要只从训练的角度进行，而且也要注意其他手段与方法的运用，尤其要注意饮食和营养的控制。

第三节　皮划艇运动员的运动素质与训练要求

运动素质是指机体在活动时所表现出来的各种基本运动能力，主要有柔韧、灵敏、协调、力量、耐力和速度等。皮划艇运动员的运动素质特征是神经肌肉系统协调运动、躯干力量强、专项耐力和无氧能力好，乳酸耐受速度能力与个体乳酸阈速度能力是专项主导竞速能力。

一、协调能力的训练与评定

（一）协调能力的定义

协调能力可理解为：第一，合理地建立完整运动动作的能力；第二，改造已形成的行动形式或根据不断变化的条件从一些行动转入另一些行动的能力。

生理学家的研究表明，协调能力的本质是中枢神经系统的协调功能及其他的特性（可塑性）。毫无疑问，高质量的协调动作的可能性本质上取决于分析器功能的完善，特别是本体感受器的完善，而具有决定意义的是已掌握的和改造动作的经验。原则上，运动员掌握的运动技能储备越丰富，那么他拥有掌握新动作并在必要情况下改造它们的可能性就越大。

（二）皮划艇运动员协调能力的分类

皮划艇运动是具有标准动作结构和相对固定的比赛条件的竞技项目。运动员的协调能力分为一般协调能力和专项协调能力。采用非专项的身体、技术、战术手段系统地更新运动员的运动经验，完善动作分析器的功能和在一定的时空条件下适宜地调节肌肉紧张的能力的训练为一般协调能力的训练；采用皮划艇专项身体、技术、战术手段系统地更新和巩固运动员的运动经验，完善动作分析器的功能和在一定的时空条件下适宜地调节肌肉紧张的能力和发展运动员的节奏感、平衡感、划船感等专项知觉的训练为专项协调能力训练。

在近代运动训练理论和实践中，日益重视协调能力的作用，把协调能力看作发展运动员技能和战术能力的基础。皮划艇运动是具有标准动作结构和相对固定的比赛条件的竞技项目。运动员的协调能力决定了划船技术和战术素养的水平，决定了竞技水平。

在发展协调能力训练内容的配置中，亦应注意不同年龄的适宜训练内容。儿童从5～6岁起即可有效地训练节奏感，继而应安排发展灵活性、发展空间定向能力的练习；9岁起即可着力训练其平衡与准确能力；11岁起训练专项协调能力，学习高难动作，培养划船感觉。

（三）协调能力的评定及训练负荷量度的确定

1.协调能力的评定

判断协调能力的发展程度，可以根据以下两个指标：第一，用于掌握新的或已改造形成的运动动作形式的时间和达到的动作准确性指标（时间方面、空间方面、用力程度方面）；第二，用于评定运动员划船技术完善程度的指标。

2.训练负荷量度的确定

根据协调性练习的要求，高度集中注意力、精细的分化、调节和较大的意志集中等特点以及形成新的动作协调形式或改造已巩固的协调联系，对于神经系统来说是极为困难的任务。最好是在训练课基本部分开始时安排协调能力训练负荷，并适当控制总负荷量，一般不超过60分钟，使运动员能保持最佳的心理状态和运动状态完成练习。一般原则是每组练习之间的休息时间应当不少于防止由疲劳引起的协调破坏所必需的时间。如在重复过程中出现了这种协调破坏的趋势，就应当增加休息时间，或者转为使用不要求新的复杂协调任务的练习。

（四）协调能力训练的基本原理和主要手段

1. 基本原理

培养皮划艇运动员协调能力的方法手段的选择和运用的基本原则是，利用一般训练和专项训练手段进行大量的练习，克服动作困难因素，建立机体间协调的联系。为了保持训练效果应当改变练习，或者使用新的练习。新颖性、不寻常性和协调难度是选择培养协调能力的方法和手段的决定性标准。为这一目的而使用的手段（练习）应当具有多变的特点，即在竞技能力的完善过程中必须不断地更新它们。在掌握新的练习的过程中，运动员不仅在数量上充实了自己的运动经验，而且训练了自己的可练能力，即形成新的动作协调形式的能力，这是培养协调能力的主导方向。

2. 主要手段

皮划艇运动是相对狭窄和标准的动作结构，充实其运动技能储备的主要手段是竞技辅助性体操练习（包括技巧练习）、活动性球类项目、游泳等水上项目以及与专项相近的其他项目。训练的有效性要求不仅采用在协调方面与竞技专项相近的练习，而且采用在本质上不同协调结构的练习。后者在培养协调能力方面起了特别重要的作用。在这种情况下技能掌握不是为了它们本身，而是为了在形成新的动作协调形式或与已掌握的协调形式相互作用的过程中获得发展效应；在掌握这些动作协调形式方面进行训练，运动员从而锻炼了自己的协调能力，提高了总体能力水平。

（1）在每一个训练阶段中使用已习惯的和新的训练手段必须遵守一定的比例

众所周知，随着一个个训练阶段的推进，用于专项练习中完善的时间增加了，越来越难安排时间用于掌握辅助性练习。因此，随着皮划艇运动训练过程中专项化的深入，在完善已习惯的行动时引入不寻常性的因素，以保障对动作协调性不断提高的要求，是培养协调能力主导性的方法路线。这一路线可具体分解为三种处理办法：①按严格的规定改变已习惯的运动行动的某些特点或整个形式，增加动作协调的难度；②在不习惯的组合中完成已习惯的动作；③使用不同的外部条件，迫使改变已习惯的动作协调形式。每一个处理办法都可以通过许多局部性的方法来实现（见表6-1）。

表6-1　在完善已习惯行动时提高对动作协调要求的方法

方法	举例
使用不习惯的开始位置	倒退划船
"镜子"式完成练习	用左手投铁饼；向右侧站立进行拳击训练；在"镜子"方案中完成体操全套练习
改变动作速度或速率	以更高的（对于已习惯的而言）助跑速度跳跃；以不习惯的速率（加快或放慢）完成体操全套练习
借助于"玩耍型"的动作提高动作协调难度	在划船练习中戏水、玩桨和船等

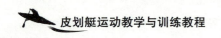

方法	举例
改变完成行动的方式，在"运动创造性"方面比赛	使用不同跳跃技术方案完成跳高或跳远，在与同伴竞争中以自选的方式（尽可能用不寻常的）完成体操器械练习
通过附加动作增加行动难度和在不习惯的组合中配合行动	待落地前附加转身或其他附加动作的支撑跳跃；在增加转身次数的情况下投铁饼或链球；将新学会的球类项目或个人对抗项目中的方法用于各种技术、战术行动中去；将已掌握的体操单个动作组合到照规定完成的新的全套练习中去
改变战术条件	完成要求利用不同的战术相互作用或对抗作用方案的作业；与不同的对手和同伴一起参加比赛
使用附加的行动客体和要求紧急改变行动的信号刺激物	增加球类练习，完成对突然信号做出规定反应的球类作业
改变完成练习的空间范围	在缩小的圈子里投铁饼或链球；在小场地上进行球类练习（足球、手球、排球等）；在缩小的拳击台上进行比赛；在回转路线上增加障碍物；在缩小支撑条件下完成平衡练习
针对性地改变外部负重	按一定的计划改变负重量，要求精确区分所施加的力值
利用种种物质技术条件和自然环境条件，以扩展运动技能可变的范围	定期完成利用不同质量的运动器械的练习；在室外场地和不同类型的室内场地中交替进行训练课，在不同的自然条件（自然景色、天气）下进行训练课

（2）克服不合理肌肉紧张（肌肉强直）的途径

①预先思维重现动作形象，并将注意力集中于动作的动态，特别是必须放松的时刻。

②监督面部肌肉的表情（通常，这很好地反映了一般的紧张状况）。

③将放松与强制性呼气结合起来（按照内脏运动反应机制促进放松）。

④使用诱导—转移型的作业。将视觉监督从动作过程转向环境、观察同伴的动作特点（例如在跑步的时候）和在练习过程中与他们交换意见等；带有同样目的使用辅助性的外部刺激物，例如音乐伴奏（当这不干扰动作的节奏结构时）。

⑤在疲劳的状态下、未引起干扰动作协调性的条件下完成练习。

⑥降低强制性紧张的有效手段是游泳、专门的温水浴、桑拿浴和按摩。

（3）完善静态姿势的稳定性和动态保持平衡的能力的途径

在皮划艇运动中，高质量完成练习总是取决于姿势的稳定性，即取决于在各种身体位置中保持平衡的能力。不同的是，在一些情况出现一定的静止片段，这时候需要保持"静态平衡"——在静止位置上的平衡；而在另一些情况下，静止状态瞬息而过，不断地变化着，并且在动作过程中姿势在一定程度上也稍有改变，但同时保持着总的平衡，即"动态平衡"。

①在皮划艇运动中，运动员维持平衡的能力是在运动员发展和掌握协调能力的基础上完善和提高的。合理姿态的巩固技能、符合生物力学规律的姿势、更难条件下保持最佳平衡的技能、实际掌握平衡和固定姿势的适宜方法等，是提高姿势稳定性的必要条件。例如，划艇运动员借助跪腿、支撑脚及腿与船在固定条件下的精细调节以及髋、腰、肩、颈和头部各环节的协调用力，使身体和船姿势在行进中保持高度稳定与平衡。

②提高静态姿势稳定性。通过对专项特有的静止片段中保持姿势的困难条件逐渐适应来发展和提高静态姿势稳定性。例如，各种定位划、分解划、慢动作划、变速划和长划等对前庭器官的功能进行专门针对性的训练。

③提高动态保持平衡的能力。用于完善动态姿势稳定性的专项训练见表 6-2。

表 6-2 提高保持平衡能力的方法

方法	实例
延长保持姿势的时间	慢动作和局部定格动作完成划船动作，蒙住眼睛划船和停止划船，保持人船合一滑行
暂时关闭视觉（该方法的含义在于，对运动分析器提出附加的要求，从而激活"肌肉感觉"在保持平衡中的作用）缩小支撑面积	使用较窄的船艇和桨
提高支撑平面的高度或扩大身体重心到支撑平面的距离	提高座板或跪垫高度
使用不稳定支撑	在吊环上、摇晃的平衡木上和移动场地上完成保持静态平衡的作业
采用预先动作或伴随性动作	旋转动作固定在静止位置上（移动场地上完成保持静态平衡的作业）
采用预先动作或伴随性动作	旋转动作后固定在静止位置上（在地板上、在体操平衡木上）；在身体静止平衡位置（例如"燕式"平衡）上要抛接球或体操棒
使用对抗作用	双人平衡练习，对双方都提出把关稳定性的作业，不管同伴的对抗作用（"相互拉"等）

（4）完善"空间感觉"和动作的空间准确性的途径

优秀皮划艇运动员要求能够正确评价行动的空间条件（在与其他运动员相互作用时评价距离、到目标的距离、场地的大小、障碍物的尺寸等）和精确地根据它们的程度进行用力。

在大多数竞技项目中，"空间感觉"的特点不是消极的，而是在各分析器综合性发挥功能的基础上，活动性的知觉直接与调节动作的空间参数相联系的空间关系。所以，只有当运动员不仅能评价，而且能准确遵守行动的空间条件，并相应地调节自己的动作的时候，才能说运动员具有完善的"空间感觉"。在竞技完善过程中，"空间感觉"根据竞技专项的特点而深入专项化，这表现在"距离感""人和船艇的位置感""水感"和其他精确专门化的空间知觉，以及表现在与运动技能的具体形式相联系的调整中。

运动员空间感觉的准确性是与技术训练、战术训练和身体训练过程中动作准确性的完善相一致，并在其基础上出现的。完善皮划艇运动员的"空间感觉"和动作的空间准确性的办法有以下几种。

①准确地和尽可能规范地重复完成标准的幅度参数、动作方向或身体位置。

②按严格的规定精确变化某些参数，顺利地完成两类练习是通过一系列方法和条件来保障的。在专门的练习器上模拟规定的身体位置的位移，即在室内划桨池和测功仪上模拟划船动作。在练习器上或在教练员（或同伴）的体力辅助下针对性地感觉动作参数。在行动环境中使用帮助性的、实体的、图示的和其他直观的方向标，指明动作幅度或方向的极点（例如，在摆动的极点处、器械练习中屈或伸的点上、完成练习时所要求的角度处挂一只球）。在练习过程中或练习结束后立即向运动员通报有关他们动作的误差值的客观资料，对此，除了建立在教练员直观评价基础上的传统信息方式以外，目前越来越积极地使用现代信息测量装置，从而提高了信息的精确性和及时性。

在针对完善动作准确性的某些处理办法中具体体现了依靠在练习过程中暂时关闭或限制视觉自我监督来激活分析器功能的思想。这样一来，增加了借助视觉分析器进行定向和对动作进行监督的难度，对其他分析器的"肌肉感觉"提出了更高的要求。

二、柔韧素质的训练与评定

柔韧素质是指人的各个关节的活动幅度、肌肉和韧带的伸展能力。肌肉和韧带的伸展能力对关节的活动幅度有较大影响，但关节的活动幅度更受关节骨结构的制约。柔韧素质通常分为一般柔韧素质和专项柔韧素质两种。

一般柔韧素质是指适应一般身体、技术、战术训练所需要的柔韧素质，包括机体各关节的活动幅度和肌肉、韧带的伸展性。专项柔韧素质是指皮划艇专项所特殊需要的柔韧素质，如皮艇技术要求的转体、划艇技术要求的转体前伸等，这种专项柔韧性是掌握和提高专项技术必不可少的。

（一）柔韧素质训练的方法

1. 动力性拉伸法

动力性拉伸法是指有节奏地多次重复同一动作的练习，使有关部位的肌肉、韧带逐渐拉长。例如，有节奏地重复身体前屈，拉伸腿后部肌群、韧带和腰椎关节的练习，就属动力性拉伸法。

2. 静力性拉伸法

静力性拉伸法是指先通过动力拉伸，缓慢地将所需发展的部位肌肉和韧带拉长，当拉长到一定程度时，就静止不动一段时间，以持续刺激该部位的肌肉和韧带，达到拉长的效果，例如肋木上的静止扳腿练习。

3. 主动性练习

主动性练习是指在动力或静力性拉伸时，不依靠外力，而只是依靠自己的力量将肌肉、韧带拉长。

4. 被动性练习

被动性练习是指在动力或静力性拉伸时，依靠外力作用将肌肉、韧带拉长，如教练员用力帮运动员压腿。

（二）柔韧素质训练的要求

被动性练习拉伸肌肉、韧带的程度，往往高于主动性练习，其相差的程度反映了其柔韧性发展的潜力。但是皮划艇比赛中所要求的柔韧性，都是运动员主动完成的，因此，主动性柔韧的作用比被动性柔韧更大，被动性练习主要是将运动员的柔韧素质潜力挖掘出来。在运用拉伸法发展柔韧素质的训练中，要解决好练习的强度，重复的次数、组数，间歇时间和动作要求。

1. 练习的强度

柔韧素质训练的强度主要反映在用力的大小和负重的多少两个方面。无论是主动或被动练习，其用力均需逐渐加大。加大的程度，以运动员的自我感觉为依据，当感到胀痛难以忍受时应停止。这种火候的掌握与运动员的自觉、刻苦训练的精神有关。采用负重进行柔韧素质训练，一般可控制在 3 ～ 5 千克重量之内，动力拉伸负重可轻些，静力拉伸负重可重些，水平高的运动员比水平低的可略重一些，例如持轻杠铃片的转体练习。增加练习的强度要逐渐实施，不可过快、过猛，防止拉伤。

2. 练习重复的次数、组数

这在发展柔韧素质和保持柔韧素质的阶段是不同的，表 6-3 中所列各关节练习的次数可供参考。每组可做 10 ～ 12 次，时间为 6 ～ 12 秒。在静力拉伸时，可固定控制在 30 秒或 30 秒以上，这要视运动员的水平而定，组数亦如此。

3. 间歇时间

可根据运动员的感觉确定，并与练习的关节部位有关。当运动员在一组练习后感到身体基本恢复可进行下一组练习时就可开始。大关节练习后的间歇，要比小关节练习后的间歇时间长些。在间歇时间里，可做一些放松活动和按摩。

4. 动作要求

做动作时，幅度要逐渐增大并到位，以尽量拉长肌肉和韧带。动作完成的速度，可以用缓慢的速度也可以用急骤式的速度进行，并相互交替。但由于比赛中大多是以急骤式的速度拉长肌肉和韧带，因此，在保持柔韧素质的训练阶段应较多地运用后者。

（三）柔韧素质训练的注意事项

由于柔韧素质受多种因素的影响，为取得最佳训练效果，在训练过程中还应注意以下几点。

1. 结合专项特征控制好柔韧素质的发展水平

柔韧素质的发展水平以能满足专项运动的需要为准，并有一定的"柔韧性储备"，以备在训练和比赛中突然发生急剧拉伸时用。过分地发展可能会导致关节和韧带的变异，影响弹性和力量与技术的发挥。

2. 柔韧素质训练要经常进行，持之以恒

通过训练，柔韧素质可以得到较快的发展，但停止训练，消退得也较快。因此，在训练的全过程都应连续地安排一定比重的柔韧素质训练。

3. 要做好准备活动和具有适宜的外界温度

柔韧素质训练前，通过准备活动可提高肌肉的温度，降低肌肉内部的黏滞性，防止拉伤。外界温度以 18 摄氏度为好，在这个温度下进行练习，肌肉和韧带的伸展性较好。

4. 柔韧素质训练要与其他素质训练相结合

柔韧素质训练要与其他素质训练结合进行，特别是与力量素质训练相结合，做到柔韧素质的提升使肌肉、韧带柔而不软、韧而不僵、刚劲有力，对关节的活动幅度掌握自如。

5. 柔韧素质要从小训练

少年、儿童与成年人相比，关节面角度大，软骨厚，骨化没有完成，韧带组织也比较松韧，是发展柔韧素质的好时机。而且在生长发育过程中发展起来的柔韧素质不易消退，只要坚持训练就能保持很长时间。

发展不同关节柔韧性两个阶段的练习重复次数见表 6-3。

表 6-3　发展不同关节柔韧性两个阶段的练习重复次数

关节	发展阶段 / 次	保持阶段 / 次
脊柱关节	90 ～ 100	40 ～ 50
髋关节	60 ～ 70	30 ～ 40
肩关节	50 ～ 60	30 ～ 40
腕关节	30 ～ 35	20 ～ 25
膝关节	20 ～ 25	20 ～ 25
踝关节	20 ～ 25	10 ～ 12

三、灵敏素质的训练与评定

灵敏素质是指人体在突然变化的条件下，快速、准确、有效地完成动作的能力，它是运动员的神经反应、运动技能和各种运动素质在运动过程中的综合表现，是一种复合的运动素质。神经反应决定了反应速度的快慢，而判断的准确程度、随机应变和及时做出应答动作的速度是灵敏素质的先决条件。各种运动素质是及时做出应答动作的保障，爆发力控制着人体运动的加速度或减速；速度能力决定着身体的移动、躲闪的快慢；耐力素质使运动能力得以保持；柔韧素质保证了力量、速度的发挥。各种运动素质的协同配合是及时完成应答动作的基础，熟练的运动技能可使运动员的反应速度、判断的准确性、随机应变和及时做出应答动作的能力得到充分的体现，灵敏素质往往通过动作的熟练程度来表现水平的高低，单纯的灵敏素质在运动过程中是不存在的。皮划艇运动员灵敏素质的作用主要在于：迅速、准确、熟练地完成动作，获得理想的技术效果。灵敏素质可分为一般灵敏素质和专项灵敏素质。

（一）影响灵敏素质的因素

1. 神经过程的灵活性

灵敏素质是在大脑皮层综合分析能力高度发展、形成稳固的动作技能的基础上充分体现出来的。技术战术动作熟练化、自动化，使大脑神经过程的兴奋与抑制的转换能力加强，提高大脑神经过程的灵活性，从而保证运动员在任何复杂变化的条件下都能迅速、准确、灵活、富有创造性地完成动作。

2. 体形、体重

不同的运动项目要求不同的体形。一般而言，中等及中等以下身高、肌肉较发达、具有较强控制力的人的灵敏性程度较高。身高过高而瘦长、体形过胖或"罗圈"腿形的人，灵敏性和灵活性水平不高。体重过大的人，运动阻力增加，反应迟钝，灵活性差。

3. 感觉器官

运动分析器、运动感受器的灵敏性和准确性，肌肉收缩的协调性和节奏感是影响灵敏素质的重要因素。

4. 年龄和性别

6～7 岁以前，人体的平衡器官得到充分发育；7～12 岁，灵敏素质稳定提高，此年龄段有利于发展反应速度、动作速度和动作频率；13～15 岁处于青春期，身高增长快，灵敏性有所下降，之后，灵敏素质随年龄增长又稳定提高，直至成年。

在儿童期，男孩和女孩的灵敏素质几乎没有差异。在青春期，男孩的灵活性优于女孩，女子进入青春期后内分泌系统变化，体重增加，有氧能力下降，灵敏素质会出现暂时性的生理性下降，需加强灵敏性练习，使灵敏素质得到较好的加强。

5. 情绪和疲劳

情绪高涨时，尤其是兴奋适度时，运动员感觉头脑清醒，身体充满力量，运动时身体轻快、灵活，灵敏素质表现水平高。情绪低落时，灵敏性会明显降低，疲劳会降低神经中枢的灵活性和机体活动能力，反应迟钝，肌力下降，动作欠协调，灵敏性显著下降。因此，在兴奋性较高、体力充沛的情况下发展灵敏素质效果较好。

6. 运动素质、运动技能及经验

学习和掌握运动技术和技能越多，运动技术和技能的"储备"越丰富，复杂变化的条件下完成动作显得更灵活，更富有创造力，所表现的灵敏素质水平就越高。灵敏素质是人体力量、速度、耐力、柔韧性和协调性等能力的综合表现，任何一方面运动素质的发展跟不上，都会影响到运动员的灵敏性和灵活性。

（二）灵敏素质训练方法及手段

灵敏素质是人体综合能力的反映，很大程度上受遗传因素的影响。为了提高灵敏素质，应加强儿童和少年时期的训练，此时，运动员神经系统的可塑性高于青年期和成年期，有利于充分训练灵敏素质。

1.灵敏素质的训练方法

发展灵敏素质，应尽可能采取逐渐增加复杂程度的练习方式，或通过改变练习条件和器械、器材等方式，增加练习动作的复杂性和难度，并着重培养和提高运动员掌握动作的能力、反应能力、观察与判断能力、平衡能力、时空感和节奏感等。

①徒手练习法：包括单人练习和双人练习。

②器械练习法：包括单人练习和双人练习。

③组合练习法：包括两个动作的组合、三个动作的组合和多个动作的组合练习等。

④游戏法：发展灵敏素质的游戏具有综合性、趣味性和竞争性的特点，能引起练习者极大的兴趣，使他们身体力行、积极思维、迅速判断、巧妙应对复杂多变的活动，能有效提高神经过程的灵活性，发展运动素质和运动技能。发展灵敏素质的游戏很多，主要包括各种应答性游戏、追逐性游戏和集体游戏等。

2.灵敏训练的主要手段

①在跑、跳中迅速完成改变动作方向的躲闪、急停、转体、变向跑等练习。

②非常规的练习。

③反向完成动作。

④各种调整身体姿势或身体方位的练习。

⑤限制完成动作的时间和空间。

⑥改变习惯性的动作速度或速率的练习。

⑦利用各种条件完成复杂多变的练习。

⑧做各种变换方向的追逐性游戏或对各种信号快速做出应答性反应的游戏。

四、力量素质的训练与评定

（一）力量素质的定义

力量素质是指人体神经肌肉系统在工作时克服或对抗阻力的能力。肌肉工作时以收缩产生的拉力克服阻力。肌肉工作所克服的阻力包括外部阻力和内部阻力。外部阻力如物体重量、摩擦力以及空气的阻力等；内部阻力如肌肉的黏滞性、各肌肉间的对抗力，主要源于运动器官，如骨骼、肌肉、关节囊、韧带、腱膜、筋膜等组织的阻力。

（二）力量素质的分类

力量素质按其与专项的关系，可分为一般力量与专项力量；按其与运动员体重的关系，可分为绝对力量和相对力量；按完成不同体育活动所需力量素质的不同特点，可分为最大力量、快速力量和力量耐力。针对皮划艇运动训练实践的需要，下面主要对最大力量、快速力量（含爆发力）、力量耐力和相对力量的评定及训练方法予以论述。

最大力量是指肌肉通过最大随意收缩克服阻力时所表现出来的最高力值。

相对力量是指运动员单位体重所具有的最大力量。相对力量对皮划艇运动项目是十分重要的，因为比赛时要求运动员具有较大的克服自身体重的能力，一方面要求运动员具有较大的最大力量，另一方面还要求运动员体重不能过大，即要求运动员具有良好的相对力量。快速力量是指肌肉快速发挥力量的能力，是力量与速度的有机结合。

在日常训练中常常使用"爆发力"一词。爆发力是快速力量的一种表现形式，是指张力已经开始增加的肌肉以最快的速度克服阻力的能力。

力量耐力是指肌肉长时间克服阻力的能力。

（三）各种力量素质的评定及训练

1. 最大力量

（1）最大力量的评定

运动员的最大力量既可在完成比赛动作的过程中测定，亦可在完成与比赛动作接近的动作中测定；既可在静态条件下测定，亦可在动态条件下测定。

肌肉的动态评定和静态评定都有不足之处。用完成最大负重量的动力性练习评定运动员最大力量的不足之处在于，随着肌肉工作时关节弯曲角度的变化，肌肉工作的力量也处于不停地变化之中，因此，评定的结果并不十分准确。而采用静力状态的手段评定运动员的最大力量，对皮划艇项目意义不大。肌肉在静力状态下测出的最大力量即使很高，也不意味着运动员比赛时肌肉在动力状态下也具有相当高的水平，况且用静力练习仅仅只能评定在某一静止姿势的力量，并不能代表整个动作过程的力量。评定运动员最大力量较为理想的方法是，测定肌肉等在练习时的最大力量值。这种方法的优点在于，当器械以各种不同速度运动时都可以表现出最大力量。

评定运动员最大力量时要注意：根据专项特点制定不同的评定标准；测定工作肌群的最大力量时，还要重视对对抗肌群最大力量的评定；在评定伸肌最大力量时，还要重视对屈肌最大力量的评定；既要重视对局部主要运动环节的最大力量的评定，又要重视对整体最大用力效果的评定，后者对运动成绩有更大的影响。对青少年运动员最大力量评定可采用 50 ～ 100 米最大速度划、握力、背肌力、屈臂悬垂、引体向上、双杠臂屈伸、卧推、卧拉等指标。其中卧推、卧拉的最大力量水平一般为超过个人体重的 15% ～ 20%。

（2）最大力量训练负荷的确定

发展最大力量的训练，主要有两个途径：一是通过增大肌肉生理横断面，增加肌肉收缩力量；二是改善肌肉的内协调能力，提高神经系统指挥肌肉工作的能力，动员更多的运动单位参加工作。这两个途径最常用的手段是以动力性向心收缩的工作形式进行的。

①增加肌肉生理横断面的最大力量训练：为取得增加肌肉生理横断面提升最大力量的训练效果，必须科学地确定负荷强度（即负重量）、练习重复的次数与组数、练习的持续时间和组与组间的间歇时间。

第一，负荷强度。以负重量为指标，要采用本人最大极限负重量的 60% ～ 85% 的强度进行重复练习。这可以促使肌肉功能性肥大，增加肌肉的生理横断面。100% 的极限负荷强度应慎用和少用，一般可每周穿插进行 1 ～ 2 次。慎用的原因在于减轻运动员的心理负担和防止受伤，少用的原因在于使运动员有更多的运动单位参与工作，提高肌纤维的同步化工作程度和运动员的心理适应能力。

第二，练习重复的次数与组数。每组 4 ～ 8 次，可做 5 ～ 8 组。最后几组和次数必须坚持完成，这样肌肉的能量供应才能得到充分改善，才可能造成肌肉横断面增大。因为最后几组和次数的练习，参加工作的运动单位达到最多，与完成极限负荷用力时相似。

第三，练习的持续时间。每次练习的动作速度要稍慢一些，并使动作做得流畅、不停顿，通常在 4 秒左右完成一次动作。这有利于工作的肌纤维变粗，肌肉横断面增大。

第四，组间的间歇时间。以上一组练习后肌肉所产生的疲劳得到基本消除之后再进行下一组练习为准。高水平运动员一般 2～3 分钟即可，力量水平较低的运动员可适当延长。间歇时间里，可做一些轻微活动和放松练习，加快恢复。

②改善肌肉内协调能力的最大力量训练。

第一，负荷强度。用本人最大极限负重量的 85% 以上强度，这种强度刺激能加速中枢神经系统发放冲动的频率及增加其强烈程度，动员更多的运动单位参加工作。

第二，练习的重复次数与组数。每组 1～3 次，可做 5～8 组，组数以完成既定强度的次数为准。高水平运动员可根据具体情况适当增加练习的组数。

第三，练习的持续时间。每次练习的动作速度要适当加快，带一点"冲劲"。通常在 2 秒左右完成一次动作。

第四，组间的间歇时间。一般在 3 分钟左右，或再长一些，如果是局部肌肉参与工作，间歇时间可短一些。总之，要使负荷的肌肉得到恢复，再进行下一组练习。间歇时间里也可做一些轻微活动和放松练习。

训练中，应先做增加肌肉生理横断面的训练，有了一定的力量基础，再进行肌肉内协调能力训练，这样可防止受伤。训练最大力量还可采用静力性等长练习和等动性练习。

进行静力性等长练习时，肌肉的张力发生变化，但长度基本不变，肢体不产生位移，肌肉可相对地保持较长时间的最大用力。静力性等长练习通常多采用高强度和极限强度，也就是本人最高强度的 100%。每次练习的持续时间为 5～6 秒，在训练课中全部静力性等长练习一般不超过 15 分钟。

等动性练习要借助等动练习器，预先标定练习的速度和肌肉的张力。等动性练习是在动作速度基本不变的情况下，肌肉在练习的全过程中都能发挥出较大的力量，因其在各个关节角度上用力基本上是均等的，具有等张和等长练习的优点，故练习的强度要大，每组练习 4～8 次，可做 5～8 组，组间的间歇时间也应充分，如皮艇、划艇测功仪练习。

（3）专项最大力量训练负荷的确定

专项最大力量的训练在水上和陆上划桨池里进行，负荷强度 100% 以上，K1 的桨频为 120～140 桨 / 分钟，C1 的桨频为 50～70 桨 / 分钟，血乳酸不大于 4 毫摩尔 / 升。采用艇上加重物和阻力器或大桨叶划，距离为 50～100 米，练习 5～10 组。

（4）最大力量训练的基本方法

第一，高强度法。按高强度法训练时，要求逐渐达到用力的极限，以后继续用中上强度训练，直到对这种刺激产生劣性的反应时停止。负荷强度为 85% 以上；负荷数量为每组一般做 1～3 次，安排 6～10 组；由于训练强度大，每组练习后体能消耗得比较多，所有休息时间可长一些（间歇时间为 3 分钟左右）。

第二，极限强度法。极限强度法的特殊点是负荷强度达到极限值。先采用接近本人的最高强度进行练习，然后递增，这种方法又称为"阶梯式"训练法。以卧推为例，暂定第一阶段训练强度为 100 千克，经过一个阶段训练之后，当运动员对此强度已经适应，并能用该强度连续举起两次时，便可增加重量，如增加到 102.5 千克，便开始了第二阶段的训练。这样一个"阶梯"一个"阶梯"地增加强度，可以不断提高运动员对高强度负荷的适应能力，使力量素质得到发展。由于负荷强度是极限的，所以练习的重复次数和练习组数均很少；组间间歇时间相对要长些。运用此方法时应注意把握好负荷强度增加的幅度和适应的时间。此方法只用于高水平的运动员训练，切不可用于少儿运动员的训练。训练时要十分注意对运动员腰部的保护，防止发生外伤事故。

第三，极限次数法。极限次数法是以某一个强度达到极限练习次数的训练方法。极限次数法的训练强度不大，要求每组的重复次数达到极限次数，直到不能再做为止。这种方法对促进肌肉肥大、增加肌肉横断面积效果显著，对运动系统和心血管系统有深刻影响。

第四，静力练习法。静力练习法对于提高运动员的最大力量有较好的作用。用静力练习法发展最大力量，负荷强度为 40% ～ 50% 时，持续时间可为 15 ～ 20 秒；负荷强度为 60% ～ 70% 时，持续时间可为 6 ～ 10 秒；负荷强度为 80% ～ 90% 时，持续时间可为 4 ～ 6 秒；负荷强度为 95% 以上时，持续时间可为 2 ～ 3 秒。练习组数不宜太多。间歇时间相对长一些，利于运动员的恢复。

运用静力练习法时应注意：持续时间要适当，不可过短或过长；如果使用不当，会导致肌肉协调功能下降，并对技术训练造成不利影响。注意将静力练习和动力练习结合起来训练；注意练习后的放松；再练习前提醒运动员做深呼吸，用力不可过猛，否则会出现一些生理性反应。

第五，变换训练法。变换训练法的负荷强度、练习重复次数与组数以及组间的间歇时间等都可变化，如金字塔式训练法为 "85%×5 次 +95%×3 次 +100%×1 次" 的安排等。

2. 快速力量的评定及训练

（1）快速力量的评定

快速力量的大小，通常可采用动力曲线描记图分析评定，如运动员划桨的动力曲线描记图或功率水平；也可通过计算快速力量指数来评定快速力量。

$$快速力量指数 = \frac{力量的极值}{到达力量极值的时间}$$

在皮划艇运动项目中，可以通过各种形式的速度综合测定来评定快速力量，如 50 ～ 100 米出发和加速段的时间。

（2）快速力量的训练

由于速度力量是力量和速度有机结合的一种特殊的专项力量素质，具有速度和力量的综合特征，运动员在完成某一个动作时所用的力量大、速度快，则其所表现出的速度力量就大，所以只有使最大力量和速度两方面都提高，才能取得速度力量训练的最佳效果。但科学研究和实践证明，训练中提高力量相对比提高速度容易一些。因此，提高速度力量往往广泛采用发展力量的练习，在力量提高的同时注意发展动作速度。

速度力量训练的主要方法有负重练习和不负重练习。

①负重练习发展速度力量的手段。

第一，负荷强度也就是负重要适宜。若负重过大，必然影响动作完成的速度；相反，负重过小，又难以表现出速度力量。一般多采用本人最大力量的 40% ～ 60% 的强度，兼顾力量和速度两方面的训练。练习中还应要求运动员尽量体会最大用力和最大速度感。如要发展爆发力，则其强度伸缩性较大，既可用较大的负荷强度，也可用低于 40% 的强度。

在使用较大的负荷强度（如70%）训练时，要注意动作完成的速度。如动作速度变慢，动作变形，则可减少重量或停止练习。

第二，练习的次数和组数。通常每组重复练习5～10次，做3～6组。但组数的确定应以运动员不降低完成动作的速度为限，如动作速度下降，可停止练习。

第三，组间的间歇时间应比较充分，但也不宜过长。间歇时间如过长，会导致中枢神经系统兴奋性下降，影响下一组练习。间歇时间通常为2～3分钟。

第四，练习的动作要求协调、流畅、正确，并尽量与专项技术动作结合。

②不负重练习发展速度力量的手段。

第一，不负重练习可采用克服自身体重的练习。青少年运动员多采用这种练习，如跳深练习可发展下肢的速度力量，特别是爆发力。发展上肢则常用引体向上和俯卧撑等练习。

第二，完成专项比赛性动作的快速练习。这种练习可以是徒手的，也可以是带轻器械的。带轻器械的重量一般不超过比赛的用力重量，其目的主要是通过训练动作速度来发展快速力量。练习可6～10次为一组，做6～10组，组间间歇为2～3分钟。练习中动作要快速有力，并符合专项比赛动作的技术要求。皮划艇运动员多采用哑铃、壶铃、杠铃杆和实心球等器械进行练习。

3. 相对力量的评定与训练

（1）相对力量的评定

相对力量是指运动员每千克体重所具有的最大力量，所以其评定可在最大力量测定的基础上进行，用运动员体重除以最大力量便可以计算出该运动员的相对力量。

（2）相对力量训练

发展相对力量多采用提高肌肉内协调能力的方法。这样做既可使运动员的最大力量得到提高，同时又能限制运动员体重的增加，从而发展运动员的相对力量。

①负荷强度：发展相对力量要求动作快，所以不管负荷重量大小，实际负荷强度都是大的，只有这样才能动员更多的运动单位参与工作，也可使肌纤维工作同步化的程度得到提高，从而提高肌肉内协调的功能，使相对力量得到提升。

②负荷数量：训练相对力量时由于负荷强度高，总负荷量则小，因而产生的超量恢复就少，使运动员的体重得到控制。

4. 力量耐力的评定与训练

（1）力量耐力的评定

对力量耐力的评定多采用多次重复完成比赛模仿动作的方法，根据运动员重复的次数进行评定。这种方法要求测试动作的运动形式和神经肌肉工作方式的特点都与比赛动作接近，皮划艇运动员在专门的力量练习器上划桨，也可用力量耐力指数来评定运动员的力量耐力，力量耐力指数等于练习器械的阻力乘以动作的次数。

力量耐力指数 = 练习阻力 × 重复次数

（2）力量耐力的训练负荷

①练习的强度：若是发展克服较大阻力的力量耐力，可采用本人最大力量的75%～80%的负荷进行重复练习；若是发展克服较小阻力的力量耐力，其最小负荷强度不能小于本人最大负荷强度的35%；若低于35%的负荷强度，则练习效果不大。

②练习的重复次数与组数：一般要达到极限的重复次数，即坚持做到不能再做为止。这样才能改善血液循环和呼吸系统的供氧能力和糖酵解供能机制，保证力量耐力的增长。练习的组数也应视具体情况而定，通常在保证每组达到极限的重复次数的前提下，确定练习的组数。

③练习的持续时间：若是采用动力性练习，可由练习的次数和组数确定，以完成预定的次数和组数为其练习持续的时间；若是采用静力性练习，单个动作的持续时间一般是10～30秒。这取决于负重的大小，负重大则持续时间短一些，负重小则持续时间长一些。

④组间的间歇时间：要在未完全恢复的情况下就进行下一组练习，以达到疲劳积累和发展力量耐力的目的。如进行几组练习后，运动员已经相当疲劳了，就可适当延长组间休息时间。

（3）专项力量耐力的训练负荷的确定

专项力量耐力的训练在水上和陆上划桨池里进行，负荷强度为85%～95%，K1的桨频为84～94桨/分钟，C1的桨频为45～55桨/分钟，血乳酸为6～8毫摩尔/升。采用艇上加重物、加阻力器和大桨叶划、大力量划，距离为250～1 000米，练习4～12组。

5. 力量训练的基本方法

（1）动力性等张收缩训练

人体相应环节运动，肌肉张力不变，改变长度产生收缩力克服阻力的训练为动力性等张收缩练习，可分为向心克制性及离心退让性两类工作形式。

①动力性向心克制性工作。肌肉在做动力性向心克制性工作时，肌肉长度逐渐缩短，所产生的张力随着关节角度的变化而增减，因此练习时根据专项运动的需要，掌握好发挥最大肌力的关节角度，可达到事半功倍的训练效果。

②动力性离心退让性工作。试验表明，肌肉做离心收缩时所产生的张力比肌肉做向心收缩时所产生的张力大40%。股四头肌做离心收缩时所承受的负荷是做向心收缩时所承受负荷的两倍。由此，人们利用离心收缩的原理创造了"退让训练法"。肌肉退让工作是指肌肉在紧张状态中逐渐被外力拉长的工作，即肌肉的起止点彼此向分离方向移动，故又称离心工作。如用杠铃做的两臂弯举中，当臂部积极用力将杠铃往上举起后，再用手抵抗回降动作，慢慢地将杠铃放下就属于此种性质的工作。

与向心力量训练相比，退让训练能克服更大阻力，更有效地发展"制动力量"，这是因为离心收缩能动员更多的运动单位参与工作。做离心收缩练习时，动作要慢，所需时间应比做向心收缩练习的时间长1倍左右。

（2）静力性等长收缩训练

在身体固定姿势下，肢体环节固定，肌肉长度不变，改变张力克服阻力的练习方法，称之为静力性等长收缩训练。肌肉做静力性收缩时，可以动员更多的肌纤维参与工作，表现出的力量大，力量增长也快，并节省训练时间。但是由于肌肉紧张，血管封闭，肌肉中血液循环可发生不同程度的暂时中断，因而工作不能持久。

运动员完成静力练习时常常憋气，憋气有利于运动员表现出最大力量。如运动员背肌力量在吸气时达到119千克，呼气时为127千克，憋气时可达到133千克。但是，运动员憋气时间过长，会使胸膜腔内压升高，肺的血液循环恶化，从而可导致脑贫血，产生休克，所以在练习前应先做几次深呼吸，并注意控制憋气的时间。憋气时间与负荷强度有关，如负荷强度为 100% 时，憋气时间为 2～3 秒；负荷强度为 80%～90% 时，憋气时间为 4～8 秒；负荷强度为 60%～70% 时，憋气时间为 6～7 秒。

一次训练课的静力性练习时间不应过长，冬季训练中高水平运动员可达半小时。夏季比赛期，为保持已有力量水平，每次训练 5～10 分钟即可。静力练习应与动力练习结合起来，可按照 1：5 的比例安排练习。

（3）等动收缩练习等动力量训练

在特制的等动练习器上或艇上进行。练习时，肢体动作速度保持不变，肌肉始终发挥较大张力完成练习，等动练习集等长（静力性力量）和等张（动力性力量）之所长于一身，有利于最大力量的增长。

（4）超等长力量训练

超等长练习时先使肌肉做离心收缩，然后接着做向心收缩，利用肌肉的弹性，通过牵张反射，加大肌肉收缩的力量，如进行跳深等练习。超等长收缩的优点在于，在做离心收缩工作时，肌肉被迅速拉长，它所受到的牵张是突然而短促的，肌肉各个牵张感受器同步地受到刺激，产生的兴奋高度同步，强度大而集中，能动员更多的运动单位同时参与工作，使肌肉产生短促而有力的收缩。

超等长练习与其他力量练习相比，更接近比赛时人体的运动形式，肌肉发力突然，技术结构相似，传递速度快，因而可达到更好的训练效果。

完成超等长练习时，肌肉最终收缩力量的大小不是由肌肉在离心收缩中被拉长的速度快慢所决定的，而是由肌肉被拉长的长度决定的，肌肉被拉长的速度的快慢比被拉长的长度更为重要。

（5）循环训练法

发展皮划艇运动员的一般力量，通常采用循环训练法，即根据项目特点和训练需要可将几种训练手段编组循环进行训练。如：（引体向上 8～12 次 ×3 组）×2 组；［卧拉（个人最大重量的 75%～85%）8～12 次 ×3 组］×2 组；［卧推（个人最大重量的 75%～85%）8～12 次 ×3 组］×2 组；［下蹲（个人最大重量的 75%～85%）8～12 次 ×3 组］×2 组；［腰背提拉（个人最大重量的 75%～85%）8～12 次 ×3 组］×2 组；（40° 斜板收腹 8～12 次 ×3 组）×2 组。这样做可使上下肢的前后肌群和大小肌群的用力搭配在一起，可训练与划桨用力有关的肌肉如背阔肌、腹肌、前锯肌、股四头肌等专项肌肉的力量。

6. 力量训练的主要手段

①负重抗阻力练习：如运用杠铃、壶铃、哑铃等训练器械练习，可用于机体任何一个部位肌肉力量的训练，是训练中最常用的手段。

②对抗性练习：如双人顶、推、拉等，依靠对抗双方以暂时的静力作用发展力量素质，对抗性练习不需要任何训练器械及设备，又可引起练习者的兴趣。

③克服弹性物体的练习：如使用拉力器、拉橡皮带等，依靠弹性物体变形而产生的阻力发展力量素质。

④利用力量训练器械练习：利用力量训练器械，可以使身体处在不同的姿势（坐、卧、

立）进行练习，可直接发展运动员所需的肌肉力量，使训练更有针对性。使用力量训练器，还可以减轻运动员的心理负担，避免伤害事故的发生。

⑤克服外部环境阻力的练习：如沙地和草地跑、跳练习等，做这种练习往往在动作结束阶段所用的力量较大，每次练习要求不用全力，动作要轻快。

⑥克服自身体重的练习：如引体向上、倒立推起、纵跳等，这类练习均由四肢的远端支撑完成，迫使机体局部承受体重，使机体局部部位的力量得到发展。

⑦电刺激：用电刺激发展力量能力，将电极置于肌肉的起止端，电流强度以人体不感到痛苦为宜。经刺激后，肌肉体积没有明显增大，脂肪减少，力量得到提高。

⑧瑞士球练习：在没有稳定支撑的条件下，完成各种徒手和器械的练习。在发展局部肌肉的同时，提高全身肌肉和神经的控制能力，有助于运动员在艇上动态划船的状态中保持好身体姿势。

⑨专项力量的训练手段：在水上进行的以发展划船力量为目的的专门训练手段见表6-4。

表6-4 专门训练手段

增加阻力的训练	减小阻力的训练
在船艇内附加重量	顺水划
用水制动器或橡皮筋提高阻力	在较快的浪中划
浅水划	用较短的桨
逆水划	减少桨叶宽度
增加桨长	
增加桨宽	
增加桨重	

7. 力量训练的基本要求

（1）注意不同肌群力量的对应发展

根据专项竞技的需要，在主要发展运动员大肌肉群和主要肌肉群力量的同时，也要十分重视小肌肉群、远端肌肉群、深部肌肉群的力量训练。

（2）选择有效的训练手段

应根据完成训练任务的需要，正确地选择有效的训练手段，规范并明确正确的动作要求。如发展股四头肌力量，可选负重半蹲起的练习，应要求运动员在练习时双脚平行或稍内扣站立，以求有效地发展股四头肌的力量。

（3）处理好负荷与恢复的关系

在一个训练阶段中，负荷安排应大、中、小结合，循序渐进地提高负荷量度；在小周期训练中，应使各种不同性质的力量训练交替进行，如在每周星期一、三、五可安排以训练爆发力或最大力量为主的训练；在每组重复练习中，注意组间的休息。

一般来讲，训练水平低的运动员组间休息时间要长一些。力量训练后，要特别注意使肌肉放松。肌肉在力量训练后会产生酸胀感，肌肉酸胀是肌纤维增粗现象的反映，也是力量增长的必然结果。但应采取积极措施消除肌肉的酸胀感，以利于减少能量的消耗，并更好地保持肌肉弹性。

（4）注意激发练习的兴趣

肌肉工作力量的大小与中枢神经系统发射的神经冲动的强度有着密切的关系。神经冲动的强度越大，肌纤维参与工作的数量越多，冲动越集中，运动单位工作的同步化程度也就越高，表现出的力量也就越大。因此，在运动训练中应注意有意识地提高运动员练习的兴趣与积极性，以求增强力量训练的效果。进行爆发力训练对神经系统兴奋性要求更高。

（5）青少年运动员力量训练应注意的事项

第一，掌握青少年力量发育的趋势，以便科学地安排力量训练。8岁以后，男孩和女孩力量开始出现显著差别，男孩绝对力量自然增长的敏感期为11～13岁，而后，绝对力量增长速度缓慢，到25岁左右为最大。女孩10～13岁绝对力量增长速度很快，3年中总的绝对力量可提高46%，13～15岁时绝对力量增长速度下降，15～16岁时回升，16岁以后再度下降，到20岁左右基本上可以达到最大力量。在少儿时期，速度力量的发展比绝对力量发展得快一些并且早一些。7～13岁是速度力量发展的敏感期，13岁以后男孩增长得比女孩快。力量耐力的自然发展趋势较稳定，男孩7～17岁基本处于直线上升趋势，女孩13岁以后增长速度缓慢，14～15岁甚至出现下降。

第二，青少年的骨骼系统中软组织多，骨组织内的水分和有机物较多，无机盐少，骨骼弹性好，不易折断，但坚固性差，易弯曲，因而少儿不可进行高强度训练。在此期间应多做发展力量耐力的训练，通过小负荷，特别是克服自身体重的练习，如做俯卧撑、仰卧起坐、反复卜蹲等练习，使全身肌肉力量得到发展，增加肌肉中毛细血管和肌红蛋白的数量，改进输氧功能。

第三，青少年运动员的力量训练应以动力练习为主，少用或不用静力性练习，要尽量避免出现憋气动作，以免因胸膜腔内压的突然变化而影响心脏的正常发育。

第四，青少年运动员的力量训练，不要过早强调与专项运动技术相结合，应着重身体全面发展的力量训练。

五、速度素质的训练与评定

（一）速度素质的定义

皮划艇运动员的速度素质是指运动员在皮划艇比赛时所表现出的快速运动的能力。它包括运动员对出发信号刺激快速反应的能力、快速完成划船动作的能力和使艇快速行进的能力。

（二）反应速度的评定及训练

1. 反应速度的评定

人们通常测定反应速度（即运动员对信号刺激做出反应所需的时间）来评定运动员反应速度的好坏。运动员对不同种类的信号的反应时间是不同的，因此，皮划艇项目是测定运动员对出发信号的反应速度。对反应速度的评定，可以通过实验室的精密仪器测量来评定，也可以通过测定运动员从听到发令信号到行动的时间差来评定。

2. 反应速度训练应注意的问题

①反应速度由神经反射通路的传导速度所决定，基本属于纯生理过程，不受其他因素影响。纯生理过程的提高是相当困难的，很大程度上取决于遗传因素，通过训练可使运动员潜在的反应速度能力表现出来并稳定下来。

②要求运动员注意力集中。在训练中运动员注意力集中与不集中大不一样。运动员注意力集中，可使神经系统处于适宜的兴奋状态，使肌肉处于紧张待发状态，此时，肌肉的反应速度比处于松弛状态时可提高60%左右。当然，这种紧张待发状态必须有时间的限制，一般适宜时间为1.5秒左右，最多不能超过8秒。把注意力集中在完成的动作上效果更好，可缩短潜伏时间。

③反应速度的提高在很大程度上取决于运动员对信号应答反应的动作熟练程度上。动作熟练，信号一出现，就会立刻做出相应的反应动作。在进行反应速度的训练时，还要经常改变刺激因素的强度和信号发出的时间。

3. 反应速度训练常用的方法

（1）信号刺激法

利用突然发出的信号提高运动员对简单信号的反应能力。

（2）运动感觉法

运用运动感觉法一般要经过三个阶段：第一阶段是让运动员以最快的速度对某一个信号做出应答反应，然后教练员把所用的时间告诉运动员；第二阶段是先让运动员自己估计做出应答反应用了多少时间，然后教练员再将其实际所用的时间进行比较，目的在于提高运动员对时间感觉的准确性；第三阶段是教练员要求运动员按事先所规定的时间去完成某一反应的练习，这种练习可以提高运动员对时间的判断能力，促进反应速度的提高。

（3）移动目标的练习

运动员对移动目标能迅速地做出应答，一般要经过看（或听）到目标移动所发出的信号、判断目标移动的方位及速度、运动员选择自己的行动（应答）方案和实现行动方案四个步骤。其中，判断目标的移动方位及速度的准确性，会导致所选择行动方案的正误，因此这是训练的重点。随着训练水平的提高，在目标移动的设计上可加大难度，如提高目标移动速度、缩短目标与运动员之间的距离等。

（4）选择性练习

进行选择性练习的具体做法是随着各信号复杂程度的变化，让运动员做出相反的应答动作，如教练员喊蹲下同时做下蹲动作，运动员则站立不动；教练员喊向左转，运动员则向右转；或教练员喊一、二、三、四中某一个数字时，运动员应及时做出相应（事先规定）的动作等。

（三）动作速度的评定及训练

1. 动作速度的评定

因为动作速度寓于某一个技术动作之中，如入水动作速度、拉桨动作速度、冲刺动作速度等，所以动作速度的测量是与技术参数测定联系在一起的，如测定划桨动作周期中的出水动作速度。通过连续多次完成同一动作，亦可求出平均的动作速度（桨频）。

2. 动作速度训练时应注意的问题

①提高动作速度应与掌握和保持正确的技术动作紧密地结合在一起。

②专门性的动作速度训练与专项比赛动作要求一致，如在短距离皮划艇训练中所采用的专门性练习、递增速度划（桨频）、顺水划等，皮划艇运动员做专门出发和冲刺练习时都应对速度（桨频）提出严格的要求。

③在使用反复做某一个规定动作（如划船）为手段发展运动员的动作速度时，应合理地变换练习的速度。将最高速度与变换速度的练习结合起来，把相对固定（有规格的）的速度练习与变化（无规格的）的速度练习结合起来，并且要避免动作速度稳定在同一水平上，力争让运动员超过平时的最高速度。

④在动作速度训练中，练习的持续时间一般不宜过长。这是因为动作速度训练强度较大，要求运动员的兴奋性较高，一般不超过 20 秒。

⑤练习之间的间歇时间是由练习的强度所决定的，练习强度大会使运动员神经兴奋性下降，不利于用"剩余兴奋"去指挥后边的练习。因此间歇时间也不宜过长，如持续时间 5 秒、强度达到 95% 以上的练习，间歇时间以 30 ～ 90 秒为宜。

3. 提高动作速度常用的方法

①利用外界助力控制运动员的动作速度，如多人艇训练等。

②减小外界自然条件的阻力，如顺风划等。

③利用动作加速度或利器械重量变化而获得的后效作用发展动作速度，如变速划等。

④借助信号刺激提高动作速度，如利用同步声音的伴奏，使运动员伴随着声音信号的快节奏做出协调一致的快速动作。

⑤缩小完成动作的空间和时间界限，如小桨叶划、高桨频划等。

（四）移动速度的评定和训练

1. 移动速度的评定

测定移动速度的手段常常用短距离划、跑和游泳。要求如下：

①距离不要过长，水上划 50 ～ 100 米、跑步 30 ～ 60 米、游泳 25 ～ 50 米。

②最好不从起跑计时来测定运动员全速划（跑、游）通过某段距离的能力。

③在运动员不疲劳、神经兴奋性高的状态下测验。

④可测定 2 ～ 3 次，取最佳成绩。

2. 移动速度训练负荷量度的确定

提高移动速度有两个途径：一个是力量训练，使运动员力量增长，进而提高速度；另一个是反复进行专项练习。无论通过哪个途径提高移动速度，训练中都必须重视确定适宜的训练负荷。

①皮划艇运动员进行快速力量训练时，不同练习内容对练习的组数及每组重复次数有不同的要求。

②进行超等长力量练习，如高速度做垂直跳 30 秒、单足跳 30 ～ 50 米等。

③在训练实践中，运动员力量得到提高，并不意味着移动速度马上可以提高，也有当

力量训练负荷减少以后，才有提高的情况，这种现象叫"延迟性转化"。

3.提高移动速度的常用方法和手段

①训练最高移动速度每次练习的持续时间不能过长，应以使每次练习均以高能磷酸原代谢为主要供能途径，一般地讲，应保持在20秒以内。多采用85%～110%的负荷强度，练习的重复次数不应过多，以免训练强度下降。

确定间歇时间的长短，应能使运动员机体得到相对充分的恢复，以保证下一次练习的进行。休息时，可采用放松慢划（跑、游），做伸展练习，例如70%的强度加速划50米3～5次、90%的强度的静止出发划100米5次、组间休息5～10分钟的训练安排。

②各种爆发力练习。

③高频率的专门性练习。

④利用特定的场地器材进行加速练习，如顺流划、顺风划。

（五）速度训练的基本要求

①速度素质训练一定要结合运动员所从事的专项运动进行，如对皮划艇运动员的反应速度训练，应着重提高他们的听觉和视觉反应能力。

②速度素质训练应在运动员兴奋性高、情绪饱满、运动欲望强的情况下进行，一般应安排在训练课的前半部。

③速度提高到一定程度时，常会出现进展停滞、难以提高的现象，称为速度障碍。产生速度障碍的客观原因是技能动力定型的形成，运动员技术动作的空间和时间特征都趋于稳定。随着移动水平的提高，运动员神经过程灵活性的改进和肌肉收缩所需能量的提供会遇到更大的困难，而运动员向前移动所需克服的阻力也更大。产生速度障碍的主观原因是过早地片面发展绝对速度；基础训练不够；技术动作不合理；训练手段单调、片面，引不起新异刺激；负荷过度、恢复不好等。出现速度障碍时，可采用牵引划、变速划、顺流划等手段予以克服。

（六）青少年运动员速度训练的注意事项

第一，掌握青少年速度自然发展趋势，以便科学地安排速度训练。

①反应速度：6～12岁反应速度提高幅度较大；9～12岁提高得更为显著，12岁以后，由于进入发育阶段，反应速度的增长速度减慢；到16岁时，由于内分泌系统等机能产生了质的飞跃，反应速度提高又出现高峰；到20岁以后提高速度将慢下来。

②动作速度：从肘关节的最高动作频率看，4～17岁从3.3次/10秒提高到3.7次/10秒，7～17岁频率自然增长。4～5岁的孩子动作角速度可以达到26.1～37.1°/秒。以后随着年龄的增长动作角速度也随之提高，13～14岁时动作角速度可能达到42.0～86.1°/秒，基本接近成年人水平。

③跑的速度（移动速度）：7～12岁的儿童跑的最高速度差别不大，到13岁以后，男孩逐渐超过女孩。男孩在18岁以后跑的速度也有提高的趋势，而女子17岁后跑速自然提高减慢。女孩14～16岁时由于青春期的关系，速度表现很不稳定，有时还可能低于14岁以前的速度。

第二，由于移动速度具有多素质综合利用的特点，移动速度的发展与力量耐力等其他身体素质的发展有着密切的关系。因此，对青少年运动员进行速度训练的同时，要十分重视全面发展身体素质的训练。

六、耐力素质的训练与评定

耐力素质通常理解为运动员有机体长时间工作的抗疲劳能力。

疲劳是训练后的必然结果，但疲劳又会使有机体的工作能力下降，而不能保持长时间地工作，所以疲劳又是训练的障碍。运动员在训练和比赛过程中的抗疲劳能力，反映了他的耐力素质水平。

由于工作的特点不同，人们可产生感觉上的疲劳、感情上的疲劳和体力上的疲劳等。运动训练过程中由肌肉工作引起的体力上的疲劳，是耐力素质训练所要克服的主要疲劳。耐力素质的发展对较长时间的皮划艇项目成绩的提高有重要意义。

耐力素质可分为一般耐力和专项耐力。从器官系统分类又可将耐力分为肌肉耐力和心血管系统耐力，从供能特征来看又将心血管系统耐力分为有氧耐力（糖酵解和脂肪原供能）和无氧耐力（包括磷酸肌酸供能和无氧糖酵解供能）。

（一）有氧耐力的评定及训练负荷量度的确定

1. 有氧耐力的评定

评定有氧耐力的方法很多，经常采用的方法是定距离的计时位移运动，如 2 000 米划船和定时计距离的 12 分钟跑等。

2. 有氧负荷量度的确定

（1）持续训练法

①负荷强度：采用持续训练法发展有氧耐力的训练强度相对较小，心率可控制在 145 ~ 170 次 / 分钟。这个训练强度对提高运动员心脏功能尤为有效，对改进肌肉的供血能力、改进肌肉的直接吸收氧的能力也有特殊意义。据研究，心率控制在这个水平线上，机体的吸氧量可达到最大值的 80% 左右，心排血量增加，促进骨骼肌、心肌中的毛细血管增生。假如超过这个界限，如 170 次 / 分钟以上，机体就产生氧债，使训练效应发生变化。假如低于这个界限，如 140 次 / 分钟以下，心排血量达不到较大值，同时吸进的氧气也少，则会影响训练的效果。

②负荷数量：负荷数量取决于运动员的训练水平，训练水平高的运动员可承受大负荷量，如持续跑可坚持两个小时，训练水平低的运动员只能承受较小的负荷量。但是一般地讲，发展运动员有氧耐力的训练时间不能少于 20 分钟。

③工作方式：运用持续训练法发展运动员的有氧耐力的工作方式很多，如中长跑运动员可采用匀速持续跑，心率控制在 150 次 / 分钟左右，时间坚持在 1 小时以上，这种练习可以节省体力，效果好；越野跑，训练时间为 1.5 ~ 2 小时，可匀速或变速跑，在自然环境中练习可提高运动员的兴趣，有利于推迟疲劳的产生；变速跑，为发展运动员的有氧耐力水平，可广泛使用变速跑，负荷强度可从较低强度（如心率 130 ~ 145 次 / 分钟）提高到较高强度（如心率达 170 ~ 180 次 / 分钟），持续时间在半小时以上，使用变速跑可提高运动员比赛的适应能力；法特莱克跑，有利于提高运动员训练的兴奋性，使他们吸进更多的新鲜氧气，推迟疲劳的出现。

（2）间歇训练法

①负荷强度：采用间歇训练法发展有氧耐力，在工作进行中，心率可达到170～180次/分钟。如果训练距离长，心率就会低于这个数值。

②负荷量：间歇训练中的分段练习的负荷量常常用距离（米）或用时间（秒）两个指标来表示。用时间指标来表示，持续训练时间不超过两分钟，少则仅有几秒钟，这是因为间歇训练法训练的强度大，一次练习的持续时间就不可能过长，否则会导致训练效应的改变。

③间歇时间：运用间歇训练法必须严格控制间歇时间，一般要求机体尚未充分恢复、心率恢复到120次/分钟左右时，便可进行下一次练习。

④休息方式：运用间歇训练法两次（组）练习之间应进行积极性的休息，以利于恢复。

⑤练习的持续时间：运用间歇训练法练习所需持续时间较长，有时需半小时以上，时间过短则难以取得理想的训练效果。

（3）循环练习法

要选好训练内容，应选作用于心血管耐力的练习为主要练习手段；每段练习负荷可按极限负荷的1/3左右安排。

（4）游戏练习法

游戏练习适用于少儿训练，负荷强度以心率为140～150次/分钟为宜，运动时间在20分钟以上。

（二）无氧耐力的评定与训练负荷量度的确定

1. 无氧耐力的评定

评定无氧耐力可采用持续1分钟的练习，如300米划船、400米跑等。

2. 无氧耐力训练负荷的确定

（1）负荷强度

无氧耐力训练一次练习的持续时间介于1～2分钟，一般以水上划船300米、跑步400米、游泳100～200米为宜。

（2）重复练习的次数与组数

每组练习的重复次数不必过多。如3～4次，以保证必要的训练强度。练习的重复组数应视运动员训练水平而定，一般训练水平低的新手重复组数少，如2～3组；对训练有素的运动员可安排3～5组。确定练习重复组数的基本原则是，使运动员在最后一组也基本能完成所规定的负荷强度。

（3）间歇时间

发展无氧耐力的间歇时间安排有两种做法：一种是以次间间歇时间恒定不变的方式安排，如每次练习之间休息4分钟等；另一种是采取逐渐缩短时间的方式安排，如第一、二次之间的间歇时间为6～5分钟，第二、三次之间的间歇时间为5～4分钟，第三、四次之间的间歇时间为4～3分钟，这样做有利于使体内乳酸堆积，达到较高值。间歇时间的确定又受负荷距离及强度的影响，距离长、强度大，间歇时间就长；距离短、强度小，间歇时间就短。组间的间歇时间一般要长于组内间歇时间，以利于恢复。

（三）专项耐力训练

1. 定义

专项耐力是指有机体克服专项运动负荷所产生的抗疲劳能力。皮划艇运动的比赛距离从 200 米到 5 000 米不等，各比赛距离的专项耐力具有不同的特征。短距离是以无氧糖酵解供能为主的速度耐力，长距离则是以有氧供能为主。由于皮划艇运动具有力量性的特点，因此又具有力量耐力的特征。

2. 专项耐力训练的主要内容和手段

专项耐力训练的主要内容和手段见表 6-5。

表 6-5　专项耐力训练的主要内容和手段

术语	内容	形式
GA I	发展基础耐力（专项耐力），稳定巩固技术动作 强度：血乳酸值至 4 毫摩尔 / 升； 心率：145 ～ 164 次 / 分钟； 桨频：男子皮划艇和女子皮划艇 68 ～ 70 桨 / 分钟；划艇 36 ～ 38 桨 / 分钟	基础耐力训练，在所要求的负荷下达到 50 ～ 90 分钟
GA II	发展有氧耐力，在所要求的强度下巩固技术 强度：血乳酸值至 7 毫摩尔 / 升； 心率：165 ～ 180 次 / 分钟； 桨频：男子皮划艇和女子皮划艇 84 ～ 88 桨 / 分钟；划艇 44 ～ 48 桨 / 分钟	距离在 500 ～ 2 000 米的强化性基础耐力训练 例如： 6 ～ 8×500 米间歇 4 分钟； 4 ～ 8×1 000 米间歇 8 分钟； 3 ～ 4×2 000 米间歇 15 ～ 20 分钟
GA III	以比赛距离的强化训练，在接近比赛的条件下巩固技术 强度：血乳酸值至 7 ～ 12 毫摩尔 / 升； 心率：175 ～ 190 次 / 分钟； 桨频：男子皮划艇和女子皮划艇 88 ～ 94 桨 / 分钟；划艇 48 ～ 58 桨 / 分钟	在比赛条件下 500 ～ 1 000 米的高强训练 例如： 4 ～ 6×500 米间歇 8 ～ 10 分钟； 4 ～ 6×1 000 米间歇 10 ～ 15 分钟
SA/S	速度训练，负荷量的时间为 20 ～ 90 秒，距离为 100 ～ 300 米的水上专项速度耐力 血乳酸和心率达到最大值 桨频：达到比赛中的出发桨频	100 米 4 ～ 6 组，4 ～ 6 个重复 150 米，200 米，250 米，300 米，或 100—200—300—200—100 米
WA	200—500—1 000 米比赛距离的比赛训练 心率大于 190 次 / 分钟； 血乳酸值大于 9 毫摩尔 / 升； 桨频为比赛桨频	1×1 000 米，或 2×500 米，或 3 ～ 2×200 米 按照比赛状态，包含出发—途中—冲刺 血乳酸、心率和桨频达到最大值

术语	内容	形式
KB	补充训练，用于训练间歇 以 GA Ⅱ 形式或恢复训练单元	GA Ⅰ 形式血乳酸值在 2 ～ 5 毫摩尔 / 升以下，训练时间在 20 ～ 60 分钟，心率和桨频在 GA Ⅰ 范围内
SKA	专项力量耐力训练，结合技术动作提高划桨效果在船上增加阻力 心率大于 175 ～ 180 次 / 分钟； 桨频按照 GA Ⅱ 要求； 血乳酸值为 6 ～ 8 毫摩尔 / 升； 提高专项力量耐力	距离为 200 ～ 1 000 米，如：8×200 米或 6×500 米或 4×1 000 米

（四）耐力训练的方法手段

1. 一般耐力训练常用的方法和手段

①各种形式的长时间划船。

②长时间进行的其他周期性运动，如速度滑冰、游泳、自行车等。

③长时间重复做某一非周期性运动，如排球运动中多次做滚动练习。

④反复做克服自身体重的练习，坚持较长时间的抗小阻力的练习。

⑤循环练习等。

2. 专项耐力训练模型

（1）模型 A：稳定持续划

①准备活动：陆上拉伸＋水上划 20 分钟，心率 120 ～ 140 次 / 分钟，桨频 60 桨 / 分钟，长度 2 千米。

②训练内容：50 分钟 ×2 组，心率 140 ～ 160 次 / 分钟，桨频 60 ～ 65 桨 / 分钟，长度 18 ～ 20 千米。每组间休息 60 分钟，补糖。

③放松整理。

在训练目标区域内的总划桨数大约为 6 500 桨（50 分钟模式，3 250 桨 ×2 组）。

生理要求：代谢平衡的有氧训练。训练中的能量几乎 100% 由有氧代谢提供或包含了少量的无氧代谢供能，乳酸值在 3 毫摩尔 / 升以内。

生理效果：增加肌肉毛细血管密度、增加酶的活性和线粒体的数量。

结果：增加肌纤维的氧募集能力，提高最大摄氧量效率和无氧阈值。

技术效果：皮艇划桨技术动作的自动化，提高每桨功率。

（2）模型 B：有氧强度训练

①准备活动：陆上拉伸＋水上划 20 分钟，心率 120 ～ 140 次 / 分钟，桨频 60 桨 / 分钟，长度 2 千米。

②训练内容：30 分钟 ×2 组，桨频递增加速划，心率 145 ～ 180 次 / 分钟，桨频 60 ～ 85 桨 / 分钟（从 60 桨频 / 分钟开始，每 5 分钟增加 5 桨），长度 12 千米。

③放松整理 20 分钟。

生理要求：训练能量需要有氧供能与无氧供能共同参与。有血乳酸产生 5 ～ 7 毫摩尔 / 升。

生理效果：使所有的肌纤维都被募集，尽可能完全消耗肌糖原，扩大并且增加心脏更大的每搏输出量，更高的心排血量，增加肌肉毛细血管密度、酶的活性和线粒体的数量。

结果：机体氧运输能力的提高。增加肌肉纤维的氧募集能力，提高最大摄氧量和无氧阈值。

技术效果：促进皮艇划桨技术动作的自动化，改进划桨技术效率。

心理作用：提高在压力下保持技术的能力，提高疲劳时的运动速度。

在训练目标区域内的总划桨数大约为 4 350 桨（30 分钟模式，2 175 桨 ×2 组）。

（3）模型 C：氧运输能力训练

①准备活动：陆上拉伸 + 水上划 20 分钟，心率 120 ～ 140 次 / 分钟，桨频 60 ～ 70 桨 / 分钟，长度 3 千米。

②训练内容：

每组间 800 ～ 1 000 米，补糖。心率 140 ～ 190 次 / 分钟，桨频 70 ～ 110 桨 / 分钟以上，总长度 9.2 千米（2.3 千米 ×4 组）。

③放松整理 20 分钟。

结果：机体氧运输和利用能力的增加。增加肌肉纤维的氧募集能力，提高最大摄氧量和无氧阈值，体会拉桨的力量和速度，乳酸值在 6 ～ 8 毫摩尔 / 升范围内。

技术效果：稳定和巩固技术的有效性，以利于在比赛中的发挥。在训练目标区域内的总划桨数大约为 5 460 桨（910 桨 ×6 组）。

（4）模型 D：间歇训练（速度训练）

①准备活动：水上划 20 分钟，心率 120 ～ 140 次 / 分钟，桨频 60 ～ 70 桨 / 分钟，长度 3 千米。

②训练内容：（45 ～ 90 秒快 ×45 ～ 90 秒慢 ×8）×4，心率 180 ～ 190 次 / 分钟，桨频 80 ～ 100 桨 / 分钟，长度 8 千米（2 千米 ×4 组）。

③放松整理 20 分钟。

生理要求：训练能量需要有氧与无氧供能之比从 50 ∶ 50 到 70 ∶ 30，乳酸值低于 5 ～ 7 毫摩尔 / 升。

生理效果：扩大并加强心脏更大的每搏输出量和更高的心排血量。

结果：增强机体氧运输能力。

技术效果：有利于比赛技术的提高，肌肉训练的收缩速度接近于比赛实际速度。

在训练目标区域内的总划桨数大约为 3 520 桨（880 桨 ×4 组）。

（五）耐力训练的基本要求

1. 重视运动员呼吸能力的培养

耐力训练中要注意呼吸问题。机体是通过提高呼吸频率和加深呼吸深度来摄取坚持长时间工作所必需的氧气的。一般来讲，没有参加过训练的人在长时间的工作过程中，主要以加大呼吸的频率来供给机体需要的氧气，而高水平运动员则主要以加大呼吸的深度来改善对体内氧气的供给。

在运动训练中，运动员进行中等耐力训练时，就会出现每分钟耗氧量与氧的供给量之间的不一致，在大负荷时其不一致的程度就更为明显，可见，培养运动员的呼吸能力是十分必要的。在耐力训练时，应加强对运动员用鼻呼吸能力的培养。从卫生角度看，鼻腔有黏膜，可以净化空气，也可以使氧气缓和一下再吸入气管，这样就会减少尘埃和不使冷空气直接进入肺部。但是，游泳运动员多是用嘴呼吸，在训练中应加强呼吸节奏与动作节奏协调一致的训练。呼吸节奏紊乱，会使动作节奏遭到破坏，从而影响运动成绩。

2. 加强意志品质的培养

运动员的意志品质在耐力训练中起的作用是很重要的，意志坚强者比意志薄弱者的耐力表现好得多，在耐力素质训练中必须注意对运动员意志品质的培养。气温过高、气压过低，对一个人的耐力也会产生较大的影响，抵抗这些不利因素也需要运动员有坚强的意志品质。

3. 青少年运动员耐力训练的注意事项

①掌握少儿耐力自然发展的趋势，以便科学地安排耐力训练。青少年耐力素质是随着年龄的增长而逐渐提高的，例如进行 3 分钟的运动测定，9 岁儿童的耐力只能达到成人的40%，12 岁时达到成人的 65%，15 岁时便可达到成人的 92% 了。

一般来讲，女孩 9 岁时，耐力提高的速度较快；12 岁时，耐力再次提高；当她们进入性成熟后第二年（14 岁起）耐力水平将逐年下降；到 15～16 岁时，耐力水平下降得最多。男孩在 10 岁、13 岁和 16 岁时，耐力素质有大幅度的提高。

②青少年运动员耐力训练必须以有氧耐力训练为主。过早地进行无氧耐力训练，会严重地影响到他们的循环系统未来的功能水平。此外，从生理上讲，少儿血红蛋白、肌红蛋白含量较成年人少，无氧代谢能量储备不足，酸中毒现象要靠心血管系统补偿来消除，因此无氧代谢能力的发展受到限制。

一般来讲，少年运动员从青春发育期开始以后进行无氧耐力训练为好。从优秀皮划艇运动员成长过程分析，他们系统从事专项耐力的训练时间一般为男子 14～16 岁、女子 13～14 岁。

③青少年运动员进行耐力训练的内容手段应是多种多样的，不应只局限于长跑的练习，可选用活动性游戏、球类运动、骑自行车、滑冰、登山和循环练习等。

④青少年运动员进行耐力训练的基本方法为持续训练法，此外还可用法特莱克训练法的方式进行变速划等。假使采用间歇训练法，应以低强度的间歇法为主，工作强度控制在30%～60%，练习总时间为 20 分钟左右，练习与休息时间的比例可按 1∶1 安排。随着年龄的增长，到 15 岁以后可采用较高强度的间歇训练法，强度可达 50% 以上。

第四节　皮划艇测功仪的使用方法和测试评定方法

皮划艇测功仪是皮划艇训练中的一种十分重要的模拟训练和测试运动员运动数据的器械，已在世界各国广泛使用，它的测试结果可以检查运动员的训练水平以及作为选材的重要指标。

一、皮划艇测功仪的种类和特点

根据测功仪传动装置的区别划分，主要有机械传动式和液压传动式两类测功仪。

（一）机械传动式

机械传动式测功仪主要有飞轮式和风轮式两种，可以通过调节飞轮阻力带的松紧度和叶片转动时的风阻来模拟皮划艇动作过程中的阻力变化。目前，在运动实践中使用比较普遍的，主要有德国的 Gessing 型拉杆、飞轮传动皮划艇测功仪。这种类型的皮划艇测功仪结构简单，使用方便。由于它的阻力源是风阻，其阻力与拉桨速度呈线性关系，且旋转起来以后飞轮的惯性起着很大的作用，因为它不是等动的，不能完全模拟桨叶在水中拉动时阻力变化的实际情况，所以只能近似作为做功能的测试设备，不能作为专项训练设备。另外，这种类型的测功仪的功率测试也是近似实际情况的，一般通过直接采集飞轮的转速量来换算功率，外界环境对功率有很大的影响。不同品牌的测功仪，其功率值往往是有差异的。

（二）液压传动式

液压传动式测功仪以液压为阻力源，通过液压缸产生划动过程中的阻力。由于其阻力与划动的速度呈平方关系，因为它是等动的，所以可以模拟出实际划皮划艇时的阻力变化情况。这种设备以德国产 WOLF 液压等动测功仪和武汉体育学院体育科学研究所生产的 WTPT-A 型皮划艇测功仪为代表，能够模拟皮划艇的运动技术动作和水阻力特性，并且同计算机相连，在桨杆上安有应变天平和角度传感器，经过转换，直接输入计算机处理，并以图形化方式显示在计算机屏幕上，可以很直观地看到每划一桨力的变化曲线、角度变化范围、功率大小、心率和桨频等。因此，它不仅可以测试皮划艇运动员的机能状态，而且能够反映出技术动作的合理性，既可以作为皮划艇运动专门的测试仪器，又是皮划艇陆上模拟训练设备，是目前较先进的皮划艇运动陆上训练测试设备。

二、皮划艇测功仪与专项的关系

①皮划艇测功仪上划桨的肌电反映与艇上划桨的肌电反映相近。肱三头肌、三角肌、斜方肌、背阔肌、腹直肌肌电活动几乎与实际皮艇划桨时相同。

②有科研工作者对 40 名皮划艇运动员测试统计证明，皮划艇运动员在测功仪上的功率水平与专项成绩呈正相关。他们设计出功率与艇速模式，根据测试功率可查出不同体重的运动员的专项成绩。

③在特定条件下，女子皮艇运动员两分钟最大功率每增加 10 瓦特左右，500 米成绩可提高 1 秒。

三、用测功仪进行测试的程序

1. 准备工作

计时表、心率表、秤和记录表，科研人员必须准备一套，并了解气温情况。

2. 确定测试时间

检查测功仪及电脑运行情况。要求在运动员的体能状态最佳时进行测试，测出运动 4 分钟最大极限力功率。

3. 运动员准备活动

要求充分地活动开。徒手操 15 分钟；测功仪 10 分钟，用 60% 强度。也可以在水上做准备活动 4 ～ 6 千米的中速划，测功仪上 5 分钟的 60% 强度划。

4. 测试开始

运动员做完准备活动后，休息 4 ～ 6 分钟，检查心率，称体重，测血乳酸，记录原始数据。向运动员交代注意体力分配和呼吸，要用全力拉下来。

静止起航阶段，发令、开表、开机同时进行，电脑启动。教练员每 30 秒报一次心率和功率及桨频。同时为运动员加油，使其发挥最高水平。

5. 运动员测功结束

测试结束时要求查即刻血乳酸，2 ～ 3 分钟第二次查血乳酸，5 ～ 6 分钟查第三次血乳酸，有必要时可查第 10 分钟的第四次血乳酸。

6. 记录整理

所有步骤结束后，把测试的数据全部记录在表格上。

四、测试和评定的方法

（一）十五秒钟最大功率的测试和评定

1. 选择 15 秒的依据

第一，供能特点。ATP、CP 全部消耗可维持 20 秒，所以 15 秒可反映 ATP、CP 供能能力。第二，专项特点。出发后 15 秒内可达最高桨频，所以在测功仪上划 15 秒可反映运动员的出发能力和技能。第三，多次实验证明，以最大能力划测功仪 15 秒时，可显示出最大功率，随后不再增加。第四，根据功率是力的工作能力的量度单位，15 秒最大功率可作为专项最大力量和速度力量的水平指标。

2. 测试要求

要求运动员按划桨 100 米方式，从静止开始，以最大用力完成 15 秒。

3. 评定方法

①男皮划艇运动员以 4 分钟最大功率测试的平均转速和平均功率为基点，储备 25% ～ 30% 为正常，低于 25% ～ 30% 说明起动慢，最大力量和速度不足。例如：15 秒钟最大转速是 106.6 千米 / 小时，4 分钟平均为 80 千米 / 小时，储备约 33%，说明速度和力量突出。

②女皮划艇运动员以 2 分钟最大功率为基点，储备约 35% ～ 40% 为正常值，高于 40% 说明速度和力量突出。

③对累积训练效果的评定，每两周一次。基础训练期主要检查最大力量训练效果，专项训练期主要检查专项最大力量、速度力量、出发能力和速度能力训练效果，比赛期主要检查竞技状态形成情况。

（二）一分钟最大功率的测试和评定

1. 测试目的

①检查无氧力量耐力水平和训练效果。
②检查乳酸供能能力和速度耐力水平。

2. 测试要求

准备活动 10 分钟，全力划 1 分钟，或划 1 分钟 ×4 ～ 8 次，间歇 3 ～ 5 分钟。

3. 记录内容

记录内容包括最大转速、平均转速、功率、桨频、桨数、心率、血乳酸。

4. 评定方法

男皮划艇队员与 4 分钟最大功率相比，应储备 15% ～ 20%；女皮划艇队员与 2 分钟最大功率相比，应储备 20%。

（三）四分钟和两分钟最大功率测试和评定

①要求尽最大努力按划 1 000 米和 500 米的比赛负荷进行。
②记录动态心率功率、桨频、转速。
③评定与分析。对运动员起始状态和训练效果进行评定，每 6 周测试一次，纵向比较自己提高的幅度，横向比较查表找出差距；男子皮划艇 4 分钟最大功率，世界优秀选手是 300 ～ 350 瓦；女子皮划艇 2 分钟最大功率，世界优秀选手是 250 ～ 300 瓦。

（四）八分钟最大功率测试和评定

①测试目的是检查和评定运动员最大有氧能力和最大的有氧力量耐力水平，找出最大心率值。
②要求按 2 000 米负荷全力划 8 分钟。
③记录血乳酸、心率、功率、桨频。
④评定与分析，纵向比较看累积训练效果，横向比较查表找出对应艇速。如果 2 000 米艇速低于对应艇速，说明有氧力量耐力水平不够；如果对应艇速高于 2 000 米艇速，说明技术上存在问题。我国男子皮划艇的功率是 254.9 瓦。

（五）递增负荷的测试与无氧阈值的评定

①测试目的是检查评定有氧耐力的训练效果。
②强度递增 70%、80%、90%，每级负荷时间 3 秒，每组间隔 30 秒。
③记录每级负荷后心率、血乳酸、功率、桨频。
④评定方法，绘图、画曲线，找出 4 毫克分子对应的瓦值和心率值，曲线右移说明有氧能力提高，反之则下降。我国男子皮划艇的 AT（抗凝血酶）值是 200 ～ 220 瓦，女子皮划艇是 180 ～ 190 瓦。

五、用测功仪进行系统训练

（一）训练特点及原则

①测功仪是专项力量训练的重要组成部分，皮划艇运动员专项力量训练内容包括四个有机联系和互相补充的组成部分，即陆上力量训练、专项测功仪训练、水上有氧力耐力训练和速度力量训练。

②与水上训练相比，测功仪训练可控性强，能监测运动员的训练状态，最大限度地发展体能。

③皮划艇测功仪训练，有双重性。

④由于划测功仪时的专项感觉、用力特点与水上有较大差别，大量测功仪训练会使水上划桨动作僵化，因此，测功仪训练应与水上训练结合起来，总训练量一周不超过 4 次，一次课训练量不超过 40 分钟。

（二）训练模式

①专项力量训练。最大力量训练（10～15 桨 ×10 组）2～3 大组；速度力量，行进间划（15 秒 ×6 组）3～4 大组；无氧力量耐力（1 分钟 ×6 组）2～3 大组；有氧力量耐力（3～5 分钟 ×6 组）2～3 大组，心率不超过 170 次/分钟，间歇时间比例为 1：1。

②有氧、无氧供能能力训练，最大速度及 ATP、CP 供能能力训练（15～20 秒 ×6～8 组）2～3 大组，练习间休息两分钟，大组间间歇 5 分钟；乳酸能训练（1～1.5 分钟，6～8 组）2～4 大组，练习间休息 3～5 分钟，组间间歇 10 分钟；最大有氧耐力训练 10 分钟 ×3～4 组，心率 170～190 次/分钟，血乳酸 6～8 毫摩尔。

③技术战术训练，改进动作幅度，改进协调用力，纠正错误环节，按战术设计进行训练。例如领先战术 30 秒快划 +1 分 30 秒快划 +1 分 30 秒保持，或 1 分钟快划 +30 秒休息 +1 分钟快划。

复习与思考：

①皮划艇体能和技能训练方法有哪些？

②皮划艇专项素质的训练方法有哪些？

③如何用皮划艇测功仪进行训练？

第七章 皮划艇运动的训练原则与训练计划

本章目标：

①掌握皮划艇运动的训练原则。

②掌握制订全年、阶段、周期、课训练计划的方法。

第一节 皮划艇运动的训练原则

一、目标激励与健康成长训练原则

目标激励与健康成长原则是指以预设目标和现实优秀运动员为榜样，激励运动员积极参与训练和追求目标，并在保证运动员身心健康成长的条件下组织运动训练活动的训练原则。

运动员的训练过程是艰苦的，需要克服许多困难，才有可能获得成功。青少年运动员更需要教练员时常进行积极的目标激励，使青少年运动员自觉并主动地投入艰苦的运动训练活动中去，为实现训练目标而不断努力，取得成功。同时我们不能一味地为了青少年运动员实现预定的训练目标，承受艰苦的训练负荷，甚至在运动员患有创伤和疾病时，仍要坚持训练和参加比赛，这常常会导致运动员伤病加剧，甚至严重影响运动员的正常发育及健康成长，这样就违背了从事体育运动的根本宗旨。因此，要认真贯彻健康成长训练原则。

教练员在发展运动员竞技能力时，必须明确把保护运动员的健康放在重要的地位，认真地贯彻健康保障训练原则。为运动员的健康提供有力的保障，既是对运动员基本健康权的尊重与保护，也是使得运动员能够坚持多年系统训练，创造优异运动成绩的必要条件。总目标激励与健康保障是运动训练活动中应该遵循的重要原则。辩证地认识二者之间的内在联系及可能发生的矛盾，不断地激励运动员主动训练、刻苦训练，同时密切关注、切实保障运动员的身心健康，更好地发挥二者的协同效应，才能使训练工作取得成功。

二、竞技需要与区别对待原则

竞技需要与区别对待原则是指根据项目比赛的特点和运动员在比赛中获取理想运动成绩的需要，从实战出发，科学安排训练过程的周期、阶段划分及训练的内容、方法、手段和负荷等要素的训练原则。

比赛是竞技体育活动的核心组成部分，运动训练的目的是提高运动员的竞技能力，以求成功地参加比赛，所以运动训练的最终目标是成功地参加比赛，实现预期的比赛结果。

运动员的比赛结果取决于自己具备的竞技能力及其在比赛中的表现、对手具备的竞技能力及其在比赛中的表现、比赛结果的评定这三个要素。运动员要想在比赛中获胜，就应该提高自己的竞技能力并在比赛中充分发挥和表现出来。

皮划艇比赛项目有单人和多人艇，这为训练计划的设计带来了挑战，计划既要考虑单人、多人项目的专项训练，又要考虑运动员短期和长期的发展目标，面对运动员不同的个人特点、面对不同训练阶段的特点，都需要认真贯彻区别对待的训练原则。

竞技运动的组织与操作，是通过一个个运动员的训练、比赛而组合起来的。每一个运动员都是一个独立的个体，都有只属于他的形态、机能、素质、个性心理特征以及技术、战术特征；每个人既有各自的优势，也有各自的短板，各自有不同的需要和不同的训练任务，因此，想要在比赛中获得好的成绩，则需要每个教练员在制订训练计划的同时针对运动员的优势与劣势安排不同的训练内容，甚至对每一个运动员都应该实施针对性的训练。针对其生长发育与训练的不同阶段、不同即时状态、不同的发展目标和不同的训练要求，密切关注运动员竞技能力状态的变化，及时调整修订训练计划。只有这样才能全面发展各运动员以及各运动队的综合竞技能力，使之在比赛中取得预期的比赛结果。

教练员要想实现运动训练的最终目标，最重要的原则是要将竞技需要与区别对待原则运用到实际的运动训练中去。

三、系统训练与周期安排训练原则

系统训练与周期安排训练原则是指运动员应该系统持续地从事运动训练，并应分阶段做出周期性安排的训练原则。

为了在运动训练活动中实现人体的适应性改造，运动员需要多次承受运动负荷，渐进地提高自己的竞技水平。持续的运动训练可使训练效应不断累加，而训练活动的间断则会降低训练效果，所以系统的持续训练是取得理想训练效应的必要条件。人体对训练负荷的生物适应必须通过有机体自身的各个系统、各个器官、各条肌肉乃至各个细胞的变化，一点一点地去实现。运动员的竞技能力是多种能力的综合表现，它不仅涉及生理、心理等各个方面的因素，同时又受先天、后天因素的影响。因此人体机能的适应性改造（包括中枢神经系统功能的改造），不是在短期内所能实现的，而训练对提高运动员竞技能力的影响，必须通过人体内部的适应性改造才能实现。

运动员在负荷作用下所提高的竞技能力，无论是体能、技能、战术能力、知识能力，还是心理能力的变化，都具有不稳定的特点。当训练的系统性和连续性遭到破坏而出现间断或停顿的时候，已获得的训练效应也会消退以至完全丧失。因此，要想获得理想的训练效应，有效地发展运动员的体能、技能、战术能力、知识能力及心理能力，就必须注意保持训练过程的连续性，系统地、不间断地参加训练。教练员要针对青少年运动员身体素质发展的各个敏感时期的特点制订科学、有效的运动训练计划，使青少年运动员的竞技能力稳步提高。此外，运动员良好的竞技状态有着明显的时限性，不可能始终处于最佳的竞技状态。机体在高度的紧张动员之后，必然要进入一个调整阶段，以便在生理和心理上得到充分的恢复，然后重新动员起来进入新的训练阶段。运动员必须多次经历这一过程，才能够一步步地走向竞技运动的高峰。同时也要适当注意周期的衔接工作，协调各个周期之间的关系。在结束每一单元周期和实施下一周期的训练工作前，进行科学测评，针对前一周期在身体、技术、战术、心理等方面所取得的成绩及存在的问题，认真总结经验和教训，作为下一周期训练计划调整、实施的依据，以便使各周期的训练工作有机地衔接起来，更好地贯彻系统持续与周期安排训练原则，达到理想的训练效果。

四、适宜负荷与适时恢复原则

适宜负荷与适时恢复原则是指根据运动员的现实可能和人体适应规律，以及提高运动员竞技能力的需要，在训练中给予相应程度的负荷，负荷后及时消除运动员在训练中所产生的疲劳，提高运动员竞技能力和取得理想训练效果的训练原则。

运动员在训练中承受了一定的运动负荷后，必然会产生相应的训练效应。机体对适宜的负荷会产生良性的适应，机体对过小的负荷则不能引起机体必要的应激反应，而在过度负荷作用下则会出现劣变反应。因此要求制订训练计划的教练员要在青少年运动员训练中承受一定运动的负荷后，及时细心地观察青少年运动员机体疲劳的程度及恢复与超量恢复所需的时间、技术战术训练的效果是否引发运动性伤病，以及是否引发心理疾病和心理障碍，并且也要通过生理生化指标的监测较客观地诊断运动员机体的生理疲劳程度等各方面的问题；分析其对正处在发育期的青少年运动员施加的运动负荷是否适宜，如若不适宜应遵循适宜负荷与适时恢复原则及时修正运动训练计划与方案，保障青少年运动员的身体健康，尽量避免体能下降导致的运动创伤的增加，甚至造成有些运动员过早地结束运动生涯这一严重后果。所以在运动员疲劳达到相应程度时，应依照训练的统一计划，适时安排必要的恢复性训练，采取有效的恢复措施，使运动员的机体得到充分的恢复和提高。

适宜的运动训练负荷使得运动员机体发生相应程度的疲劳，应适时地消除机体在训练负荷影响下产生的疲劳并促进机体的良性补偿，使得运动员的竞技能力得到提高。负荷与调整、消耗与补充、疲劳与恢复是训练过程中无时不在的矛盾的两个方面。正确认识适宜负荷与适时恢复的辩证关系，充分发挥二者的协同效应，是我们应该遵循的重要训练原则。

五、有序发展与合理组合训练原则

有序发展与合理组合训练原则是指根据青少年运动员的生长发育特点和年龄特征，根据影响运动成绩的因素及相互关系，根据竞技能力的结构与关系及发展特点有计划按次序的选择、安排和科学组合训练内容、方法手段及训练负荷。

（一）青少年皮划艇运动员多年或年度训练中发展竞技能力的先后次序

①发展一般竞技能力（一般协调能力、心肺功能、柔韧性、灵敏性、平衡性、速度、力量、耐力）。

②发展专项竞技能力（专项协调能力及基本技术、专项身体素质、专项技术战术）。

③发展比赛能力与比赛表现能力。

（二）青少年皮划艇运动员年度、阶段和小周期训练负荷的安排次序

①一般到专项。

②全面到深入。

（三）青少年皮划艇运动员年度、阶段和小周期训练方法手段的实施次序

①稳定持续划。

②一定强度下的持续和重复划。

③法特莱克训练法。

④间歇训练。

⑤速度耐力训练。

⑥纯速度训练。

（四）青少年皮划艇运动员年度、阶段、小周期和训练课能量系统训练的优先顺序

①有氧能力的训练（低强度优先于高强度）。

②无氧磷酸原供能系统的训练（高强度优先于低强度）。

③无氧糖酵解供能系统的训练（高强度优先于低强度）。

（五）青少年皮划艇运动员小周期和训练课内容组合原则

①纯速度训练，应该安排在技术训练之后，在其他的身体训练之前。

②无氧磷酸原系统，系统的训练应安排在无氧糖酵解系统的训练之前。

③无氧糖酵解系统，系统的训练应安排在有氧系统的训练之前。

④高强度的有氧训练（最大有氧能力）应该在低强度的训练（长距离、慢速）之前进行。

第二节　皮划艇运动的训练计划

建立在训练原则基础上注重适应过程规律性的训练计划是实现有效训练的一个前提。不同时间长短的训练周期建立应依据以下因素。

一、建立不同时间长短的训练周期应考虑的因素

①长期的竞技准备（多年计划）：运动员竞技能力发展的阶段性特征与训练安排。

②年度准备：不同作用方向负荷的有效排列。

③周期与大周期：适应过程的规律性。

④中周期：有效的波状负荷原动力。

⑤小周期：负荷与恢复的调节。

⑥训练课：完成当前负荷任务。

二、训练负荷的计划内容

（一）一般性竞技训练

一般性竞技训练包括一般协调性、灵活性和一般耐力训练。对于竞技皮划艇运动，下列已经在实践中普遍采用的训练手段足以发展皮划艇运动员的一般与全面能力，而且对器材的要求不高。

①速度：30～60米的短跑、接力跑、小游戏和在小场地的球类游戏。

②灵活性：伸展练习、牵拉。

③协调：体操（障碍道）、所有运动项目（技术）。

④耐力、跑步、游泳、越野、滑雪、骑自行车、大场地球类运动。

⑤一般性的力量能力通过力量训练进行。一般性力量训练分为用自身体重的力量训练、最大力量训练、力量耐力训练、快速力量与快速力量耐力训练。

（二）专项训练

专项训练包括在船上的训练，分为速度训练、速度耐力训练、专项、速度力量训练／最大力量训练、有氧／无氧基础耐力训练、短距离的无氧耐力训练、专项力量耐力训练、比赛专项耐力训练和超量恢复训练。

（三）专项训练的负荷与手段

1. 基础耐力 1

基础耐力 1 训练计划是以长时间及超常规训练距离为标志的。特征是采用延续方法和节奏变化的方法，船速保持在有氧阈值的有氧／无氧转换区域。

①8 000 米至 15 000 米不间断练习。

②采用波浪划的划行游戏，每 1 000 米则做出节奏和桨频变化，共划 6 000～12 000 米。

③扩大的间歇训练，每个负荷超过 10 分钟，减少休息。

2. 基础耐力 2

基础耐力 2 为超长距离的训练，也就是比比赛距离长的训练计划。能量转换处于有氧／无氧的过渡领域，基础训练中的距离是 750～2 000 米，休息要积极，船速要明显降下来，作为定向可以算双倍的负荷时间。

①2～4×750 米训练。

②2～4×1 000 米训练。

③3×1 500 米训练。

④2×2 000 米训练。

⑤2×3 000 米训练。

3. 基础耐力 3

基础耐力 3 是比赛距离区域 250～1 000 米的负荷。用这种负荷可以练习技术、桨频和划桨前驱等比赛专项形式。休息时间应是负荷的 1 倍。

①4～8×250 米训练。

②2～4×500 米训练。

③ 1 ~ 2 × 750 米训练。

④ 1 ~ 2 × 1 000 米训练。

4. 比赛耐力

比赛耐力包括完整的 250 ~ 1 000 米比赛专项训练，这时要保持个人确定的速度、前驱和桨频，当然，所有的比赛负荷也应归纳到这个领域。休息时应完全彻底放松。

① 4 ~ 6 × 250 米训练。

② 2 ~ 3 × 500 米训练。

③ 1 ~ 2 × 1 000 米训练。

5. 速度耐力

速度耐力的训练计划是以训练距离比比赛距离短、速度比比赛时快为特征的，根据有强度的间歇方法进行。休息应减少（进行有效的休息）。

① 6 ~ 10 × 150 米训练。

② 3 ~ 8 × 250 米训练。

③ 3 ~ 4 × 350 米训练。

6. 速度

速度训练计划使用最大力量和最大的运动频率，延续时间在 5 ~ 20 秒的所有负荷都属于速度的范畴。负荷之间的休息必须起到恢复的作用，也就是说，休息时间必须达到负荷时间的 4 ~ 6 倍。

①所有从静止和慢划状态的起航练习。

② 1 × 50 米活动的训练。

③ 8 ~ 10 × 20 桨 / 倍桨训练。

④ 5 ~ 10 × 100 米原地或活动的训练。

7. 专项力量耐力训练

专项力量耐力训练为发展力量耐力，提高船体阻力（水制动器、橡皮筋）的负荷。训练计划同 GA Ⅲ 和 SA，16 岁和 17 岁以后开始练习。

8. 专项最大力量训练

专项最大力量训练和专项力量耐力训练类似，通过水制动器或橡皮筋提高船体的阻力。内容上，SKM 训练符合速度训练，桨频几乎达到最大水平。该训练形式始于 16 ~ 17 岁。

9. 超量补偿

超量补偿训练为无计划的训练领域，它主要为恢复服务，包括准备与热身划，所有的休息和训练后的放松划。在强度较大的训练负荷或比赛后，应进行超量补偿课。船速和桨频都处在 GA Ⅰ 的水平。

10. 技术

特别是在基础和准备训练中要练习这些划船技术因素。在学习和纠正训练中，应单独安排技术训练课，它能使运动员完全注意自己的运动过程。建议使用技术辅助手段（例如录像）。为了形成准确的运动想象，传授理论知识也是基础条件（榜样），要重视专业词汇的解释和纠正语言，要根据运动员的年龄相应地使用直观、易懂的语言。

（四）非专项训练负荷

1. 一般耐力

在这个负荷范畴是那些为发展一般耐力的所有训练手段，包括跑步、越野滑雪、游泳、骑自行车。要注意的是，训练的强度与量要达到有效的耐力刺激，心率须保持在 150 次 / 分钟或更高，负荷时间应长于 30 分钟。

2. 一般速度

一般速度包括训练单个动作运动速度和速度力量的所有训练手段。神经过程反应、做动作 / 动作速度属于这个领域。这时要注意年龄特点，可进行小游戏、运球练习、反应等带速度要求的训练和冲刺跑、跳跃和臂的专门练习。

3. 协调性和运动技能

协调性和运动技能练习用于发展协调能力和一般运动经验的练习，包括反应、节奏、平衡和区分练习。要以很高的动作质量完成，完成这些练习时要利用各种组合变化。

4. 最大力量训练

最大力量训练是指利用杠铃或其他力量器械进行的船外最大力量训练，明确定向发展最大力量 / 速度力量。就是说，练习负荷要超过 70% 的最大可能重量。该训练以组的形式进行，为 2 ～ 10 组，休息时间要足够。

5. 力量耐力训练

力量耐力训练是指在船外使用杠铃、额外重点和其他力量器械进行的力量耐力训练。例如拉力器练习，每个练习做 20 ～ 100 组。通过广泛的练习形式可发展所有的肌群，应重视和使用不同的练习形式，如圆圈训练、圆周训练等。

6. 身体力量训练

身体力量训练是指船外用自身体重或部分身体重量进行的力量训练。利用很多的练习形式可发展所有的肌群。

三、周期训练计划

训练的周期性是指将一年的训练计划划分为阶段性的训练计划的过程，这样可以对训练计划进行分段监控和管理，以确保运动员在主要比赛中达到水平峰值。对训练计划进行周期性划分主要取决于训练负荷的相关理论和竞技能力状态形成的规律。基于科学训练原则制订的系统训练计划，是高水平的运动员成功追求成绩的基础。

一份系统训练计划是根据日历中主要比赛时间或主要训练目标出现的日期将训练周期精确地划分成几个训练阶段实现的。每个训练阶段都有不同的训练目标，并在一定程度上将继续运用训练负荷和负荷的"波浪形"特征理念。

训练周期的阶段划分可采用以下形式：准备期（6 个月）、比赛期（5 个月）、调整期（1 个月）。

每个训练阶段的目标：①准备期旨在发展一般身体素质，改进皮划艇技术，发展专项身体素质，为即将来临的比赛期做好心理准备；②比赛期旨在进一步发展皮划艇技术、专项身体素质，主要通过水上训练为比赛做好心理准备，发展和巩固比赛技术动作；③过渡期旨在身体和心理放松；从系统训练中解放出来。

四、周训练计划

周训练计划即小周期，通常以一周 7 天时间为一训练小周期，这便于与生活、学习、工作和休息制度相一致，并以此制订一周的训练计划，但一个小周期并不是非 7 天不可，而应根据训练的实际需要，可以缩短，也可以延长，其持续时间可以是 3～4 天到 7～10 天不等。例如冬训阶段结束，安排一个恢复小周期，4 天就可完成调整恢复的任务，那么就可安排一个 4 天的恢复小周期。

训练小周期一般有基本训练小周期、赛前诱导小周期、比赛小周期以及恢复小周期四种类型。

①基本训练小周期的任务是通过负荷使运动员机体产生训练适应，整体提高竞技能力，内容可交替安排，负荷要有节奏，既可加量也可加速度，通常是在加量的基础上加强度。

②赛前诱导小周期的主要任务是把训练所获得的竞技能力集中到专项的方向中去，力求使运动员机体适应比赛的要求和条件。内容主要是专项练习，采用的练习多为专项的专门性练习、比赛性练习和进行实战；负荷主要是提高专项负荷强度，使其接近、达到甚至超过比赛负荷强度，负荷量可以保持或减少。

③比赛小周期的任务是参加比赛，在比赛日力求创造优异的运动成绩。内容主要是专项练习，负荷安排要使负荷后的超量恢复在比赛日出现，因此赛前负荷何时开始调整显得异常重要。

④恢复小周期的主要任务是消除运动员的疲劳，要采取有效手段和措施使运动员很快恢复。通常是降低负荷，特别是负荷强度。具体降负荷的幅度要视比赛和基本训练小周期运动员疲劳积累的程度而定。训练内容大多为一般性练习。

上述各种类型的小周期，在大周期的各时期中，相互衔接，构成一个训练中周期或训练阶段。例如，在准备期可安排基本训练小周期—基本训练小周期—基本训练小周期—基本训练小周期—恢复小周期，以四至五个训练小周期组成一个训练中周期或训练阶段，负荷逐步提高，强度逐步加大；在比赛期可安排基本训练小周期—赛前诱导小周期—比赛小周期—恢复小周期，以四个训练小周期形成一个比赛期的中周期，第二阶段比赛还可重复这一安排或根据实际情况略加调整。

周训练计划根据全年训练计划中各阶段的任务来具体安排一周的训练，要慎重考虑一周的任务和运动负荷大、中、小的结合，要预计一些大运动量课后的恢复措施和时间。

冬季不能下水，以陆上训练为主。

五、阶段训练计划

每个训练周期可划分一个或几个为期 4～8 周的训练阶段，阶段训练计划给运动员一个陆上和水上活动的大致主要训练内容。它以该训练阶段中各种练习的形式、负荷的量和强度以及每堂训练课详细计划的形式出现，每个阶段计划应考虑一周之内和整个训练阶段内的各种强度的负荷及间隔时间。

六、课时训练计划

训练课是训练的基本组织形式，全年训练计划的完成和比赛中运动员优异成绩的表现，都是依靠每一次训练课中量和强度的积累，教练员的思想教育和心理训练，使运动员从量变达到质变。因此，每一次训练课都应引起教练员足够的重视。

（一）训练课的基本结构

①准备部分：一般是40分钟左右，主要任务是使运动员在生理和心理各方面做好准备。通常前20分钟为一般准备，如陆上跑步、徒手操、拉韧带、游戏等，目的是使有机体血液循环加快，兴奋性提高，使有机体进入工作状态。专门准备则进一步围绕课的基本任务来进行，如果基本部分是水上，可以在下水的一开始做分解技术练习或较慢的技术划，为基本部分的正常发挥创造条件。在天气寒冷时，准备活动显得更为重要。

②基本部分：一般是60～90分钟，主要由课的目的任务和运动量等因素决定。在基本部分一定要紧紧抓住本课的目的任务，如学习技术或改进技术、全面身体训练、发展专项力量素质、发展意志品质等。

一次训练课的内容可能是综合的，也可能是单一的。在一周中，这一课可能是主要课，也可能是辅助课，无论如何，一定要紧紧抓住课的主要任务，而不能在进行主要练习时由于改进技术或其他原因冲淡了主要任务。

③结束部分：一般是15～20分钟，主要使有机体逐渐恢复到静止状态，使神经、肌肉、呼吸、循环系统较快地松弛下来。通常进行慢跑、呼吸练习、按摩、游戏等，也可以对紧张的肌肉进行放松。结束部分在陆上训练后一般较重视，而水上训练后容易忽视，应引起注意。

（二）训练课的内容

训练课是周期的基本单元，其时限可根据项目特点和具体训练任务的不同，设置为1.5至4小时不等，因此制订课的训练计划，亦称训练课时计划。训练大周期的任务和目标，要通过每次训练课、每个小周期训练效果的积累，才能最终实现。训练课和训练小周期在训练的时间、次数、内容、方法、手段的采用和运动负荷的确定等方面，根据训练课的小周期的不同类型均有相应的规定。

训练课通常分为身体训练课，技术、战术训练课，测验比赛课，调整训练课以及综合训练课五种类型。每种训练课的主要任务、训练手段和方法、运动负荷的安排都不尽相同。例如，身体训练课大多在训练的准备期中安排。为提高运动员的一般和专项身体训练水平，内容、方法和手段可以多种多样，但都要紧密结合专项提高的需要精心选择，运动负荷比较大，甚至是极限负荷。

技术、战术训练课多在准备期和比赛期中安排，在过渡期也有安排。主要进行专项技术、战术训练，多采用专项技术战术练习和各种专项的辅助性及专门性练习，运动负荷视任务的不同而异。如为学习掌握新技术、新战术，则负荷强度较小而负荷量较大；为适应比赛的需要，巩固和运用技术、战术，则负荷强度要大，并保持适当的量。测验比赛课，通常 3 或 6 周安排一次，测验比赛包括身体素质、专项技术和测功仪等。教练员应在全年计划中根据不同时期做统一安排，而在课前精心组织，使测验比赛精彩而激烈，使运动员从中得到激励和收益。

调整训练课一般在大运动量之后，可以进行技术划或转项。综合训练课，在各训练期安排都较多，是一种主要的课程类型。这种课虽然是综合几项内容，但往往要重点突出某一内容，并合理安排训练的顺序，负荷要依所处的训练时期和具体任务而定。

（三）上好训练课的注意事项

①课的内容安排最好用文字说明，特别是训练内容多时，应分段安排，保证训练效果。

②要重视水上准备活动和放松。水上准备活动可与技术训练相结合。

③发展课要注意计时和记录，而恢复课尽量不计时。

④纠正技术时要寻找产生错误的原因，例如，是概念不清，是素质问题，是器材问题，还是疲劳造成的，等等。要和运动员研究，问感觉，查根源。

⑤课中以鼓励诱导为主，如有批评，则在课后进行为好。

⑥对青少年要重视其腰背肌肉的训练，负荷不宜过大。

七、运动员年度训练计划、组织与实施

（一）年度训练计划的设计

1. 年度训练计划的制订

年度训练计划是教练员和运动员组织运动训练过程的重要文件。由于适宜竞赛条件的出现具有明显的年度周期性特点，因此，人们通常以年度训练为组织系统运动训练过程的基本单位。制订年度训练计划是从事系统训练活动的教练员和运动员不可缺少的一项重要工作。制订训练计划要求对计划的目标和达到目标的过程有清楚的了解，这个要求可以通过以下程序来完成：确立目标—制订系统计划—执行计划—监督和检查计划。

2. 确定训练目标

训练计划的目标是在既定比赛中所要达到的比赛成绩。这个既定比赛的最好成绩可以是几个月的训练（短期目标），也可以是多年的训练（一个长期目标）。

3. 制订系统的训练计划

系统的训练计划是根据计划的目标，将每堂训练课分配到训练周期中，并根据日历进行推算的，这个过程叫训练周期。

制订一份系统的训练计划结合理解如何贯彻这个计划，认识到计划本身不断发展是非常重要的事情。这大概是设计和监控一份训练计划最困难的方面。它要求教练员理解基本的训练原则、训练负荷和训练小周期的概念、能量供能系统、掌握正确的皮划艇技术和学习方法等。

4. 贯彻计划

教练员和运动员必须自觉地执行这个计划，并成为训练过程的主动参与者。这将保证运动员在追求训练目标时保持动力，并能有规律地、自觉地参加训练。

5.训练计划的监控和反馈

在训练周期内，训练计划涉及各种陆上、水上的测验，以及各种能达到的标准，是十分重要的。这些测验和标准在运动员发展能力、指导运动员有效地靠近训练目标时，能提供有用的信息。

同时，教练员和运动员应有一本观察和评述每堂训练课的日记，在训练周期期间或结束后，在检查、反馈训练计划时，这些内容是非常有用的。这种训练计划的检查与反馈将有助于对本周期计划或周期与周期间的训练计划进行修改，这进一步增大了挖掘运动员运动潜力的机会。设计一个训练计划的过程应当是每个新的训练周期的重复，又是一个训练计划改进的过程，因为运动员的要求有提高甚至改变。

（二）年度训练中的周期安排

1.运动训练周期性安排的生物学依据

运动训练过程的阶段性特征是通过许许多多连续不断的大小周期循环往复而表现出来的。包括运动员竞技状态的形成、保持和消失三个阶段的一个完整的训练过程，称为一个训练的大周期。训练的大周期是以参加重要比赛获得满意成绩为目标，以运动员竞技状态发展过程的阶段性特征为依据而确定和划分的。

运动员的机体对适度训练负荷会产生生物适应现象，从而使得机体的能力不断提高。运用专门的训练方法及手段，可使运动员在心理和生理两方面都逐渐进入积极动员机体潜力并高度协调工作的状态。

在这种高度动员状态下工作一定的时间，机体的生理潜能和心理潜能均被大量消耗，机体的保护性机制便会发挥作用，首先是提示性的要求，而后是强制性地命令机体不再承受大负荷的训练和高强度的竞赛。运动员的竞技状态下降或消失，经过一段时间的调整和恢复，才能再次投入紧张的训练。在机体的适应性机制、动员性机制以及保护性机制的交替作用下，通过训练、比赛和恢复三个阶段的周期性运行，使得运动员的竞技水平不断得到提高。与运动员竞技状态的形成、保持和消失三个阶段相对应，分别是组织准备时期（或称训练期）、比赛时期和恢复时期（或称过渡期）的训练，并把这一个循环称为一个训练的大周期（见表7-1）。

表 7-1　竞技状态的阶段性发展与周期划分

竞技状态发展过程	生物学基础	训练任务	训练时期
形成	适应性机制：机体对外界刺激的适应性现象	提高竞技能力，促进竞技状态的形成	准备时期
保持	动员性机制：心理/生理能力被释放动员，各系统高度协调	发展稳定的竞技状态，参加比赛，创造好成绩	比赛时期
消失	保护性机制：机体自动停止积极的应激反应	积极恢复、消除心理与生理疲劳	恢复时期

2. 不同数量大周期的安排特点

年度训练过程所包含的大周期数，是反映年度训练过程结构特征的主要内容。通常有单周期（包括单周期双高峰）、双周期和多周期等不同类型。不同的结构类型有着不同的总体规划、不同的比赛系列和不同的训练安排，分别适用于不同的运动专项。

①单周期：全年训练按一个完整的大周期组织实施，称为单周期安排。随着人们训练活动的效率不断提高，在高水平竞技体育活动中，单周期活动安排已经越来越少采用了。

②双周期：全年训练按两个完整的大周期组织实施，称为双周期安排，它包含两个准备时期、两个比赛时期和两个过渡时期。在现代竞技训练中，双周期安排仍是一种常用的年度安排模式。许多项目的运动员可用 2～3 个月的时间做准备，使总体竞技能力或竞技能力的某一个方面（某一特定的素质或技术、战术）发生明显的改变；并在 1～2 个月的时间内参加一系列比赛，把所获得的竞技能力集中到专项需要的方向上去，逐步从心理、生理以及技能，体能等方面培养最佳的竞技状态，在适宜的主客观条件下，把已具有的竞技能力充分地表现出来；再加上半个月至 1 个月的恢复期，总共 5～7 个月的时间完成一个大周期的训练过程。因此，一年便可以安排两个训练大周期。优秀皮划艇运动员大多采用双周期安排。

③多周期：按三个以上大周期组织全年训练的过程，称为多周期训练安排。实施多周期安排的基本条件是，运动员能在 3～4 个月左右的时间内有效地提高竞技能力，并在比赛中充分地表现出来，把提高的竞技能力转化为运动成绩。这就要求有更为科学的训练方法、更为有效的恢复手段以及更为理想的比赛条件，否则就会如同农作物的培植，在条件不足的情况下片面追求多季种植，使总产量反而低于单季或双季种植一样，得不到理想的总体效果。近年来，我国部分优秀皮划艇运动员进行了多周期安排的探索与尝试，取得了成功。

常规大周期与微缩大周期是两种不同的训练大周期。前者通常需要不少于 14 周的时间，要求运动员分别提高不同的竞技能力，进而综合起来，表现为高强度的竞技能力；而后者则主要安排于准备参加重大比赛的 2～3 个月的训练之中，在较短的时间内，运动员集中精力于恢复或提高综合的竞技能力。现代运动竞赛制度的发展要求我们将两种大周期有机地结合起来，根据重要比赛的时间，安排好常规大周期与微缩大周期的合理组合。

（三）大周期训练计划的基本构成模式

1. 训练大周期时间的确定

训练大周期是以成功地参加 1～2 次重大比赛为目标而设计的。其时间的确定通常采用体现目标控制思想的"倒计时"充填式方法，以主要比赛时间为标定点，向回程方向依次确定主要比赛阶段和比赛时期以及完整的训练大周期。这里，我们以总计 14～32 周的常规大周期为例，简述确定训练大周期日程的工作步骤。

①确定主要比赛日期，这是由竞赛日程来确定的。重大国际比赛如奥运会常常在比赛前一年就确定了竞赛日程，以便于运动员有计划地组织训练过程。

②确定主要比赛阶段，围绕着主要比赛日确定主要比赛阶段。在常规大周期中，主要比赛阶段持续 4～6 周，在主要比赛日后约 1 周结束。将主要比赛日安排在主要比赛阶段

的结尾是不正确的，这是因为训练控制稍微不慎，就极易出现参加主要比赛时运动员的最佳竞技状态已然消退的情况。

③确定比赛时期，在主要比赛阶段前面加上一个历时 4～6 周的热身比赛阶段，两个阶段结合起来就组成了比赛时期，总时间为 8～12 周，其间要注意安排必要的热身赛。

④确定整个训练大周期，在比赛时期前面加上 6～12 周的准备时期，后面加上 2～4 周的恢复时期，即构成了一个总时间为 14～32 周的训练大周期。

2. 准备时期的训练计划

（1）训练任务和时间

与运动员竞技状态发展过程的第一阶段相对应，准备时期训练的首要任务就是要提高运动员的竞技能力，并培养和促进竞技状态的形成。

运动员的竞技能力能否获得有意义的提高，是准备时期训练成功与否的第一个衡量标准。通过有计划的训练，可以对运动员的技能、体能、战术能力、心理能力和运动智能的发展产生良好的影响。由于运动员专项竞技能力的结构表现出层次性的特点，它的发展和提高必须由低到高、由一般到专项、由局部到整体逐步实现。因此在准备时期，运动员应着重发展基础性的能力，以便为比赛时期创造优异成绩打下良好基础。

在体能方面，要努力增进健康水平，发展运动素质，并有效地发展身体主要生理系统的功能。如耐力性项目，在准备时期主要改善心血管系统和呼吸系统的功能，发展一般耐力和长距离耐力。在技能方面，单一方面、单一动作结构项目的运动员，应力求改进基本技术，特别是重要的技术环节，如跳高运动员改变助跑距离等。同时，也有充分的时间允许运动员打破旧的动力定型，去改进某些技术细节，如中长跑选手纠正八字脚、跨栏运动员过挡架时控制手臂不过分横摆等。多元动作结构项目的运动员，在准备时期应在进一步熟练和完善基本技术的基础上力求发展新技术。其中，体操、艺术体操、跳水和技巧等表现难、美的项目对技术创新的要求更高，因此这些项目的教练员和运动员在准备时期的开始常常把主要精力放在技术动作的创新上。对于格斗对抗性和隔网对抗性项目来说，技术的改进、新技术的掌握和熟练，都对比赛的胜负起着重要作用。因此，这些项目的运动员通常在准备时期非常重视发展新技术，如乒乓球的发球技术等。同场对抗性的集体球队，在准备时期的技术和战术能力的训练中，首先要着眼于熟练掌握新技术配合所需要的技术基础，然后由个人技术训练逐步过渡到 2～3 人的配合战术训练，再逐步过渡到全队的整体战术训练。

准备时期的时间在一个大周期中通常是最长的。为了更好地组织训练过程，人们一般把准备时期进一步划分为两个或更多的训练阶段。在单周期训练安排中，由于准备期长达 5～6 个月，这一划分就更有必要了。而在这个过程中，训练的特点也从一般到专项、从局部向整体逐渐转移。越接近准备时期的结束，训练的专项化程度越高，训练的整体性也就越强。

准备时期训练的第二个任务是逐步培养和发展运动员的竞技状态。截至准备时期结束时，运动员的竞技状态已初步形成，主要表现在准备时期前期所提高的基础竞技能力开始向专项需要的方向转化和集中。此时，可参加少量比赛，以促进竞技状态的进一步发展。一般来说，为了实现上述两项任务，准备时期的时间不应少于 1.5～2 个月。全年单周期的准备时期可长达 5～6 个月。双周期安排中，每个大训练周期的准备时期又不同，在我国，通常第一个大周期（即冬春大周期）的准备期较长，可达 4～5 个月，第二个大周期（即夏秋大周期）的准备时期常常只有一个半月左右。

过长的准备时间会加大运动员的心理负荷。经过长时间单调、枯燥的训练而见不到训练的成效，会降低运动员训练的兴趣；运动员在训练中所获得的基础竞技能力又不能及时转化为专项竞技能力，影响获得更高的"训练效益"。但如果准备时期的时间过短，训练负荷给予运动员机体的刺激则不足以引起有效的变化，进入比赛时期后，即使运动员能在适宜的比赛条件下充分表现已具有的竞技能力，也只能保持原有的水平而已。

（2）训练方法、手段和负荷特点

准备时期的素质训练，以持续训练法和间歇训练法为主，这两种训练方法的特点是负荷的量较大，强度相对较小。这对于重点发展耐力类运动素质、重点发展有氧代谢的能力是特别有益的（见表 7-2）。

表 7-2　发展素质的不同方法的基本负荷特征

方法		持续训练法	间歇训练法		重复训练法
			高强度	低强度	
负荷	量	大	中大	中小	小
	强度	小	中小	中大	大
	间歇	无	不充分休息		相对充分休息
主要发挥素质		一般耐力 力量耐力	一般耐力 力量耐力 专项耐力 速度耐力		最大力量 快速力量 速度耐力 最大速度

准备时期的技术、战术训练，均以分解法为主。由于拥有较充裕的时间，在破坏了旧的技术动力定性之后，还有时间重新建立起新的技术动力定性，因此，允许运动员对自己的技术动作进行较大的"改造"。运动员首先着力于改进或完善技术中主要存在问题的部分，然后在这一基础上逐步向完善技术过渡。

在战术训练中也是这样。为了掌握和发展新的战术配合，运动员要安排相应的时间进行个人技术训练，以便为配合战术训练做好准备。从战术活动的整体来看，这种预先进行的个人技术训练，也是一种分解练习。这种分解练习主要安排在准备时期进行。

3. 比赛时期的训练计划

（1）训练任务和时间

比赛时期的训练任务包括发展运动员的专项竞技能力和使运动员在比赛中充分表现自己已具有的竞技能力两个方面。

在准备时期训练的基础上，进入比赛时期后运动员应努力发展专项竞技能力。各项目的运动员此时都应把对自己竞技能力影响最大、表现最集中的方面置于训练的首位，把最主要的精力用于发挥这些能力上。比赛时期训练的第二个任务，也是最重要的任务，就是做好充分准备参加比赛，最大限度地发挥自己的已有水平，创造优异的运动成绩，达到全年预定的训练目标。

为了保证训练任务的完成，比赛时期的训练时间一般也不应短于一个半月。运动员要在准备时期训练的基础上进一步发展专项竞技能力，特别是要在比赛中创造优异的成绩，则必须经历一定数量的比赛，才有可能抓住主、客观条件都处于适宜状态的机遇，充分发挥自己的竞技水平。而主客观条件的状态受着许许多多可控的、半可控的和不可控的因素的影响，因此，即使运动员的训练状态十分理想，希望在一次比赛中就提高成绩或打破纪录，成功的概率一般是不高的。当然，为了准备重大比赛，特别是奥运会、世界锦标赛和世界杯这三大比赛，运动员比赛的成败有着重要的社会意义和深远的影响，因此，教练员和运动员都全力以赴，尽最大的努力取得比赛的成功。从计划的安排上要注意做到：①安排好负荷的节奏，使运动员的体能变化在比赛时处于超量恢复阶段；②技术、战术的掌握达到高度熟练和自动化，但又不因过多的专项技术战术练习导致中枢神经系统对专项技术动作的超限抑制和重复泛化；③通过适当的热身赛和其他适宜性比赛，激发运动员强烈的竞赛欲望，而又不因过多的比赛引起运动员的厌烦，以及对比赛的恐惧；④采取各种措施（包括训练的、社会的、宣传的等）激励运动员的进取动机，但又不能造成过高的激活状态。应使运动员保持适宜的兴奋性水平，以求既能最大限度地动员机体的潜力，高水平地参加比赛；又能保持高度的自控能力，有效地排除内外消极因素的影响。

（2）训练方法、手段和负荷特点

为了与准备时期训练方法的特点相联系，比赛时期训练发展体能主要采用重复法，发展技能主要采用完整法，并较多地采用比赛法，以便综合地发展与竞赛密切相关的体能、技能、战术能力、运动智能和心理能力。当然，与此同时，仍要根据需要适当地运用间歇训练法及分解训练法。

在比赛时期，运动员在连续参加了大量比赛的情况下，要特别注意组织好赛间训练。运动员要对自身的竞技状态进行积极的调节，使自己从上一组比赛或上一次比赛的疲劳状态下恢复过来，重新聚集力量，以理想的体能状态投入新的比赛。同时，对上一次或上一组比赛中所发现的问题进行分析，利用短暂的赛间间隙，找到某些在短时间内能有效改善的方面，获得新的训练效果。比赛时期负荷强度大而负荷的量较小，负荷的变化主要表现在训练的速度、强度、负重量增加，而重复次数、训练的时间则明显减少。

（3）比赛期间的指导

①指导运动员做好赛前准备活动。首先是提前90分钟开始做第一次专项准备活动，即直接划，一般为30分钟，约4 000米。如果在比赛场地是只允许赛前45分钟检录之后下水，最好的办法是用陆上轻松跑步代替。其次是陆上准备活动30分钟，包括伸展练习、按摩、放松活动以及赛前检录和器材的最后检查等。再次是赛前30分钟开始进行第二次专项准备活动，包括在途中划、加速划和出发等练习，共25分钟。最后是赛前5分钟在起点裁判船附近轻松划行，随时准备比赛。

②指导运动员在500米和1 000米比赛中合理分配体力。首先是出发与加速划。为了

防止早上乳酸过早堆积，出发与加速划为50米。要求运动员在第一个50米内争取以最快的速度领先。其次是途中划。出发50米后，首要任务是逐渐加到最大的运动幅度，充分注意每一桨的用力和放松效果，一般匀速前进。这是最难做到的，具有很强的控制能力才能处理。途中划应一直保持到离终点100米左右的地方。最后是冲刺划。最后100米左右时，在保持途中划运动幅度的基础上，逐渐加大力量，直至用最大力量划桨通过终点线。要向运动员提示，一旦决定冲刺，就不能减速，要一直冲到终点线。

③指导运动员根据对手特点合理运用500米和1 000米比赛战术。在实力相当的情况下，如果全程战术运用得当，即可战胜对手。一般有两种战术：一种是先发制人。如果主要对手平均速度好，可采用先发制人的战术，即出发和加速划阶段力争主动，领先后立即转入有节奏的途中划，对手不加速自己也不加速，保持略微领先的地位，直到最后全力加速划。另一种是后发制人。如果对手的速度比自己好，全程实力与自己相当，采取前半程按自己的特点划行，并做好前半程落后于对手的思想准备。半程后，一桨一桨加力划。与对手齐平时，运用连续几组加速方法把对手甩到后面。具体办法是，将最后一段距离划分为若干个10桨，自我数数，连续几组10桨地加速划，此方法往往能收到满意的效果。

④指导运动员在长距离比赛中合理分配体力。首先是出发和加速划时必须以最大的努力争取领先位置。其次是转入途中划的最初阶段要保持最快的航速，直到所有艇只处于相对而言稳定的位置时，再选择旁边与自己实力相当或稍强的艇，利用其边浪稳定地跟浪前进，以节省体力。再次是划完最后一个弯道后，采用加速划的方法超过对手。最后是如果自己处在第一名的位置上领划时，可用变速划的方法试探对手的实力。一旦甩掉了对手，则胜利的把握很大；若不能甩掉对手，则要不断调整自己的体力，使自己留有余力，以便最后较量。

4.恢复时期的训练计划

（1）训练任务和时间

运动员在几个月的紧张训练和比赛中，无论心理还是生理上都长期处于高度动员状态，而这种状态是不可能无休止地持续下去的。机体的保护性机制会提出进行休息调节的强烈要求。训练大周期的恢复时期或称过渡时期，就是为满足这一要求而组织实施的训练阶段。

恢复手段可分为自然恢复和积极恢复两种。恢复时期所要求的不是单纯的休息或睡觉式的自然恢复，而是保持一定训练活动的积极恢复。通过负荷内容、量度、组织形式及训练环境的改变，达到从心理上和生理上消除疲劳的目的。

恢复时期的另一项重要任务，是认真总结全年训练的经验与教训，并制订下一年度的训练计划。

恢复时期的时间与训练大周期的长短有着密切的联系。单周期训练安排中的恢复时期，应持续4～7周。双周期训练安排的每一个周期的恢复时期，应持续2～3周。

（2）训练方法、手段和负荷特点

为了达到恢复目的，在恢复时期宜以游戏法、变换法为主进行训练。这些练习能大大提高运动员的兴趣。运动员在新的环境以新的组织形式完成新的内容和练习，中枢神经系统会得到良好的调节，同时又能保持一定的体能水平。

恢复时期训练负荷的突出特点是要降低训练强度，可以根据运动员的具体情况保持一

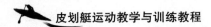

定的量。为此，在训练中多采用持续训练法，如慢速越野跑、较长时间的球类运动、自行车远行和划船等。

复习与思考：

　①皮划艇的训练原则有哪些？
　②如何制订全年训练计划？
　③如何制订周期训练计划和课时训练计划？

第八章　皮划艇运动员专项心理特征的诊断与心理训练

本章目标：

①熟悉皮划艇运动员专项心理特征的诊断方法。

②掌握皮划艇运动员心理训练的基本技能。

第一节　皮划艇运动员专项心理特征的诊断

根据皮划艇项目的特点，皮划艇运动员应该具备的专项心理特征包括运动力量表象的清晰、生动和连续性，精确的速度知觉、时间知觉，准确的用力感，准确的动觉方位感，良好的协调性和平衡感，节奏感，高动作频率感，适宜的神经和气质类型。下面分别介绍这些心理指标的测试与评定方法。

一、运动表象能力的测定

皮划艇运动员的运动表象是否清晰、生动和连续，与其运动技能水平的提高关系极大。研究表明，运动表象能力强的运动员具有较大的发展潜力。测定运动员表象能力的量表有很多，表象技能量表就是一种较实用的测定方法。

二、速度感的测定

速度知觉是皮划艇运动员的重要心理素质，它是运动员准确估计自己的艇速以及能正确使用力量和调节速度所必需的心理素质。速度感的测定可以通过预先指定艇速进行实测，观其误差的大小；也可以先划一段距离，记下时间，然后再复测一次，观其误差的大小，误差值越小说明速度感越清晰、越准确。速度感的测定仪器是电子秒表。

三、用力感的测定

皮划艇运动员对艇行进过程中平稳性的控制以及对艇行驶速度大小的控制都是通过运动员身体各部分肌肉协调用力来完成的。准确的用力感是优秀皮划艇运动员必备的心理素质。用力感的测试仪器是握力感测量仪（自制）。

四、动觉方位感的测定

皮划艇运动员双臂和腿部运动的方位和角度直接影响着船行驶的方向和平衡性。研究表明，优秀皮划艇运动员的动觉方位感明显优于非优秀运动员。动觉方位感的测定仪器是动觉方位测量仪（自制）。

五、协调性和平衡感的测定

协调性也是皮划艇运动员的一项重要素质。皮划艇运动员的协调能力可以用动作神经过程测试和测量。皮划艇运动员的平衡感是指运动员对艇的平衡状态的感知能力和调整能力。平衡感可用测力平台或单足平衡的观察来测量，从测试结果的观察中可以选出身体稳定性好的运动员。此外，教练员还可以根据自己的实践经验，实地考察皮划艇运动员的协调性和平衡感。

六、节奏感的测定

由于皮划艇运动项目的比赛距离较长，时间也相对较长，因此运动员划船的节奏就显得更为重要。没有合理的节奏分配就很难做到最佳体力节约，即使是采用变节奏战术的运动员同样也需要具备良好的节奏感。皮划艇运动员节奏感的测试仪器是心理测试专用计算机。

七、动作频率感的测定

动作频率是影响皮划艇运动员速度素质的重要因素，而运动员的动作频率是受大脑神经动力特征制约的，具有先天的遗传性。因此，在对优秀皮划艇运动员的选材中，动作频率高的运动员表明其先天遗传素质较好。运动员摆臂与抬腿的动作频率感及最高动作频率的测定仪器是光电计数器、起动反应仪及配套仪器。

八、神经类型和气质类型的测试

皮划艇运动员的神经类型和气质类型主要是由遗传决定的。皮划艇运动员适宜的神经类型以稳定型、亚稳定型为好，气质类型以黏液质与多血质为好。神经类型的测试可选用80.8神经类型测试法，气质类型可用气质量表加以测试。

第二节　皮划艇运动员的心理训练

一、皮划艇运动员心理训练概述

（一）心理训练的意义

在现代运动训练体系中，心理训练以充分挖掘和发挥人的心理潜能为宗旨，努力促进运动员心理品质的发展和完善，使运动员学会调控自己的心理状态。

心理训练有助于皮划艇运动员心理品质的发展，保持心理稳定；有助于皮划艇运动员掌握运动技能，形成技巧，增强自信心；有助于皮划艇运动员克服消极的情绪状态，形成最佳竞技心理状态，充分发挥运动潜能；有助于皮划艇运动员消除疲劳，恢复体力，调控心理能量。

（二）皮划艇运动员心理训练的原则

以运动员的生理机能为基础，使其达到最佳和稳定的成绩。运动员获得成功的心理品质并非遗传能力，而是通过系统训练可以获得的心理技能。心理训练应与运动员的身体训练、技术训练和战术训练相结合，充分认识运动员的个体差异，培养运动员的自我责任感。

（三）皮划艇运动员心理训练的内容

皮划艇运动员心理训练的内容主要包括表象技能、集中注意技能、紧张应激控制技能、目标设置技能和心理能量控制技能等心理技能。这些基本的心理技能是相互联系的，一种技能的提高有助于另一种技能的发展。例如，表象技能有助于集中注意技能的发展，而集中注意技能又影响到表象技能的发展。

（四）妨碍皮划艇运动员心理训练的主要因素

对皮划艇运动员心理准备的重要性缺乏认识，不了解心理训练的内容，不知道心理训练的程序与方法，所有这些都是皮划艇运动员心理训练的障碍，不利于心理训练工作的顺利开展。

二、皮划艇运动员目标设置技能训练

众多的运动实践表明，有效地设置目标可以帮助运动员提高技术动作完成的质量，提高训练的质量，使训练更加明确和更具有挑战性，从而减少训练的枯燥感。同时，还能促进运动员内在成就动机、自豪感、满意感和自信心的增强。

（一）目标设置的原则

①设置表现目标，而不是结果目标。我们可以把目标分为结果目标和表现目标。所谓结果目标，是指把比赛的胜负结果作为追求的目标，例如赢得锦标赛的冠军。而表现目标，是指将技术动作的具体行为表现作为追求的目标，例如500米单人皮艇划1分41秒的成绩，比赛过程中注意划桨的力度和角度。之所以要设置表现目标而不是结果目标，是因为表现目标比结果目标具有更大的可控性。运动员往往比较容易控制自己的运动技术表现，但是却难以控制比赛的结果。

②设置既现实又具有挑战性的目标。为了保证目标的挑战性与现实性，设置梯级目标的方法是一种较实用的方法。其具体步骤：第一，确定将争取实现的最终目标；第二，确定完成某一特定任务的基础水平；第三，列出数个指向实现最终目标，并且难度逐渐增大的目标。

③设置具体的目标，而不是一般的目标。教练员的任务就是帮助运动员将一般的目标具体化，并帮助他们从一开始就设置具体的目标。具体的目标之所以比一般目标更加有效，在于具体目标显得更加精确而不模糊，它清楚地将期望传递给运动员。教练员在设置目标时应尽量将目标数量化，并严格限定时间和具体的标准。例如，要提高皮划艇运动员的有氧能力，可以在限定30分钟内，要求运动员在心率150次/分钟的状态下，跑步的距离由5 000米提高到6 000米。

④注重短期目标与长期目标的结合。通过一系列短期目标的实现以达到长期目标的最

终实现。在实现长期目标的过程中，具体而又具有挑战性的短期目标为教练员提供了大量奖励运动员达标的机会。短期目标还有助于运动员明确为实现目标自身所存在的具体问题，进而有助于教练员调整训练计划，以满足每个运动员的迫切需要。

⑤个人目标与全队目标的结合。目标设置的重点应该放在个人身上，而不是集体的目标上。实际上，如果每个队员都为个人目标的实现而努力，个人的技能水平就会提高，全队成功的可能性也会增加。教练的责任就是将每名运动员的个人目标与全队的目标结合起来。在皮划艇多人艇的训练中，有的教练员只注重多人艇的训练，而忽视个人单人艇技能水平的提高，这实际上对多人艇成绩的提高是不利的。

（二）目标设置的步骤

①任务分析：在任何目标设置工作的开始，确定好成功实现目标过程中的关键技术和能力是至关重要的。例如，皮划艇训练中确定起航和途中划各自所需要的技能，对提高成绩是很必要的，同时，在多人艇的训练中不同的桨位相应也有不同的技能要求。

②测量动作的完成：在确定与成功有关的技能之后，就是将这些技能的完成情况进行量化的测量。测量技能的完成是设置客观可测量目标的基础。例如，要提高皮划艇1 000 米的成绩，主要体现在提高匀速与耐力上，那么，在具体设置目标的过程中，可以将 1 000 米分成 4 段（每段 250 米）进行计时，通过计算每一段的时间差值来评定运动员的成绩提高状况。

③设置目标：教练员在制定具体而有挑战性的目标的过程中，应当同时让运动员明确实现这些目标的时间限制。与此同时还要让运动员明白目标是为他们而定的，而不是为教练员制定的。这将有助于他们明确教练员的整个训练意图，同时也将极大地增加他们对自己行为的责任感，使运动员从"要我训练"的被动状态，转变成"我要训练"的主动状态。

④目标分级：面对多个目标时，运动员应当根据目标的重要性将目标分级。

⑤目标协调：对于皮划艇多人艇项目的训练，设置的目标只有通过集体中每个运动员的任务与其他运动员的任务相互协调才能实现，教练员应当安排好个人训练与多人艇配合的训练时间。

三、皮划艇运动员的表象技能训练

（一）表象技能训练的内容

1.感觉觉察训练

为了提高皮划艇运动员的表象能力，关键是让他们能够觉察到自己在划艇过程中所出现的各种感觉。运动员需要感觉到划艇时身体各个部位所处的位置、动作幅度的大小、节奏的快慢、动作的连贯程度、方向的变化，以及各种实际的身体姿势等。

提高运动员感觉觉察能力的最好方法是专注技术，这种技术要求运动员将注意力集中在动作上。运动员可以通过放慢动作的节奏来专注动作环节，使运动员对动作的各种感觉更细致、更清晰。

在进行专项觉察能力训练之前，必须对运动员进行基础感觉觉察能力的训练，这有助于运动员体会自身的运动感觉。基础感觉觉察能力训练所采用的专注技术是行走感觉练习。

在表象技能的基础觉察能力练习后，运动员可以结合皮划艇运动专项的特点进行专项感觉觉察练习，这种练习的关键是要做本项目的专注练习。例如，划艇的划桨技术动作可分为入水、拉桨、转桨、出水及恢复五个部分。在专注练习中，可让运动员缓缓地完成整个划桨动作，集中注意体会每一阶段的具体的运动感受，同时，在完成整个划桨动作中体会动作的快慢节奏变化。

2. 清晰性练习

清晰性是表象中所有感觉的清晰程度。表象清晰性训练的基础能力的练习方法，可以从运动员所熟悉的环境入手，要求运动员自己对指导语的描述进行表象练习。每次做完练习后，要求运动员对自己表象时各种感觉体验的清晰性程度按 1 至 5 的等级评分。每次表象后的自我评定有助于了解运动员表象练习的提高状况。通过基础的清晰性练习之后，在运动员表象的清晰性程序有所提高的基础上，就可以进行专项的清晰性练习。

专项清晰性练习的具体步骤：①以唤起视觉表象作为整个表象训练的开始；②逐渐地增加所唤起的感觉种类；③先从静态的表象开始，再逐渐过渡到动态的表象中去；④先从简单的技能开始表象，再逐渐过渡到更为复杂的技能上去。教练员可以首先要求运动员按照以上步骤编写专项清晰性练习的指导语，然后要求运动员记住所描绘的各种感觉加以表象练习。

3. 控制能力的表象练习

当表象的清晰性能力得到提高之后，运动员就需要提高控制自己表象的能力。表象训练的目的就是让运动员能够随意自如地操纵、塑造和推动表象。

能够改善控制能力的基础表象练习有比率变化练习、上臂沉重感练习以及冰水练习等。比率变化练习是对所熟悉的人物形象做从小到大以及从大到小的想象变化的表象的视觉控制练习。上臂沉重感练习是体验手臂抬物的重量由轻到重以及由重到轻的表象变化动觉控制练习。冰水练习是脚踝部的体温由冷至热以及由热至冷的表象变化的温度控制练习。

根据基础表象控制训练所介绍的几种练习，再让运动员自己创造适合于皮划艇项目的一系列控制性练习。这些练习包括动作的连续程度和开始及结束的各个环节，要求运动员逐一写出这些练习表象的指导语。

（二）进行表象技能训练的基本条件

只有遵循下列条件才能更好地达到表象训练的效果。

①适宜的环境：在运动员开始训练表象技能时，应当选择一个安静、舒适和不受干扰的环境进行基础的表象练习。当运动员的表象技能得到发展时，他们就可以尝试在比赛中，或者在任何有干扰和喧闹的环境下使用表象技能。

②放松的注意状态：放松技能是表象技能中心的一个重要组成部分。在每次做表象练习之前，运动员都应该完全地放松。因为当身体处于紧张状态时，会抑制表象进而影响到表象练习的质量。

③正确的态度和期望：在表象训练过程中，运动员常常经过几天的练习就能显著地提高他们的表象技能，这是因为他们原来的表象能力很差，因此开始训练的一段时间显得进

步快，但是，一段时间后进步速度就可能慢下来了，因此运动员对表象技能的期望也应当持现实的态度。

④系统的练习：表象技能练习的质量要比练习的数量更加重要。错误动作表象出现的次数越多，那么危害也就越大。在表象技能训练的过程中，应当连续记录表象练习的情况，这对于训练的系统性、计划性，以及今后表象训练方法的选择和改进都是有帮助的。

四、皮划艇运动员的紧张应激控制技能

（一）紧张应激的成因

导致运动员紧张应激的因素主要包括环境、认知和唤醒三种。这三种因素以两种形式导致运动员的紧张应激。

第一种形式的紧张应激是外部环境—唤醒—消极思维—紧张应激。

例如，当运动员进入比赛场地时，感到肌肉紧张、心跳加快等，如果运动员将这一生理唤醒与以往失败的经历联系在一起，认为"一比赛就紧张了，这次肯定又发挥不好"，这就是一种消极思维，这样就会导致运动员的整个生理、心理产生变化，出现紧张应激。

这种形式的紧张应激通常是对环境刺激的一种反射性反应，而运动员的认知则是刺激反应的中介。面对一定的环境刺激，如比赛中突然出现了狂风大浪，运动员如果采用积极的思维方式，例如"赛场条件对大家都是一样的""我早就专门在大风大浪中进行过针对性训练，这次不会影响我水平的发挥"，就不会导致紧张应激。但运动员如果采用消极的思维方式，如"糟了，我最怕的就是起风起浪"，就会导致紧张应激。

第二种形式的紧张应激是外部环境刺激—消极思维—唤醒—紧张应激。

出现这种形式的紧张应激时，消极思维产生在唤醒之前，是先有消极思维，然后才出现生理唤醒。运动员的紧张应激通常表现为这种形式。例如，当运动员与实力强的对手比赛时，如果认为自己没有取胜的把握，又将无功而归，就会导致生理唤醒水平升高，心跳加快，膝关节颤抖，肌肉紧张，出现紧张应激。

（二）皮划艇运动员紧张应激控制的基本方法

控制紧张应激的基本方法包括环境控制、身体控制和认知干预。

1. 环境控制的方法

环境中的各种刺激常常是引发运动员紧张应激的导火线。如赛场的陌生、竞赛形式的隆重、天气的变化、某个对手的参赛，甚至某些在一般人看来微不足道的刺激因素都可能引发运动员的紧张应激。通常运动员认为不确定的或重要的环境刺激都易导致紧张应激。

面对环境刺激，我们虽无法改变其存在，但可以通过控制降低其不确定性，淡化其重要性，消除其不良影响。

（1）回避不良刺激

对于那些易引起运动员紧张应激的不良环境刺激进行控制的常用方法，就是尽可能回避不良环境刺激，使运动员不接触到这些刺激。

（2）环境适应性训练

运动员身临其境地体验赛场环境，预先暴露于某种刺激环境，可以减少环境刺激的不确定性和重要性，增强对环境的适应能力，减轻和消除紧张应激。运动员可以在赛前就到

达赛场,事先熟悉竞赛程序和赛场条件,以适应各种环境刺激,也可以赛前针对赛场环境条件进行模拟训练。

(3)系统脱敏

系统脱敏是一种行为矫正方法,其主要特点是一步一步地逐渐消除运动员的紧张应激。当运动员面临某种引起紧张应激的刺激时,让运动员以一种放松的状态来抑制或消除紧张应激。

系统脱敏的一般步骤:①列出引发紧张应激的环境刺激。②运动员对这些刺激强度进行等级排序。③运动员进行放松训练。④用放松状态去抑制或消除由弱到强的各种刺激所引起的紧张应激。

2. 身体控制方法

无论是从紧张应激的产生过程看,还是从紧张应激的表现看,躯体变化都是一个十分重要的因素。对于紧张应激中的躯体因素,一般可采用身体控制方法。特别是对于第一种形式的紧张应激,身体控制的方法尤为有效。

通过身体控制来消除紧张应激的最常用的方法就是放松训练,包括神经肌肉渐进放松、表象放松和生物反馈放松训练等方法。

(1)渐进放松

渐进放松的核心就是依次紧张然后放松某一肌肉群,最后达到全身肌肉放松。

渐进放松可分为 16 组肌群渐进放松、7 组肌群渐进放松和 4 组肌群渐进放松等,一般从 16 组肌群开始。如果每周练习 3 ~ 4 次,那么一般进行 4 ~ 6 周的训练,就可学会放松技能等。掌握放松技能后,可在紧张应激前或紧张应激时进行放松练习以达到控制紧张应激的目的。渐进放松训练的具体紧张活动方法见表 8-1。

表 8-1 渐进放松训练

肌群	紧张活动
手和前臂肌	握紧拳头
上臂肱二头肌	将肘关节向下抵住一个平面并朝向自己
面上部	尽力提眉
面中部	闭眼皱鼻
面下部	咬牙
颈部	将下巴靠近前胸
胸、肩、背部	深吸气,保持住,同时双肩后缩
腹部	尽量快速收缩腹部肌肉并保持住(好像有人用拳向腹部猛击一下)

续表

肌群	紧张活动
大腿和腹部	直腿，慢慢地抬起并保持住
小腿和踝部	脚尖用力勾，保持住
脚	脚尖内翻，同时用力屈脚尖

（2）表象放松

表象放松训练是运动员自己想象通常使他们感到非常舒适惬意的环境，并想象自己正身临其境，以此来达到放松的效果。

在进行表象放松训练时，开始应在平静的状态下进行，然后逐步增加紧张应激体验。表象放松训练一般可分为以下几个步骤：

第一步，调整身体，保持一种舒适的身体姿势。

第二步，调节呼吸，先深吸一口气，然后慢慢地呼出。

第三步，想象一个惬意的场景。

第四步，体验并记住完全放松时的感受。

（3）生物反馈放松训练

生物反馈放松训练是借助生物反馈仪（肌肉反馈仪、皮温反馈仪等）把运动员的生理信息传递给运动员，使其经过反复练习，学会调节自己的生理机能和心理活动，以达到身心放松的训练方法。这种放松训练借助于仪器对生理信息的监控和表象放松相结合，达到较为理想的放松训练效果，但这种训练一般要经过较长时间的反复练习才能掌握。

为了有效地进行生物反馈放松，需要进行专门的训练。不正确地使用仪器或对结果的错误解释都会影响到训练的效果。

3. 认知干预方法

由于运动员的紧张应激主要是由于运动员不合理的消极思维所引发的，因此，紧张应激的认知干预就应帮助运动员消除消极思维，建立积极思维，以合理的信念代替不合理的信念，从而达到控制和消除运动员紧张应激的目的。认知干预主要包括以下三个基本步骤。

第一步，识别消极思维或不合理信念。消极思维或不合理的信念一般都有三个基本特征，即绝对化的要求、过分概括化和糟糕至极。绝对化的要求通常是和"必须""应该""肯定是"等字眼联系在一起的。例如，"我这次必须拿第一名""裁判必须公正执法""观众应该为我喝彩"等。过分概括化常与"完全""肯定"等字眼相联系。例如，"上次比赛时风较大使我发挥失常了，这次如果起风我肯定又发挥不好""只要我拿不到奖牌，我便一无是处，一钱不值"。糟糕至极是认为某事一旦发生，就会导致消极后果的一种想法。例如，"我昨天晚上睡眠不好，这对我今天的比赛来说是再可怕不过的事了""如果我这次又发挥不好，我就无脸见人了"。

第二步，明确紧张应激是由消极思维引起的。

第三步，改变运动员的消极思维。运动员除了自我发现消极思维存在以外，还可采用以下方法。①思维刹车（思维阻断）：思维刹车依赖于运动员对消极思维的意识和自控能力。一旦认识到消极思维的存在，就自觉地中断消极思维，而代以积极的思维。为了有效建立积极的思维，可采用心理暗示或变换谈话法，建立起积极的自我谈话，消除消极思维。②合理情绪疗法：如果运动员的消极思维根深蒂固而不能采用思维刹车等其他方法来消除消极思维、建立积极思维时，可采用合理情绪疗法。通过与不合理信念辩论来消除消极思维，建立起积极的思维，从而克服紧张应激。

五、皮划艇运动员的注意技能

人们都知道在活动中要"集中注意"，原因是它对皮划艇运动员技术的发挥具有重要意义。注意技能是顺利完成活动的又一种重要的心理技能。注意是心理活动或意识对一定对象的指向和集中。指向是指运动员能从众多的现象或刺激中选择出某种刺激作为心理活动的对象，以便进一步反应并使人的各种活动朝向该对象；集中则是指运动员能对被选择出来的对象进行进一步的加工处理，使心理活动的对象的反应持续一定程度的深入。

（一）皮划艇专项对运动员注意的要求

注意对任何运动专项都是极为重要的，它不仅是技能学习和提高的必要条件，而且也会影响到运动员的竞技水平的发挥，但不同的专项对运动员注意的具体要求不尽相同。皮划艇专项对运动员注意有以下要求。

①狭窄的内部注意与狭窄的外部注意相结合的注意类型。注意类型虽无好坏之分，但不同的注意类型适宜于不同的活动。如果注意类型与所进行的活动相适应，便具有积极意义，否则就会妨碍活动的完成。

广阔的内部注意适用于综合分析和全盘计划，广阔的外部注意适用于了解和评价外界环境；狭窄的内部注意适用于心理演练，狭窄的外部注意适用于完成具体的动作。皮划艇运动是一种封闭性技能，运动员完成动作主要靠自己根据内部信息进行自我调控，环境因素的控制作用相对较弱，而且技术动作的变化不十分频繁。因此，皮划艇运动要求运动员具有狭窄的内部注意与狭窄的外部注意相结合的注意类型。

②注意可控性因素。皮划艇运动员所注意的因素中，有些因素是运动员可以控制的，而有些因素则是运动员无法控制的。一般来说，自己是可控的，他人是不可控的；当前和现在是可控的，过去和未来是不可控的；动作是可控的，比赛结果是不可控的。

注意指向和集中于可控性因素，能提高注意的效率，保持注意稳定集中；而注意指向和集中于不可控性因素，则会导致注意力分散、精力耗损和自我挫败。因此，皮划艇运动员应将注意和指向集中于自己的技术动作、自己当前的准备等可控性因素，而不应该注意那些不可控的如别人的评论、对手的准备活动、其他参赛艇舵手的口令、观众的反应上次比赛的失败情境和这次能否成功等因素。

③合理利用注意智源，防止信息过载。认知心理学认为，注意力是人的信息加工能力。运动员的这种信息加工能力是有限的，或者说运动员的注意智源总量是一定的。当运动员将注意指向和集中于某一对象时，就要消耗一部分注意智源，这就会限制对其他信息的注意分配。过多的信息会使注意智源耗竭，导致注意分散，使注意效率降低。

（二）发展皮划艇运动员注意技能的方法

①采用心理暗示的方法调节注意的指向。皮划艇运动员在注意对象的选择上应注意那些可控制因素，但在实际中，运动员常常难以将注意指向自己可控的刺激。为此，可采用心理暗示来调节运动员的注意指向。在紧张激烈的比赛中，可用一定的暗示语来调节注意。例如"你划你的，我划我的，以我为主"和想技术、想动作等。

②表象训练。任何表象技能训练都有助于提高运动员的注意技能，因为表象事实上是集中注意的另一种形式。

③单腿站立。此方法是一种通过单腿站立，两臂平伸（与肩同高），逐渐地将腿抬高，闭上眼睛并努力保持平衡的练习来发展运动员注意集中能力的方法。

④找数练习。在 100 个小方格中随机地写 1 ~ 100。要求运动员在一分钟内尽可能多地按一定要求找出数字。运动员经常进行这种练习可提高注意技能。

六、皮划艇运动员的心理能量控制

身体能量和心理能量是相互联系的，运动员的最佳竞技状态需要身体能量与心理能量的和谐统一。

（一）心理能量的概述

心理能量是指心理活动的力量、活力和强度，它与运动员的动机和激活紧密联系。

运动员的心理能量同其他大多数心理品质一样，具有一个由低到高发展的连续过程。运动员心理能量的充分动员（高心理能量），表现为头脑清醒、兴致勃勃、注意集中、反应及时准确、信心十足和力量倍增；运动员心理能量不足（低心理能量），表现为注意不集中、思维迟钝、反应迟缓、意志力差和信心不足。运动员的心理能量与运动的紧张应激不是同一概念。紧张应激随着心理能量的提高而增强。这一偏见一直妨碍着对运动员心理能量的正确调控。实际上，紧张应激和心理能量是两个独立的维度。高心理能量既可能伴随高紧张应激，运动员表现为焦虑和愤怒，也可能没有紧张应激，运动员表现为兴奋和愉快；低心理能量既可能无紧张应激，运动员表现为放松、昏昏欲睡，也可能伴随高紧张应激，运动员表现为厌烦和疲劳。

在皮划艇运动中，运动员的心理能量太低不利于竞技能力的发挥，高心理能量倾向于促进竞技能力的发挥。但是，如果运动员的高心理能量伴随着高紧张应激，那么也会妨碍竞技能力的发挥。运动员的心理能量维持在一个最佳的区域——最佳能量区域，既要克服心理能量过低，心理激活不够；又要防止心理能量过高而出现高紧张激活，导致心理失控。

（二）皮划艇运动员心理能量的控制

1. 最佳心理能量区

为在比赛中充分发挥运动水平，皮划艇运动员应注意发现自己的最佳心理能量区，并努力把心理能量维持在最佳心理能量区。运动员处于最佳心理能量时，会全神贯注并陶醉于所从事的活动中，没有自我褒奖或自我责备，没有前忧后虑，动作自如，得心应手，出神入化。

①运动员的注意完全集中在动作和表现上，专注程度大大提高。

②运动员完全集中在活动对动作的要求上，此时不存在动作完成好坏的评价，也不存在任何对比赛结果的关心。

③运动员感到对动作控制自如，得心应手。

④运动员能够获得关于自己活动的非常清晰明确的反馈信息。

维持最佳心理能量区虽是一个能量调控技能，但同时也依赖于运动员其他心理技能，如紧张应激控制技能、注意集中技能的掌握和提高。

2. 心理失控

皮划艇运动员在能量调控过程中易出现心理失控。心理失控常出现在运动员心理能量很高，但同时紧张应激也很高的时候。

心理失控使运动员的心理能量偏离最佳心理能量区，破坏运动员出神入化的运动境界。运动员对自己熟练的动作或心理活动的过多分析常导致心理失控。例如，一名运动员如果在划得得心应手时总是考虑自己是怎样完成这些似乎毫不费劲的动作，就易出现心理失控。教练员指导不当也会导致运动员心理失控，破坏运动员出神入化的状态。

3. 心理激活

如果说破坏运动员出神入化的状态可以称为心理失控，那么，心理激活就是提高运动员达到出神入化境界的可能性。下面这些建议为运动员提供了达到出神入化境界的机会。

①当运动员体会到竞赛的难度与他们的技能水平一致时，他们就更有可能进入出神入化的状态。出神入化或最佳能量区域是处在两种紧张应激区域之间的狭长地带。

②教练帮助运动员将他们的注意更多地集中在活动本身，让他们的身心全部投入比赛过程中去。教练在训练中不要过多地指手画脚，在比赛中做一个沉默的伙伴，给运动员创造一些实际练习的机会。

③教练帮助运动员将注意集中到当前的活动中，教会他们把对过去的或将来的考虑放在一边。运动员常常难以摆脱过去的一些事情，总是考虑已有的过失，或者计划太早，对比赛结果担忧。

④运动员应该适当保持身体上的放松和心理上的机警。如果运动员太放松，心理上就会漫无目标；如果他们太紧张，心理上又会产生忧虑。身体上的放松和心理上的机警是进入出神入化状态的理想条件。

⑤制定一些准备比赛的程序。它们可以提高运动员集中自己的注意的能力，同时也是与自信心相联系的。准备器械、热身、准备开始和完成动作等，都应有一套相应的程序。临赛前的程序对达到最佳能量区域是非常有帮助的。

⑥运用想象技术，体验出神入化状态前的一些感觉，然后把这些感觉转移到即将到来的比赛中去。

⑦出神入化的状态只有在运动员的引导下才能产生，而不是试图强迫它产生就能产生，仅靠蛮力的比赛是难以达到预期目标的，出神入化还需要技巧。运动员试图强迫自己进入出神入化的状态，肯定是难以奏效的。心理激活是一项长期的工程，是一项与为了在比赛中取得优异成绩而发展身体技能同样艰难的工作。

复习与思考：

①优秀皮划艇运动员应具备哪些专项心理素质？

②如何在皮划艇训练中运用目标设置技能？

③表象技能对皮划艇运动员的比赛和训练有何帮助？

第九章　皮划艇运动员赛前竞技状态的调控

本章目标：

①了解竞技状态形成的机制。

②掌握最佳竞技状态的调控方法，了解保持和发展最佳竞技状态的注意事项。

第一节　竞技状态的形成

竞技状态是指运动员创造优异运动成绩时所处的最适宜的准备状态。所谓"优异运动成绩"，是对运动员本人最佳运动成绩而言的；所谓"最适宜的准备状态"，是对运动员本人赛前训练的准备程度而言的。也就是说，准备得越充分、训练程度越高，参赛时创造本人最佳运动成绩的可能性就越大。

竞技状态的形成与发展是一个连续的发展变化过程，主要包括以下几个阶段。

第一阶段：初步形成竞技状态阶段（获得阶段）。这个阶段的主要任务是通过对决定竞技状态的各种竞技能力的训练，初步形成竞技状态。这个阶段又分为两个小的阶段，前一阶段为"形成竞技状态的前提条件阶段"，后一阶段为"初步形成竞技状态阶段"。前一阶段为打基础阶段，着重对体能机能、素质、心理和精神等竞技能力进行全面的训练和调控；后一阶段是在前一阶段的基础上，初步形成竞技状态，并在这一阶段的后期可以获得一些优异的运动成绩。

第二阶段：进一步发展和保持竞技状态阶段（相对稳定阶段）。这一阶段的主要任务是进一步发展和保持竞技状态，并使运动员在参加重大比赛前，通过赛前调控和热身赛等手段，达到最佳竞技状态，在比赛中创造最优异的运动成绩。从总体看，在这个阶段中，已形成的竞技状态保持相对的稳定。但实际上，围绕着参加一些重要的比赛往往形成几个竞技状态的波峰，而最佳竞技状态会出现在此阶段中最重大的比赛中。

第三阶段：竞技状态暂时消失阶段。此阶段中，竞技状态暂时消失，运动员进入调整和休息阶段，并为进入下一次竞技状态周期做好准备。

一、竞技状态的形成因素

竞技状态是由承受最大负荷的体能潜力及其恢复速度，神经肌肉的协调能力所决定的技能、心理、智能和神经控制能力等因素构成的。这些因素又分为稳定和不稳定两类。

（一）稳定类因素

稳定类因素主要指运动员机体在形态、生理、生化和心理方面的状态。由于这些指标都是通过较长时间形成的训练适应，因而相对说较为稳定，不易消失，即使几天甚至几周不训练，也不会有明显地、大幅度地下降。这些因素主要为形成最佳的体能和心理能力，以及神经、肌肉能力所决定的动作技能打下良好的基础。

（二）不稳定类因素

不稳定类因素主要指中枢神经系统的工作能力。这种能力主要表现为中枢神经系统能高度兴奋、集中和紧张，以及兴奋与抑制能有效地转换，并很容易受外界因素的影响而发生迅速的变化，甚至一天内也会发生变化。这类因素对临赛前竞技状态的形成以及短期和瞬时竞技状态的形成与调控影响极大。

这两类因素虽有不同，但却紧密相关。人的运动器官和各内脏器官的工作主要是由中枢神经系统支配的，中枢神经系统的高度兴奋和紧张将促使运动员更有效地表现出自己的力量、速度和意志品质。因而，只有在这两方面因素都处于较高水平时，运动员才有可能形成良好的竞技状态。由于对高水平运动员来说第一方面因素通常是较为稳定的，因而赛前几天竞技状态的好坏，往往要由训练水平的第二方面因素，即中枢神经系统的工作能力所决定。

由于长时间（如数周内）保持高度的神经兴奋与紧张会导致神经活动受挫和神经系统的功能衰竭，因而在一般性比赛前，只需保持神经系统良好的工作能力即可。只有在重大比赛前，才有必要和可能达到神经系统的最高工作能力，从而形成最佳的竞技状态。

二、竞技状态的表现方式

从不同的角度分析，竞技状态有各种不同的表现方式。

（一）长期、中期、短期和瞬时竞技状态

从竞技状态表现的时域特点来划分，可分为长期、中期、短期和瞬时竞技状态。

"长期竞技状态"是指在多年和年度训练中竞技状态的平均水平或最高水平。"多年训练竞技状态"主要指多年训练周期中，每个年度训练的竞技状态的发展变化状况。"年训练竞技状态"是指年训练周期中三个主要训练期（准备期、竞赛期和休整期）里竞技状态的发展变化情况。多年训练的最佳竞技状态一般是重大比赛所在年份，而年训练中的最佳竞技状态，则在全年训练周期中的比赛期。

"中期竞技状态"是指年训练中的每个训练时期和训练阶段（即中周期）里表现的竞技状态。各时期竞技状态中的最佳竞技状态往往表现在比赛期里最重大比赛所处的训练阶段，如比赛期里的比赛中周期训练阶段。

"短期竞技状态"是指各阶段中周期训练里的各小周期训练中和小周期里的各日训练中表现的竞技状态。短期训练中的最佳竞技状态往往表现在比赛中周期里的比赛小周期和比赛小周期里的比赛日中。

"瞬时竞技状态"是指日训练中的训练课和临赛前及比赛进行中所表现的竞技状态。日训练中的最佳竞技状态往往表现在每日上午9～11时、下午3～5时和晚上7～9时，尤其是下午3～5时，而训练课中的最佳竞技状态多表现在一次训练课基本部分的中间和后半部。

越是长期的竞技状态越稳定，越是短期的竞技状态越不稳定，可变性和可调性也越强。

（二）个体与集体竞技状态

从竞技状态表现的对象来划分，可分为个体竞技状态和集体竞技状态。

"个体竞技状态"是指一个运动员个体所表现出的竞技状态。传统的竞技状态主要是指个体竞技状态。

"集体竞技状态"是指在集体运动项目中，由若干个运动员个体组成的一个运动员群体，由于相互间的联系而表现出的整体群落系统的竞技状态。这种竞技状态不仅取决于群体中的每个个体的竞技状态，而且还取决于该群体每个个体之间竞技能力及其表现方式之间的最佳联系。例如，在多人艇比赛中，运动成绩不仅取决于每个运动员的竞技状态的好坏，而且还取决于他们之间通过技术与心理和精神上的相互配合和激励所形成的一种集体竞技状态的好坏。

（三）一般与专项竞技状态

从与专项的关系来看，可分为一般竞技状态和专项竞技状态。

"一般竞技状态"是指运动员一般训练水平的高低所表现出的竞技状态，而"专项竞技状态"是指运动员专项训练水平的高低所表现出的竞技状态。专项竞技状态直接影响到专项成绩的好坏，但专项竞技状态又是以一般竞技状态为基础的。最佳竞技状态实际上是运动员在一般竞技状态与专项竞技状态上所表现出的最佳状态的综合。

（四）局部与整体竞技状态

从竞技状态的构成因素的数量来看，可分为局部竞技状态和整体竞技状态。

"局部竞技状态"是指机体中某一局部构成因素上的竞技状态表现。

"整体竞技状态"是指各构成因素在实现相互联系后所表现出的总体竞技状态。整体竞技状态常用专项成绩或各局部指标的综合参数来表示，而局部竞技状态则用反映该局部因素的指标的参数来表示。

（五）体能，技能，智能，思想、心理和精神竞技状态

从竞技能力和竞技状态的构成因素来划分，可分为体能，技能，智能，思想、心理和精神竞技状态。每种竞技能力的竞技状态都有不同的表现，都从某一个方面去影响整体竞技状态的形成和表现水平。

"体能竞技状态"是指运动员机体的生理机能、体力、素质和健康等身体能力所表现出的竞技状态。具体表现为运动员承受各种负荷的能力和承受负荷后的恢复速度。常用各生理和生化素质等指标的参数来表示。

"技能竞技状态"是指在神经、肌肉系统支配下掌握和发挥出的动作技能状态。具体表现为反映各种动作技能的指标。

"智能竞技状态"是指运动员的智力能力所表现出来的竞技状态。主要表现为掌握动作的速度，对教练员各种指令和讲解的理解和接受能力，自我分析、自我调控和应变能力等方面的竞技状态。

"思想、心理和精神竞技状态"是指运动员在训练和比赛中的思想、心理、作风、意志品质和精神面貌等方面所表现出来的竞技状态。往往表现为稳定的心理状态、强烈的自

我实现需要、顽强的意志品质、强烈的比赛欲望、兴奋性与紧张性和必胜的信心等方面的竞技状态。

（六）运动员和教练员竞技状态

运动训练控制系统是由运动员和教练员两方面构成的，因而不但存在运动员的竞技状态，而且还存在教练员的竞技状态，同时还存在教练员与运动员共同组成的小群体竞技状态。

"教练员竞技状态"主要指教练员自身在心理、精神、智力（知识与智能）和自我调节能力，以及健康、体力等方面所表现出的竞技状态。教练员的精神面貌、情绪、心理，以及思考能力、分析能力、应变能力和行为等都会从不同的角度影响运动员的竞技状态。如果这种影响是良性的，那么就会促使教练员—运动员小群体最佳竞技状态的形成。

第二节 皮划艇比赛前最佳竞技状态的调控

皮划艇比赛的赛前训练调控与比赛成绩呈高度相关。赛前调控的任务是施行强化的训练手段，提高专项训练水平，提高完整竞赛动作的技术，同时改善和加强营养，促进体力恢复，以提高运动员的身体机能水平，并注意培养顽强的拼搏精神，使运动员的身体机能、技术、战术的训练水平和心理状态都达到最佳状态，以达到参赛获胜之目的。

"最佳竞技状态"是指为参加重大比赛所需要的最高水平区段的竞技状态，是运动员在赛前各项训练活动的直接结果。有学者把这个区段界定在达到去年最高成绩的98%以上，这一状态可以在整个比赛期保持1.5～2.5个月。

"最佳竞技状态的最高水平"，是指在最佳竞技状态区段中的最高水平，也就是该年赛季的最高水平的成绩。这一成绩大约只能保持7～10天。

一、竞技状态的最优化调控原则

"竞技状态的最优化调控原则"是指在重大比赛前的训练中，为适时地把最佳竞技状态在重大比赛中调控出来而必须遵循的准则。

"竞技状态的最优化调控原则"是由以下几个具体的原则构成的。

①大负荷高强度强化训练原则：在赛前必须给予运动员机体以强化应激训练的刺激，打破机体原有的平衡状态，产生对强化应激负荷刺激的训练适应性。

②适时的恢复与训练原则：在大负荷强化训练之后，必须紧接着给予运动员充分的综合性恢复，以产生最佳的超量恢复效果，为形成最佳竞技状态打下良好的基础。

③跳跃式训练原则：赛前训练必须突出负荷恢复的节奏性，要有明显的跳跃性，要敢于冲负荷，也要敢于调负荷，这是产生最佳超量恢复和最佳竞技状态的必要条件，也是取代传统的无节制的拼搏式训练的最佳方式。

④全方位综合调控原则：现代体育竞技日趋激烈，使任何一个小小的因素都会影响比赛的胜负。现代体育竞技往往取决于在某些微小因素上夺取的微小优势，单靠大负荷拼搏式训练已无法取得优势。赛前训练必须在心理、营养、管理，乃至于时差和比赛环境等多方面进行全方位的综合调控。

⑤心理调控优先原则：由于竞技状态的构成因素中稳定类因素（如体能和技能等）在赛前训练的几周或几天中是不易改变的，而不稳定类因素（如心理状态、思想和精神状态等）是变化无常的，因而各国优秀运动员在赛前调控中都贯彻"心理调控优先"的原则，即越临近比赛，越将心理、精神和思想状态的调控作为赛前训练调控的重点。

⑥实战训练调控原则：训练是为了比赛，因而赛前训练就更要一切围绕比赛的需要，进行适应性训练，在负荷上要加强比赛性负荷（参加热身赛，增加训练中的比赛性因素或比赛性和对抗性训练内容）。由于比赛主要是比"强度"，因而越临近比赛越要突出强度，选择强度类的训练内容方法和手段，尤其要多采用模拟训练法、变换训练法、比赛心理训练法和比赛法等训练方法。

二、皮划艇赛前训练的安排

皮划艇赛前训练的安排应围绕着运动员最佳竞技状态的调控进行，具体内容大致包括赛前训练阶段的时间、负荷、内容、方法与手段，以及计划的制订等。

（一）赛前训练阶段的时间安排

赛前训练阶段时间的长短对任务的完成有着很大的影响。赛前训练阶段可划分为两个阶段，即两个中周期（以8周为一个赛前训练大周期，其中每4周为一个中周期）。第一中周期（基础中周期）带有打基础的性质，主要是提高耐力和超有氧代谢强度，检查中长距离的训练效果。第二中周期（赛前中周期）带有专门化训练的性质，负荷量减少，负荷强度增加，主要提高无氧速度和无氧耐力，检查中短距离的训练效果。每个中周期的第一周运动员处于调节状态，负荷的量和强度都有一定的提高；第二周保持一般训练水平或稍降一点；第三周由于超量恢复，训练水平回升；第四周达到高水平。

赛前训练阶段的第一周为准备周，消除前段训练带来的疲劳，为大负荷训练做准备。整个周期采用大负荷训练，力图把运动员的身体机能提到最高水平，获得最佳竞技状态。

（二）赛前训练阶段的负荷安排

赛前负荷安排的主要特征是对强度和量有明确的要求。有学者认为，大负荷较多，但高峰出现次数仅为1～5次，最高一次负荷高峰距正式比赛不少于5天，以利于比赛日达到超量恢复。赛前调整最少在临赛前12天开始，使运动员以最佳竞技状态投入比赛。也有学者认为，赛前6周为赛前训练周期。前4周强度较高，而第一、二周强度最高，然后下降，最后一周强度再出现一个小高峰。

随着现代运动成绩的提高，在训练过程中要想更快地提高运动员的机能，必须突出强度。这是因为，强度对有机体的刺激较负荷量深刻，有机体对强度的反应也比较强烈，所以产生的适应性影响也较大。更重要的是，负荷强度特别是专项负荷强度往往体现出专项能力的强弱，而且从负荷角度看，比赛主要是比专项强度，而强度直接关系到专项成绩的体现。因此，在训练过程中，教练员应十分重视对负荷强度的监控。反映心血量系统机能变化的脉搏指标用来评定负荷强度的等级是最简单和最直观的生理指标。

赛前负荷强度是以赛前大负荷高峰出现的次数及其持续时间体现的。我国皮划艇队在赛前进行大负荷安排时，采用大负荷高峰出现1～3次、大负荷训练的时间10天左右、最后一次大负荷高峰距比赛时间11天左右的模式。换句话说，赛前12天为最佳调整时间。

（三）赛前训练阶段的内容安排

赛前训练内容的安排具有专项练习在赛前训练中占有重要地位、专项训练的比重一般平均在 60% 以上和辅助练习的比重大于一般练习的比重等特点。我国皮划艇赛前训练中，一般性练习、专项练习和辅助性练习的比例分别为 6%～8%、63%～78% 和 8%～16%。与此同时，在赛前训练内容安排的比例上还呈现了力量训练占 11%～25%、速度的训练占 6%～15%、耐力训练占 11%～20%、柔韧训练占 0%～5%、技术训练占 11%～25%、战术训练占 10%～20% 和心理训练占 6%～10% 的特征。从训练内容的排序上看，其排序为力量、技术、耐力、战术、速度、心理和柔韧。

（四）赛前训练阶段的训练手段与方法安排

赛前训练手段与方法的采用必须与这一个阶段的目的和任务（最佳竞技状态的调出）相适应。确定训练手段与方法的主要因素是提高机能、适应比赛环境和达到预定强度，其中最重要的因素是达到预定强度。赛前训练的主要手段与方法大致有模拟比赛的训练、测验比赛、高原训练和热身赛。模拟比赛训练和测验比赛在安排上应尽量与竞赛日程近似。

（五）赛前训练阶段的训练计划的制订

制订赛前训练计划，是有目的地和系统地实施赛前训练的重要保证。下面用实例来说明。

1. 第一中周期训练计划

星期一，全天休息。

星期二，上午速度训练，下午身体和水上训练。

星期三，上午有氧训练，下午水上有氧力量训练、跑步。

星期四，上午有氧强度训练，下午休息。

星期五，上午速度训练，下午有氧训练和陆上训练。

星期六，上午中长距离比赛训练，下午比赛训练和陆上训练。

星期日，上午长距离计时训练，下午休息。

2. 第二中周期训练计划

星期一，全天休息。

星期二，上午无氧强度训练，下午无氧耐力和陆上训练。

星期三，上午有氧强度训练，下午休息。

星期四，上午无氧耐力训练，下午有氧训练和陆上训练。

星期五，上午无氧速度训练，下午休息。

星期六，上午中短距离比赛训练，下午比赛训练。

星期日，上午中距离计时训练。

3. 比赛训练安排

星期一，上午无氧速度训练，下午有氧训练和身体训练。

星期二，上午一般有氧强度训练和技术训练，下午休息。

星期三，上午 500 米预赛，下午 500 米复赛。

星期四，上午 1 000 米预赛，下午 1 000 米复赛。

星期五，上午 500 米半决赛，下午 1 000 米半决赛。

星期六，上午 500 米决赛，下午 1 000 米决赛。

星期日，上午 1 000 米决赛。

三、竞技状态保持和发展的注意事项

皮划艇比赛通常要进行 4 天左右，需要经过预赛、半决赛、决赛 2 ～ 3 轮比赛。有的运动员还要兼顾不同的距离和项目。在这种情况下，运动员要想保持最佳竞技状态是需要细致考虑和认真安排的，以保证运动员在比赛中一场好于一场，在最后决赛时能划出最佳成绩。

在具体安排计划时要注意：

①充分估计训练基地到赛区的距离与路程。明确需要提前多少天到赛区，才能使运动员恢复赛前竞技状态。一般国内比赛提前 2 ～ 3 天，运动员最兴奋并能划出较好成绩。但国外比赛路程远，特别是有时差时需要一定时间恢复。一般为时差 1 小时要用一天恢复，如我国运动员去巴塞罗那比赛时差为 7 个小时，就需要用 7 天来恢复。

②皮划艇运动是体能类项目，必须充分注意运动员体能的保护，防止无谓的消耗。如运动员住地到赛场的路程不宜太远，宁可设法住在赛场附近设备差些的地方也不要住在条件虽好却路程很远的宾馆里。此外，临赛前的准备活动也不宜用全力做，即速度要有，数量要少，活动后要注意保暖。

③要充分估计到赛区的住宿、饮食、气候、海拔高度、风向、水深、交通和器材等各种困难条件。一般来说，我国运动员在这方面的适应和应变能力较差，教练员在平时训练中应注意培养和锻炼运动员的应变能力，可以采用多种形式的多地训练，在赛区则应采取各种措施改善条件。

④皮划艇比赛通常为 4 ～ 5 天，运动员如果中间间歇一天，则应安排其减量训练。赛前的休息也不宜过长，一般不超过一天。

⑤赛后应充分恢复和调理，每天睡眠时间必须达 8 ～ 12 小时。晚上 10 点以前必须就寝，严禁运动员饮酒和吸烟，以保持良好的精神面貌和比赛状态。

⑥注意饮食。赛前 2 ～ 3 天，少吃蛋白质，多吃碳水化合物。每天食物中应有约 15% ～ 20% 的蛋白质，20% 的脂肪，50% ～ 55% 的碳水化合物。在比赛中不吃或尽量少吃脂肪多的、刺激性的（如辣椒）、难以消化的、胀腹的和特甜的食品。赛前 2 ～ 4 小时不应进食。

第三节　皮划艇运动员赛前心理训练与心理咨询

皮划艇运动员赛前心理训练与心理咨询的主要目的在于形成皮划艇运动员赛前最佳的心理状态，以便在即将开始的重大比赛中，能充分发挥出自己的体力和技术、战术水平，从而取得优异的竞赛成绩。

一、皮划艇运动员赛前心理训练

（一）赛前心理训练的主要内容

①确定适宜的比赛目标：适宜的比赛目标能够最大限度地调动运动员的参赛动机，充分地发挥运动员的运动潜力。可以通过目标设置技能，帮助运动员确立具体的、符合实际的且具备挑战性的比赛目标。

②形成最佳的心理状态：皮划艇运动员最佳心理状态的主要特征是精神与身体非常协调的感觉；思想高度集中，无抑制感；动作自然、轻松、无费力感；无焦虑感和恐惧感；有创造感与表现欲。为了使运动员在比赛中呈现出最佳竞技状态，除了进行长期和系统的心理技能训练外，还要适应比赛的需要进行赛前心理暗示的训练和赛前的模拟训练，制定切实可行的和稍低于训练水平的比赛操作目标，并使其成为运动员自觉的内在目标，树立正确和积极的心理定式，形成最佳的心理状态。

③适应比赛环境：对于皮划艇运动员来说，能否适应比赛环境对于运动水平的发挥影响极大。赛前进行适应环境的训练，就是让运动员在接近比赛的规模、气候、水质、对手、器材和饮食等条件下进行训练，使运动员对此进行预感知，逐步达到或尽可能对新的比赛环境产生习惯性的反应，从而提高对比赛条件的适应水平，提高运动员在比赛中的心理稳定性。

（二）皮划艇运动员赛前心理训练的阶段、任务与措施

皮划艇运动员赛前心理训练的阶段、任务与措施，详见表9-1。

表 9-1　皮划艇运动员赛前心理训练的阶段、任务和措施

阶段	相应的时期	任务	措施
长期的准备	从参加运动训练开始到准备重大比赛	①教练员要学习心理学的理论及提高应用理论知识的素养；②教练员了解运动员参加训练和比赛的目的、动机、情绪、个性、专项心理能力等全部心理素质，以及运动之外的情况，防止负担过重和干扰；③对运动员进行心理测试获得各种信息；④加强集中注意力能力的训练	说服疏导、想象训练、放松训练、智力训练，形成良好的训练和生活规律
训练的准备	重大比赛前一年左右，运动员正值高水平的运动成绩阶段	主要任务是心理调整或心理矫正，把心理素质稳定在一个相当高的水平上，培养积极的态度、强烈的动机，以及敢于拼搏的精神，排除对一定对手或情势的害怕心理、情绪压抑及神经过敏，树立信心，培养运动员独立作战和高水平的竞技能力、高水平的心理调整和控制能力	心理调整、心理矫正，稳定技术，想象训练，建立赛前程序化习惯行为
比赛期的准备	从临赛阶段开始直到重大比赛结束	创造适宜的激活水平和情绪状态，确定比赛目标，在临赛和比赛中对运动员进行心理指导，向运动员提供为完成任务所需要的信息，解决各种心理障碍和情绪干扰	进一步激发动机和情绪，面谈、诱导、鼓励、自我暗示，赛前行为程序化

从表 9-1 中可以看到，在比赛期的准备过程中，皮划艇运动员心理训练的一项重要工作是赛前心理活动程序化训练。赛前程序化心理训练是指按照赛前准备活动的内容与时间安排，以及比赛中对运动员的技术、战术要求与心理控制要求等制定出参赛程序，并要求运动员在此基础上进行赛前的模拟训练。赛前模拟训练分为实战模拟和语言形象模拟两种。实战模拟如模拟主要对手的战术划法，按照比赛的日程安排训练，到与正式比赛场地、气候相似的环境进行训练，以及组织与比赛要求相同的测验性比赛等。语言模拟主要是利用语言和表象在头脑中描绘未来比赛的情境，还可配合技术图片、电影和录像等以加深表象活动。教练员在安排模拟训练时应注意，明确模拟条件与比赛目标的关系，完整的实战模拟的次数不宜过多，避免引起运动员过重的心理负荷和反感情绪。因此，离比赛的时间越近，语言模拟越好，可以适当增加，此时实战模拟则应逐渐减少。

二、优秀皮划艇运动员的赛前心理咨询

（一）优秀皮划艇运动员赛前心理咨询的原则

心理咨询是为了帮助优秀皮划艇运动员克服比赛、训练及生活中的各种心理障碍，引导他们形成良好的心理状态，取得比赛成功。优秀皮划艇运动员心理咨询应该遵循的原则是服务性原则、交友性原则、教育性原则、理论联系实际的原则、整体性原则、循序渐进的原则、个别对待的原则、预防性原则、保密性原则和实事求是的原则。

（二）优秀皮划艇运动员赛前的心理障碍与咨询

现将优秀皮划艇运动员赛前常见的心理障碍的表现，及其产生的原因及解决的方法举例简述。

1. 对大运动量训练的排斥和恐惧的心理

（1）产生原因

对身体超负荷的运动量产生的不适感和劳累感；因有伤病或者惧怕伤病会严重影响个人的身体健康、运动寿命、奖牌、奖金、待遇和个人的前途命运。由此产生与自己的身体健康、前途命运相关联的心理障碍。

（2）解决办法

加强医务监督；进行心理诱导；及时反馈与强化训练；考虑运动训练方法，适当调整训练内容与要求，让运动员在逐渐增加身体负担量的过程中逐渐适应高强度和高密度的训练，增强信心；注意训练后的身体、心理和生活调整，加快恢复过程。

2. 厌烦训练的心理

（1）产生原因

生理上的原因，如长期伤病或多次受伤，身体和生理方面不能适应，产生害怕或厌烦训练的心理；心理上的原因，如参加训练与比赛的价值观有改变，认为参加比赛与训练对自己无利或者有害，训练动机减弱或消失，对训练失去兴趣，甚至产生厌烦心理；训练与竞赛上的原因，如长期训练进展不大或无效果，对训练计划、内容和方法长期不适应，训练任务长期脱离实际等；社会因素方面的原因，如家庭亲友的影响，对专业产生动摇，人际关系紧张，训练中失去心理动力与心理平衡。

（2）解决办法

科学训练，注意恢复，严格训练过程中的医务监督，加强训练中的心理保障措施；加强心理训练，进行心理诱导与意志训练；进行环境调整与心理管理，注意调整人际关系，排除社会不良影响。

3. 技术动作发生变形

（1）产生原因

运动技术本身具有不稳定性。在训练和比赛中技术动作并非在任何时间都有刻板的千篇一律的表现，运动员完成动作时受客观与主观条件的影响，如环境、身体、技术以及心理状态上的变化与差异，其中特别是心理上的自控能力，对完成技术动作时的稳定性尤为重要。

（2）解决办法

进行技术动作瞬时走样的心理诊断，找出具体原因；加强心理训练，特别是自控能力的训练；加强念动训练，在做每套动作时首先在头脑中"过电影"，特别是对难新动作多次反复地"过电影"；增强完成难新动作的信心，培养战胜困难的意志；加强情绪的自我调节，运用自我暗示，加强训练与竞赛过程的自我调节，强化难新动作的训练。

4. 多人艇配合不好，与队友难以默契

（1）产生原因

近期和短时的原因是队员对战术意图没有理解，导致难以默契配合，或因队员身体反应不佳，技术动作多次失误；产生情绪波动时相互埋怨，互不信任，难与同伴默契配合；队内人际关系紧张，缺乏相应的集体战术的心理训练与调整。

（2）解决办法

加强相互间的心理沟通，彻底理解战术意图以及个人的职能；改善人际关系，缩小队员间的心理距离，队员间能够做到心理换位，从而达到相互默契的目的；使队员之间在训练、竞赛和生活中能相互尊重、深切理解，在行动上能做到同步，增强队内的凝聚力；科学地组织训练，不断改进训练内容与训练方法，使运动员对训练产生兴趣。

5. 缺乏信心

（1）产生原因

运动员对自己完成比赛任务缺乏信心，但对比赛成功的期望值过高；过多考虑竞赛结果与个人利益相关的各种后果；训练型运动员经受不了竞赛的超强刺激；来自社会、家庭和队内外的影响与压力。

（2）解决办法

进行心理诊断，找出产生心理压力和包袱的主要原因；对运动员进行赛前心理控制训练，完善参加赛前心理训练的程序，把想象和思考参加比赛的过程作为心理训练的重点，避免对比赛胜负影响的过多考虑。

6. 害怕比赛失败的心理

（1）产生原因

这是竞技运动固有的争名次和分输赢的特点在运动员头脑中的反映，比赛结果涉及个人名利，是对个人的运动成就以及精神和物质需要能否得到满足的反映，是对运动员的社会责任感、归属感和荣誉感等高级社会需要能否得到满足的反映。

（2）解决办法

进行认知心理训练，使运动员树立正确的胜负观；从实际出发，把全部精力集中于竞赛过程，充分调动自己的身心潜能，不断调整或减弱集中于竞赛结果的动机；对集体进行胜负观的正面教育，认真客观地对竞赛失败的结果进行科学的总结，以减轻由于失利而造成的心理压力；进行注意与情境转移的训练，培养正确对待输赢的优良心理素质；领队、教练员应正确对待运动员比赛的胜负，掌握和了解运动员参加比赛全过程的心理活动，及时进行诱导和调整，对运动员不论胜负都要一视同仁。

7. 害怕同强手交锋

（1）产生原因

在与对手多次交锋的失利中形成了恐惧与害怕心理，舆论与心理上的"从众"社会心理，对"强手"缺乏分析。

（2）解决方法

在加强身体训练和技术、战术训练的同时，进行不畏强手的强化心理训练；搜集了解强手训练、比赛、队风以及个人心理特点的情报信息，进行针对性的模拟训练，克服"从众"心理，增强取胜的信心；加强信心训练，针对运动员气质性格特征的消极表现进行心理训练。

8. 不适应比赛场地、环境和气候

（1）产生原因

赛前训练缺乏针对性，运动员适应性差或适应过程与时间较长。

（2）解决办法

进行观察与诊断，找出运动员对赛场环境与气候不能适应的具体表现与原因。进行赛场适应性的训练，避免由于赛场生疏产生的新异刺激干扰运动员参加比赛。对气候的适应，①要进行模拟实战训练，提前到达赛区进行训练；②对运动员进行意志训练，增强运动员克服由于气候不适带来的种种困难的信心。

9. 赛前失眠

（1）产生原因

赛前身心紧张带来的过度疲劳会引起失眠；过度训练或伤病会引起生物节律紊乱导致失眠；赛前超强的心理压力以及对比赛过高的期望值，社会、家庭和个人各种社会性干扰因素也会导致失眠。

（2）解决办法

注意科学合理地进行赛前训练和合理地安排作息时间。采用自我暗示放松催眠、气功催眠、超觉静坐和音乐催眠等消除失眠现象的赛前心理调整训练方法，进行认知调节。教练员可以举一些世界著名运动员的实例来鼓励运动员。

10. 对某件服装、器材或比赛日期迷信的心理

（1）产生原因

运动员在比赛胜负的经历中曾与某件服装、器材或比赛日期联系起来，在头脑中形成情绪记忆。比赛胜负归因的偏差：把某次比赛的胜负与某件衣物、日期的偶然巧合视为必

然联系，从而形成某种比赛胜负的心理定式，未能科学总结与概括胜负的真正原因。

（2）解决办法

进行认真训练，具体分析胜负的真正原因，使运动员明白比赛胜负与某件衣物及比赛日期的偶然巧合并非必然联系；培养赛前最佳的心理定式；使运动员在自我实践中逐步淡化已经形成的心理定式，转变原有的不正确的过于关注比赛胜负的心理定式。

复习与思考：

①竞技状态最优化调控有哪些原则？

②皮划艇赛前训练应如何安排？

第十章　皮划艇运动员的恢复与营养

本章目标：

①了解运动性疲劳的概念和产生的机制、运动后恢复过程的三个阶段和产生超量恢复的规律，学会运用超量恢复的理论以合理安排训练。

②了解消除疲劳、促进超量恢复的途径和方法，学会在运动训练实践中应用。

③了解皮划艇运动员的营养特点和合理营养的基本要求。

④掌握正确选择和利用食物的方法，指导运动员训练和比赛期的营养安排。

第一节　皮划艇训练中的疲劳恢复

一、运动性疲劳

（一）运动性疲劳的概念

运动性疲劳是指人体运动到一定时候，运动能力和身体功能暂时下降的现象。运动性疲劳的这一定义强调了两个方面：一方面是由于工作或活动本身引起的生理性疲劳，与疾病、环境、营养等原因所致的病理疲劳不同；另一方面是运动能力和身体功能的下降是暂时的，经过休息是可以恢复的，它与过度疲劳有区别。

运动性疲劳分为两个阶段。第一阶段是代偿性疲劳，这个阶段的运动能力靠增强中枢神经系统的兴奋性和机体其他系统更加紧张的活动得以维持，这时每一工作单位的能量消耗多，动作的结构也发生变化。例如，在步幅缩小情况下，通过增加动作速率维持跑速。第二阶段是非代偿性疲劳，这个阶段的特点是运动能力下降，尽管运动员越来越用力，但是仍然克服不了这种状态。

（二）运动性疲劳产生的机制

1. "保护性抑制"学说

该学说认为运动性疲劳是大脑皮层保护性作用的结果。当长时间重复同样的运动且长时间进行强度大的运动时，有大量冲动传至大脑皮层相应的神经中枢，神经细胞兴奋导致"消耗"增多，为了避免消耗过度导致损伤，当消耗到一定程度时，便产生保护性抑制。

虽然疲劳往往伴有抑制过程的发展，但疲劳和抑制并不是一回事，两者有很大的区别。

疲劳只有当工作到一定程度后才会出现，是工作器官物质代谢产生障碍的结果。抑制是中枢神经系统的基本神经过程之一，是机体调节功能活动的积极过程，在过度疲劳时，抑制过程不但不发展，还可能被削弱。

2. "堵塞"或"窒息"学说

该学说认为疲劳是由于某些代谢产物在肌肉组织中堆积造成的。肌肉收缩期产生的某些物质的堆积会导致使肌肉收缩能力下降，这些物质即乳酸和二氧化碳等。

乳酸堆积引起肌肉疲劳主要是由于肌组织和血液中 pH 值下降造成的，其机理为：阻碍神经肌肉接点处兴奋的传递，影响冲动向肌肉的传递；限制磷酸果糖激酶和降低辅酶量及其活性，从而抑制糖酵解，使 ATP 合成速率减慢；使钙离子浓度下降，从而影响肌球蛋白和肌动蛋白的相互作用，使肌肉收缩与放松能力下降。

3. "衰竭"学说

能源缺乏会明显影响疲劳过程，许多研究都已表明了某种能源的消耗与疲劳过程有直接关系。能源缺乏的性质取决于肌肉活动的类型，以及运动单位的募集方式。

磷酸肌酸的浓度在最高强度运动时下降很快。持续 2 ~ 3 分钟运动至力竭时，磷酸肌酸浓度接近零，而 ATP 浓度仍接近安静时 ATP 浓度的 60% ~ 70%。

长时间运动产生的疲劳和肌糖原的贮量下降有关。当低于贮量 20% 时，则运动员不能输出最大能量，同时血糖水平也下降。减少大脑和肌肉组织糖的供应，尤其影响大脑正常的能量供应，使神经系统功能下降，是产生疲劳的重要因素，补充糖后工作能力有一定程度的提高。实验证明，狗在力竭时，注射肾上腺素后又能继续跑动，这是因为肾上腺素可促使肝糖原进一步分解，并可提高组织糖的利用。

4. "内环境稳定性失调"学说

水盐代谢紊乱，渗透压改变，激素不足等会导致疲劳。哈佛大学疲劳研究所发现，高温下作业的工人因泌汗增多，会迅速达到不能劳动的严重疲劳，给予饮水不能缓解，必须服用含氯化钠 0.04% ~ 0.14% 的水才能克服。

随着科学的发展，对运动性疲劳的发生又有进一步的揭示。运动疲劳可能发生的部位很多，仅从神经—肌肉组织看，最早产生疲劳是在神经中枢，最后在肌肉。

（三）不同强度和持续时间运动的疲劳特点

1. 极量强度练习中的疲劳

这类练习时间不超过 20 ~ 30 秒，疲劳发展很快，主要是参与运动的神经中枢和肌肉功能状况发生重大变化造成的。即超限抑制的出现使大脑神经细胞中神经过程灵活性下降，并由于这类练习是在无氧条件下进行的，肌肉中乳酸和其他酸性代谢产物的积累，导致肌组织的兴奋和灵活性下降，放松能力降低，从而使运动速度下降。

2. 亚极量强度练习中的疲劳

这类练习时间不超过 3 ~ 5 分钟，肌肉中的物质代谢在很大程度上靠无氧过程进行，与安静时相比，酸性代谢产物增加 15 ~ 20 倍，使神经中枢的功能状况急剧恶化而产生疲劳。此外，心脏和呼吸系统的极度紧张及机体内环境的激烈变化也与疲劳有关。

3. 高强度练习中的疲劳

长距离的肌肉工作是在很稳定的状态下进行的，由于在工作过程中需氧量大于吸氧量，出现大量氧债（可达 15～16 升）。氧债虽然比亚极量工作时略低，但对机体作用的时间较长，缺氧较严重，心脏和呼吸系统紧张活动会加速疲劳的发展。血液中氧化不足的分解产物积累，以及内分泌激素（尤其是维持内环境恒定的肾上腺皮质激素）含量下降，对疲劳的发展起着重要作用。

4. 中等强度练习中的疲劳

超长距离的运动持续几十分钟乃至几小时，在较稳定状态下进行。超长距离项目中疲劳的原因很多，动作单调而持久，导致神经细胞的工作能力下降。疲劳的加深也与心血管系统和呼吸系统承担的负荷过大有关。进行中等强度工作时，血糖含量下降是机体疲劳的重要原因。由于机体大量排汗，水盐的平衡失调，从而使疲劳加深。

（四）运动性疲劳的年龄特征

儿童和少年运动时容易产生疲劳。研究表明，进行 3 分钟最高强度运动时，如果将 20～30 岁成人的工作能力定为 100%，则 9 岁少儿的工作能力仅为成人的 40%，12 岁少儿的工作能力为 69%、15 岁的为 92%。儿童和少年运动时容易产生疲劳的原因：一方面可能与大脑皮层神经细胞容易兴奋、耐缺氧能力弱、活动能力较差有关；另一方面也和儿童、少年新陈代谢旺盛、最大负氧债能力较低，以及糖原储备少、运动时血糖容易下降等有关。

（五）运动性疲劳的判断与测定方法

运动性疲劳的表现多种多样，如工作效率下降、动作减慢、动作的准确性和协调性差、节奏性紊乱、运动性和植物功能活动协调性失调等；在疲劳加深过程中表现为神经和肌肉组织及感觉系统的兴奋性、灵活性下降，心率和呼吸加速，每搏输出量减少，呼吸变浅，排汗量增加等。

科学地判断运动性疲劳的出现及其程度，对合理安排训练有很大的实际意义。评定的方法很多，归纳起来可分以下几个方面。

1. 教育学观察法

观察运动员的表现，如出现脸色苍白、眼神无光、表情淡漠、连打哈欠、反应迟缓、精神不集中、情绪改变、运动成绩下降等现象，就可初步说明有疲劳产生。

2. 生理、医学指标测定法

人体疲劳时，各器官系统功能都下降，下降的程度和疲劳程度有关，故很多生理和医学指标的测定都可用来判断疲劳。常用的方法有以下几种。

①闪烁值法：疲劳时，闪烁值下降。

②皮肤空间阈法：用触觉针刺激皮肤某个部位，当疲劳时，能分辨出两点的最小距离增大，即分辨能力下降。

③膝跳反射阈法：疲劳时，叩诊锤击股四头肌腱的力量加入才引起膝跳反射。

④体位血压反射：姿势变化时，出现血压变化。疲劳时，其恢复时间明显延长。

⑤呼吸耐力测定：连续测 5 次肺活量，每次间隔 30 秒（包括吹气时间在内）。疲劳时，肺活量逐次下降。

⑥心电、肌电和脑电测定：疲劳时，心电图 S—T 段向下偏移，T 波可能倒置，肌电脉冲频率降低，而振幅增高，电机械延迟延长，脑电波明显增加。

⑦反应时测定：疲劳时，眼—手反应时间和耳—手反应时间均明显延长。

⑧尿蛋白测定：大运动量训练后，尿中可能会出现蛋白。

⑨血红蛋白测定：血红蛋白是红细胞中含铁蛋白质，又叫血色素，其主要功能是携带氧气供给组织，以氧化能量物质，并释放能量供身体活动需要。血红蛋白是评定运动员身体机能状况的一个重要生理指标。如果血红蛋白下降 10% 以上，同时运动成绩下降，表示身体机能状况不好，疲劳较深，应注意调整运动量。

⑩定量运动负荷试验：疲劳时，完成定量负荷后，身体反应加大，脉搏和血压的变化明显增高，且恢复时间延长。

⑪血睾酮测定：疲劳时，血睾酮明显下降，从而导致机体承受负荷的能力下降，恢复能力下降。

二、运动后的恢复过程

在训练结束后，身体的各种功能活动必须经过一段时间才能逐渐恢复到运动前的状态。这一段机能变化，叫作恢复过程。

（一）恢复的意义与作用

恢复与训练同等重要。没有疲劳就没有训练，没有恢复就没有提高，即训练的目的就是要给机体以适宜的刺激，使机体疲劳，而疲劳本身不是训练的目的，机体疲劳后必须经过恢复，特别是经过超量恢复，其机能水平才能提高。运动员在训练后，能否迅速而充分地恢复，将直接影响着运动水平的提高。如果只抓训练，不重视恢复，将会事倍功半，训练效果不好。

（二）恢复的阶段性

根据运动生物化学的基本原理，整个消耗与恢复过程可分为三个阶段。

第一阶段：运动时能量物质的消耗大于恢复，所以能量物质减少，各器官系统工作能力下降。

第二阶段：运动后能量物质的恢复大于消耗，所以能量物质和各器官系统机能逐渐恢复到原来水平。

第三阶段：超量恢复阶段，运动时被消耗的能量物质不仅恢复到原来水平，而且在一段时间内甚至超过原来水平，只是过一段时间后又逐渐回到原来水平。

（三）超量恢复

运动时被消耗的物质不仅能够恢复到原来水平，在一段时间内甚至出现超过原来水平的现象，叫作超量恢复。超量恢复的程度同肌肉活动的剧烈程度有关。在一定范围内，肌肉活动量越大，消耗过程越剧烈，超量恢复就越明显。但活动量如果过大，会使恢复过程延长，故在训练中，运动量过小，训练效果不明显，而运动量过大，又会导致身体不易恢复，甚至长期疲劳积累，造成过度疲劳。

超量恢复是客观存在的规律，只有在训练中掌握它、运用它，才能使训练达到最佳效果。

三、消除疲劳和促进超量恢复的方法

高强度和大运动量训练后，身体必然会产生一定程度的疲劳。加速疲劳的消除，对提高机体工作能力及提高运动成绩具有重要意义，也是预防疲劳的积极措施。根据疲劳产生的机制和疲劳的分类，消除疲劳的途径和方法如下。

（一）消除疲劳的途径

①用各种方法放松肌肉，改善肌肉血液循环，加速代谢产物的排出及营养物质的补充，如整理活动、水浴、蒸汽浴、理疗和按摩等。

②通过调节神经系统机能状态来消除疲劳，如睡眠、气功、心理恢复、放松练习和音乐疗法等。

③通过补充机体在运动中大量失去的物质，促进疲劳的消除和体能的恢复，如吸氧、补充营养物质及利用药物来调节身体机能等。

（二）促进恢复的方法

1. 整理活动

整理活动是指在正式练习后所做的旨在加速机体恢复过程的较轻松的身体练习，它的目的是使身体由紧张激烈的肌肉活动状态逐步过渡到安静状态，是加速疲劳消除和促进体能恢复的良好措施。运动使身体产生的一系列生理变化并不是随着运动的停止而立即消失的，如运动后不做整理活动而马上静止下来，这就妨碍了强烈的呼吸运动，影响了氧的补充，同时也影响了静脉血的回流，使心脏血液输出量减少，血压降低，造成暂时脑贫血，产生一系列不良感觉，甚至"重力休克"。

整理活动的内容和准备活动的内容相似，但安排的顺序要相反，即先进行专门性整理活动（完成田径跑的训练后再慢跑一段），接着做体操练习，最后进行伸展练习。

2. 积极性休息

所谓积极性休息是指运动员在休息时进行其他活动。实验证明，当运动至精疲力尽后，如在恢复过程中能进行一些轻微的活动，则肌肉血液中乳酸的消除比运动后静止休息要快得多。受试者跑到精疲力尽后，在恢复期进行低强度活动者比完全休息者乳酸的消除要快得多，同时氧债的恢复也更快。

根据巴甫洛夫提出的高级神经活动类型说，负诱导机制亦可说明活动性休息有利于加速恢复。例如：进行以下肢为主的运动，大脑皮层中支配下肢的神经细胞就会在运动中长期处于高度兴奋状态。如果在运动后适当交换肢体活动的部位，就能使运动神经细胞轮流工作，通过负诱导的作用，使疲劳的神经细胞更快地恢复工作能力。应当注意，作为积极性休息而安排的练习，应该是习惯的练习，同时强度要小、时间要短，否则效果不好。

3. 文娱疗法

发现运动员在高强度训练后感到身体非常疲劳时，若能根据其个人的业余爱好，开展一些轻松愉快的文娱活动，丰富文化生活，以此来转移其精神紧张，会有利于消除其疲劳和促进其恢复过程。

4. 睡眠

睡眠是消除疲劳和恢复体力的好方式之一。没有充分平静的睡眠，不可能有充分的休息。睡眠有快慢之分，夜间这两个阶段更迭 4～5 次。睡眠处于慢阶段时，物质代谢减弱、脉搏和呼吸频率缓慢、血压下降、血流减慢、体温下降、肌肉放松，有利于促进体力恢复；睡眠处于快阶段时，肌肉几乎完全放松，各感觉功能进一步减退，脑内蛋白质合成加快，脉搏往往加快，血压上升，从而促进精力的恢复。

成年运动员在平时训练期间，每天应有 8～9 小时的睡眠。如果上、下午都安排训练，中午应有适当的午睡时间（1.5～2 小时）。

5. 营养

运动中各种营养物质消耗增加，运动后应及时补充，这有助于消除疲劳和恢复体力。在运用营养因素促进恢复时要注意两个问题：①机体缺什么补什么，糖、蛋白质、维生素和矿物质等要合理搭配，而绝非吃得越多越好。②运用一些既能提高运动能力，又对身体无副作用的营养补剂，运动员长期服用营养补剂对增强体力和加速恢复都起着良好的作用。

6. 理疗

利用光疗、蜡疗和电疗等作用于局部或整体，可促进血液循环，加速疲劳的消除和机能的恢复，同时具有治疗损伤的作用。

7. 浴疗

浴疗（或称水疗）是最基本、最重要而又最简单的恢复手段。浴疗的方法较多，运动员可根据不同情况选用。

8. 按摩

按摩是消除疲劳的重要手段。其中人工按摩是最受运动员欢迎的消除疲劳的手段，是恢复中最好的措施。恢复性按摩为向心性按摩，沿静脉和淋巴的回流方向，顺着肌肉走向，采用各种手法按摩，从而促进血液循环，加速代谢废物的排出，安抚神经。凡训练负荷大的部位，应优先消除疲劳，进行恢复性按摩。

在按摩时若使用按摩油、按摩乳及按摩药酒等具有促进血液循环的药物，可增进按摩效果，加速运动肌肉中代谢产物的清除。

9. 吸氧

利用高压氧舱，在 2～2.5 个标准大气下，吸入高压氧的效果已得到初步证实。高压氧可使血氧含量增加，血液二氧化碳浓度下降，pH 值上升，提高组织氧的储备量，对训练引起的极度疲劳，肌肉酸痛、僵硬，以及酸碱失衡等有明显疗效。负氧离子也被用来消除疲劳。

10. 心理恢复

心理恢复是指通过调节大脑皮层的机能达到消除疲劳的目的。气功、意念和放松练习等属于此类。

11. 药物

高强度和大运动量训练后，运动员感到极度疲劳，且不易恢复，这时仅靠一般的恢复手段是不够的。体能恢复得快与慢，关系到训练的效果和以后的训练安排。为了尽快地消除疲劳，可适当地应用一些药物。药物的使用总体来说应包括补充营养物质的药物，增加机体免疫能力的药物（如球蛋白和转移因子等），加速心脏功能恢复的药物，促进造血机能的药物，保护和加强肝脏功能的药物，以及壮阳补肾的药物。应该指出的是，一些中药对调整中枢神经系统功能、补气补血等作用明显，有较好的消除疲劳的效果，且又不含国际奥委会规定的兴奋剂成分，是运动员理想的运动补剂。

四、训练过程中强度、量和恢复过程控制的生化方法

（一）训练强度的监控

有许多生化指标与运动的强度相关，可以用于运动强度的控制，但皮艇运动员训练中的强度控制指标要求快速和方便，因而目前最常采用的还是血乳酸。另外一些指标如尿蛋白和血清酶（肌酸肌酶、乳酸脱氢酶、谷丙转氨酶和谷草转氨酶）等也可用于强度评定。但由于它们对强度的反应是建立在量的基础上的，反应要在数小时之后出现，所以只能用作对已经进行过的训练的评价，而不能及时反馈。

（二）训练量和恢复过程的控制

机体对训练量的反应是建立在训练强度基础上的，没有强度的量很难引起适当的生化反应。训练量的评价常与恢复过程联在一起，量的大小都是相对于恢复过程的长短而论的。常用于训练量和恢复过程评价的指标有以下几种。

1. 血液尿素

血液中的尿素是肝脏合成的，合成的原料是氨。肌肉是机体氨的主要生成部位之一。肌肉通过丙氨酸形式释放出来的氨在运动时增多，而且增多的量与运动的量成正比。运动引起的蛋白质代谢加强也可通过尿素氮反映出来。因而利用血液尿素浓度指标评定运动量，在理论上是成立的，在实际训练中也证明切实可行。晨起后的血液尿素（BU）已成为评定训练量和恢复情况的最有用的指标，但由于影响血液尿素的因素很多，因而在实际使用时有很多因素需要考虑。

（1）不同运动对次晨 BU 的影响

研究者曾经对国家皮划艇队做过 BU 跟踪测试，部分测试结果如表 10-1 所示。

表 10-1　国家皮划艇队集训期间的血尿素值

训练内容	次晨 BU/（毫摩尔／升）	增高率
大量高强度力量训练	10.8 ± 1.6	45.9%
大量高强度水上训练	9.9 ± 1.5	32.0%
小量高强度水上训练	9.4 ± 1.0	27.0%

（2）利用 BU 评价训练量和恢复情况的方法

BU 已被广泛用来评价训练量和恢复情况，但在评价方法上仍有问题。有些人为运动员规定了一个统一的绝对值，一旦达到立即减少训练量或停训。这种做法值得讨论。据研究者的观察，BU 的个体差异极大，而且受训练以外的多种因素的影响，因而使用绝对值是不可取的。研究者认为应根据不同训练时期的目的而采用不同的标准。在大运动量训练期，运动员往往需受到较大刺激才能达到训练计划的目的，这期间可允许 BU 有较大幅度的升高，升高的顶峰亦应因人而异（有些人可升得很高，但恢复快，另一些人却升高后一直难以下降，且有过度训练的表征），一般控制在停训的条件下于第 3 ～ 4 天早晨能恢复到训练前水平为宜。在赛前训练中，应控制在停训一至两天后便能恢复到训练前水平为宜。

（3）训练之外的影响因素

①气候能明显影响 BU 值。气温高时 BU 低，而气温低时 BU 升高。这可能是由于高温时汗量升高而尿素排泄增多所致。

②饮食对 BU 值有明显影响，高蛋白饮食会使 BU 值有明显升高。研究者发现高蛋白质饮食组（30% 蛋白质）比低蛋白质饮食组（10% 蛋白质）的 BU 明显升高。

③测定方法也对 BU 值产生很大影响。目前常见的测定方法有酶偶联速率法和二乙酰一肟法。其中，二乙酰一肟法较为普遍。

2. 尿蛋白

（1）尿蛋白产生的原因

正常状态下，肾小球只能滤过分子量小于 70 000 的蛋白质，而且滤过蛋白的 99.9% 又被肾小管重新吸收。因而正常尿液中检测不出蛋白质的存在，只有在病理状态下，或特殊的生理状态下，改变肾小球的滤过作用，或肾小管的重吸收作用，才可能在尿中检查出蛋白质。

运动可引起肾脏的血流动力变化。运动可引起肾小球入球小动脉收缩和毛细血管压升高，一方面引起有效滤过压升高，另一方面使毛细血管基膜扩张。这两种作用促进了肾小球的排泄，被认为是出现尿蛋白的必要条件。

运动还可引起血液酸碱平衡发生变化，pH 值下降，这种变化可导致滤过膜和血浆蛋白分子的电性发生变化，使蛋白滤过增加和肾小管对蛋白的重吸收减少。另外，运动可引起血管舒缓素释放增加，引起滤过膜通透性增加。由于运动对肾脏的上述影响，运动极有可能引起尿蛋白。

（2）尿蛋白的分类

尿蛋白并不是单一的成分。由于引起尿蛋白的原因不一，其成分组成可有很大变化。研究认为，由于滤过膜通透性增加而出现的尿蛋白，主要是高、中分子量（分子量大于 6 万）的蛋白质，而由于肾小管重吸收功能下降导致的尿蛋白，主要是分子量低于 4 万的小分子蛋白质。因此，有人将高、中分子的尿蛋白称为肾小球型尿蛋白，而将小分子的尿蛋白称为肾小管型尿蛋白，大小分子都有人称为肾小球—肾小管混合型尿蛋白。

（3）影响运动性尿蛋白的因素

第一，运动强度的不同可引起不同的尿蛋白。有学者认为，中、低强度和长时间的运动引起肾小球滤过膜通透性增加，滤过率超出肾小管的重吸收率，尿蛋白呈肾小球型。高强度运动时，不仅滤过率增加，而且肾小管蛋白质的重吸收功能也受到影响，表现为肾小球—肾小管混合型的尿蛋白。尿蛋白的排泄总量也主要受运动强度的影响，运动强度越大，尿蛋白量也越大。

第二，运动项目不同，尿蛋白的反应也有差异。接触性运动项目如足球、拳击，以及冲击性项目如短跑、跳跃、体操项目等，尿蛋白的阳性率高于其他项目。大运动量训练期间，皮划艇运动项目的尿蛋白阳性率约为 70% ～ 80%。

第三，对运动训练的适应可降低定量负荷后的尿蛋白阳性率。

第四，尿蛋白一般在运动后两小时消失，但特别大量和高强度的训练引起的尿蛋白，可持续 24 小时。一般情况下，短时间高强度运动引起的尿蛋白，在 1 小时内恢复（20 ～ 30 分钟达峰值），而长时间的运动引起的尿蛋白，可持续 10 个小时。

（4）评定运动量和强度

①训练实践常以尿蛋白作为运动量的评定指标。由于运动性尿蛋白在皮划艇运动中的阳性率很高（70% ～ 80%），峰值在运动后 20 ～ 30 分钟出现，所以在训练课后即刻进行尿蛋白总量和分类的测定，似乎可以作为评定运动量和强度的指标。但是，我们常测指标是尿蛋白浓度，而浓度又受到排汗量、饮水量和尿量等的影响，因而有必要进行排泄率的测量才有可能使其客观地反映运动状况。排泄率是单位时间内由肾脏排出的蛋白质量，这个率的测量一般要求受试者首先将膀胱排空，再进行水负荷后，观察一定时间内尿中蛋白质的总量。由于这种方法较为烦琐，而尿蛋白浓度指标意义又不大，因而很少在运动实践中测定运动后即刻的尿蛋白。

②运动训练实践中最常测定的是晨尿蛋白。皮划艇运动员训练期间的晨尿蛋白阳性率不高，对国家皮划艇队冬训期间尿蛋白进行观察发现，总阳性率为 12%。如上所述，尿蛋白的恢复一般在 1 ～ 2 小时，最长约 10 小时，特别严重时可持续 24 小时。晨尿是训练后 10 ～ 12 小时（下午训练）或 16 ～ 18 小时（上午训练）后收集的尿液，在这个时段出现尿蛋白已经说明运动量较高。出现尿蛋白只是说明运动量和强度较大，并不一定意味着运动量的调整。出现尿蛋白后的处理，要根据训练中的具体情况而定，因训练所处的阶段而定。

第二节　皮划艇运动员的营养

一、皮划艇运动员的营养特点

（一）皮划艇运动的能量消耗

皮划艇运动的能量消耗，与运动员的训练水平、皮划艇的速度、皮划艇的材料和风向有关。皮划艇运动能量消耗见表 10-2。

表 10-2　皮划艇运动能量消耗

艇速/（米/分）	能量消耗/（千卡/平方米·分）	能量消耗/（千卡/小时）
51	2.306	253
69	3.594	395
97	6.3	692

（二）皮划艇运动员一日热量消耗及分配

皮划艇运动员一日热量消耗及分配见表 10-3。

表 10-3　皮划艇运动员一日热量消耗分配

项目	每日能量消耗	重量比/%	热量比/%
蛋白质/克	193	1	15
脂肪/克	136	0.8	25
糖类/克	651	4	60

（二）皮划艇运动员的膳食

1. 水环境的影响

皮划艇运动员经常在水面上训练，不仅活动紧张、体力消耗大，而且还受到高温、高湿、寒冷、强烈热辐射及水面波浪环境的影响，因此，必须重视膳食的调理。

2. 食欲受到抑制

运动员在风浪大的情况下，食欲常受到很大抑制。应制作一些美味可口且易消化吸收的食物，并配备开胃的小菜。

3. 水上膳食的特点

根据水上运动的特点，应使运动员的维生素与矿物质得到充足供给。运动员对维生素 B1、维生素 B2、维生素 C 的摄取应重点保证。可安排营养丰富的饮料，以维持运动员体内水与电解质的平衡。

二、皮划艇运动员合理营养的基本要求

（一）热平衡

通常情况下，运动员摄入热量与消耗热量应保持动态平衡。热量是维持人体一切活动的基础条件，热量不足，会使人体机能下降，健康受损，而热量过多，则使体内脂肪增加，也对运动能力有影响。因此，摄入的热量必须适当。

运动员总热能摄入量取决于消耗的热量。影响运动员热能消耗的主要因素是运动活动，这与运动项目、运动强度和持续时间等因素有关。摄入热量是否恰当，可通过膳食热量和消耗热量的计算来评定。成年运动员也可通过体重变化做粗略估计。

（二）热原质比例适当

膳食中蛋白质、脂肪和糖三大热原质的比例，对机体的代谢状况和工作能力有一定的影响。合适的比例有利于体内代谢过程和更好地发挥工作能力，运动员膳食中的脂肪应减少。

（三）维生素和矿物质充足

运动员对维生素和矿物质的需要量较多，这一方面是由于运动时体内代谢加强，激素分泌与酶的活性增强，同时由于大量排汗丢失较多；另一方面是由于体内有充足的维生素和矿物质储备，可改善工作能力，提高运动成绩。

（四）食物易于消化，有利于酸碱平衡

由于紧张的训练和比赛，运动员经常处于交感神经兴奋的应激状态下，消化机能较弱，因此应吃容易消化的食物。

根据食物在体内代谢后对机体酸碱性的影响，可将食物分为碱性与酸性两大类。含钠、钾、钙和镁等金属元素多的食物，在体内氧化成碱性氧化物（如 K_2O、CaO、MgO 等），称为碱性食物，如蔬菜类、水果类、海带、豆腐和奶等。含磷、硫和氯等非金属元素多的食物，在体内代谢生成酸根（如 PO_4、SO_4、C 等），称为酸性食物，如肉类、鱼类、米饭、面食、啤酒等。

以无氧供能为主的剧烈运动，可造成体内酸性代谢产物堆积（如乳酸等），使运动员体内酸偏高，血 pH 值下降。此时运动员运动能力下降，易产生疲劳。因此，应注意多摄入碱性食物以增加体内碱储备，则有利于改善运动能力，提高运动成绩。

（五）充足的水分

由于运动员在训练和比赛中出汗多，使机体水分丢失多，因此，在饮食中应补充充足的水分，以避免在运动中出现脱水现象而影响运动能力。

（六）膳食制度合理

膳食制度包括进餐次数、时间和膳食分配。合理的膳食制度有利于食物消化吸收、保持良好的生理机能状态，对提高机体工作能力有良好作用。运动员应定时进餐，饮食有节，不喝酒，不吃刺激性的食物。运动员进餐的次数除日常基本三餐外，最好增加 1～2 次点心，特别是大运动量和高强度训练阶段，由于运动员热能消耗大，更应如此。进餐时间与训练和比赛的时间应有一定间隔。大运动量训练和比赛后，应至少休息 45 分钟以后方可进食。进食后至少在 1.5～2.5 小时后再进行大运动量训练和比赛。各餐食物的分配，应根据运动员一天运动安排的情况而定。原则上剧烈运动前的一餐食物量不宜过多，要易于消化，少含脂肪和纤维素。运动后一餐食物量可多一些。早餐应摄入较充分的蛋白质和维生素，这有利于使整个上午血糖水平和生理机能保持较高水平。晚餐食物量不宜过多，特别是脂肪和蛋白质不应过多，以免使血糖持续升高，影响睡眠和次晨的食欲。

三、比赛期的营养

比赛期的营养包括比赛前、比赛当日和比赛后的三个阶段的营养安排。

（一）比赛前的营养

比赛期的营养安排与运动员比赛时的体内营养状况和机能状况有很大关系。一般从比赛前十天开始进行营养调整，此时的营养任务是使运动员保持适宜的体重，增加体内维生素储备、碱储备及糖原储备。具体要求：

①随运动量的减小与调整相应减少摄入热量，以免热量过多而使体重增加。

②适当减少蛋白质和脂肪，以免增加体内酸性。

③增加糖以提高糖原储备。耐力项目可采用糖原充填法。

④增加碱性食物（含矿物质丰富），以增加体内的碱储备。

⑤增加维生素供给量，除膳食外可补充维生素制剂。

⑥按比赛时的情况调整进餐制度，使运动员逐渐适应比赛时的膳食。

（二）比赛当日的营养

比赛当日，特别是比赛前一餐的饮食安排，对运动员比赛时的生理状况有很大影响，安排不当，会妨碍运动能力的发挥。短时间的比赛项目，不存在比赛中营养不足的问题；长时间的比赛项目，消耗较大，赛前一餐的营养十分重要。总的原则是，赛前一餐应不妨碍比赛时机体的各种生理应激，有利于体内代谢的进行。具体要求：

①食物的热能应满足需要，但体积和重量要小。

②食物易于消化和吸收，富含维生素和矿物质，不含粗纤维和易产气体的食物（如芹菜、大豆等）。

③食物应是运动员平时所习惯的。

④热原质比例一般要求高糖、低脂肪和低蛋白质。长时间比赛项目可适当增加脂肪。

⑤紧张的比赛应在进餐后的 2.5 小时后进行。

⑥适量补充水分，其量一般为 700 毫升，以防比赛中脱水。

⑦适宜地补糖，以节省体内糖原，延迟疲劳发生。要特别注意补糖的时间和量。

⑧适宜地补充维生素 C，一般在赛前 30～40 分钟内，一次服用 500～1 000 毫克。维生素 B 族和维生素 A 在体内需经过磷酸化转变过程才能发挥作用，故当天服用无效。

（三）比赛后的营养

在紧张激烈的比赛后，及时而合理地补充营养，可促使疲劳尽快消除，加速体力更快恢复。在高强度比赛后即刻服用 100～150 克葡萄糖，对于补充运动员所消耗的热能、促进肝糖原储备、预防肝的脂肪浸润，以及对恢复血糖水平和减少血乳酸含量均有良好的作用。赛后高糖膳食可使肌糖原的恢复由 2～3 天缩短到 1 天。比赛后两三天的膳食应维持高热量，富含糖和蛋白质，少含脂肪，维生素矿物质要充足，特别是钾。此外，还要注意水分的补充。

复习与思考:

①运动性疲劳产生的机制是什么?

②如何科学地判断运动性疲劳的出现及其程度?

③运动后的恢复过程可分为哪几个阶段?

④消除疲劳、促进超量恢复的途径和方法有哪些?

⑤皮划艇运动员合理营养有何基本要求?

⑥如何进行比赛前、中、后三个阶段的营养安排?

第十一章　皮划艇运动的常见损伤及救护

本章目标：

①重视皮划艇运动训练的安全问题，掌握预防措施及救护方法。

②掌握皮划艇运动员的损伤原因及处理方法。

第一节　皮划艇运动安全问题

皮划艇运动是一个水上运动项目，水上运动必须首先把安全问题放在第一位。面对安全问题，水上基地、划船学校和俱乐部的领导、有关的工作人员、教练员和运动员都负有责任。教练员更应高度重视，不能有丝毫疏忽。任何环节的疏忽，都有可能导致重大的事故。

一、基地、学校和俱乐部领导的职责

①制定水上安全条例和制度，经常对全体人员进行安全教育，定期召开安全会议，检查安全措施和制度的落实情况。

②皮划艇训练的水域应有详细的图纸。对水域内各种障碍物，特别是水下的暗滩、沉船、木桩、树根等必须清理或用红旗标出。

③如有赛艇或其他船艇在同一水域训练，应标明各自的训练航行图，并有明显的标志物标明转弯区域。

④水域如允许游泳，应标明深水区、浅水区和非游泳区。游泳区应水底平坦，远离污水排出孔。

二、工作人员的职责

①船库应保持明亮、干燥、宽敞，船库附近应有救生器材，并掌握使用方法。

②船库应有使用器材的规章制度。不准夜间训练，对运动员上报破损的器材应做出标记。

③经常检查码头，码头平台应防滑，码头四周无尖锐的外露铁钉、铁丝。

④经常检查器材，负责维修，并与教练员密切配合。

三、教练员的职责

①了解和掌握运动员的游泳能力，如有可能，最好掌握正确的游泳教学方法和救生方法。

②应掌握当地气象特点，将可能发生的气象变化应提前告知运动员，并采取防范措施。

③冬季水上训练或远航时，教练员应使用救护艇跟随，并携带救生器材。水温在 4℃左右时，即使会游泳，也只能进行 15 分钟左右的训练。

④教练员应严格执行上、下水时对器材的检查和清洁制度。

四、运动员的职责

①必须学会着装游泳 200 米，掌握正确的游泳呼吸技术，学会在水中脱衣鞋，学会在水中的自救方法。

②要在教练员的指导下，在规定的时间和地点练习游泳。严禁私自下水和夜间游泳。

③学会正确处理翻船事故。如不慎翻船，应迅速将船翻正，把桨插入船舱内，以防止艇内进入更多的水。如遇风浪太大而船舱积水，应主动提前下水，利用艇的浮力将其推至岸边。

④爱护器材，以正确的方法搬运器材和倒出艇内积水。特别要注意沉船后的倒水技术。

第二节　水上救护

水上救护工作是保障水上运动时生命安全的一项重要措施。救护工作的指导思想是"立足预防，有备无患"。因此除了要求皮划艇运动员学会游泳外，还应在码头附近备有一些防范设施，如救生艇、救生圈、竹竿、长绳、木板等。

在宽广的水域进行皮划艇训练，出现翻船事故的情况是多种多样的。如果翻船地点靠近岸边，运动员通常可以自己游回；如果远离岸边，特别是有风浪时，救生艇应立即前去救援，并携带救生器材。

一、救生器材的使用方法

①救生圈：最好在救生圈上系一条绳子，掷到救生艇不便接近溺者的地方，便于溺者得到喘息机会，然后再拖近救生艇。

②竹竿：在较高的岸边，溺者离岸边不远，可以用竹竿让溺者抓住，拖到岸上。

③绳子：在绳子的一端系上漂浮物，将绳子盘成圆形，然后掷给在风浪中挣扎的溺者，使溺者抓住漂浮物或绳子，将其拖上岸来。

二、直接救护技术

直接救护技术是救护者对已开始下沉的溺者进行施救的技术。直接救护技术可分为入水前的观察、入水、游近溺者、拖运和上岸，适用于当时没有救生艇或救生艇不便驶入的徒手救护者。

①入水前的观察：入水前先要对环境简单而迅速地观察一下，辨别水流的方向、水面宽度、入水点和上岸点。

②入水：选择能尽快游近溺者的入水点，用最快速度和能保护自身安全的方法入水，并一直向目标游进。

③游近溺者：如有可能，采用速度较快的抬头爬泳或头不埋入水的蛙泳，以便始终注意目标的移动。当游到离溺者 1 ～ 2 米处，深吸气后再接近溺者，以保持自身的体力，然后从溺者前后用两手将其颈部托起，使其脸部露出水面并吸到气。

④拖运：一般采用手不出水的侧泳或反蛙泳拖运。

第三节　皮划艇运动员损伤的特点及防治

一、皮划艇运动员损伤的特点及常见的运动损伤

（一）皮划艇运动员损伤的特点

皮划艇属于体能类项群运动项目，又属于典型的单一动作结构的周期性项群。研究结果表明，其运动损伤近86%集中于上肢、肩、背、腰部。除极个别是由急性损伤迁延而成外，绝大多数无明显受伤史，是在长期训练中逐渐积累产生的，属于劳损。

（二）皮划艇运动员常见的运动损伤

皮划艇运动员常见的运动损伤为腰肌劳损、肩背筋膜炎、腕关节软组织损伤、肩峰下滑囊炎、前臂伸肌群损伤和肘关节损伤等。

二、运动损伤的基本原因和预防原则

（一）运动损伤的基本原因

1. 专项技术的特殊要求

有关皮划艇专项技术动作的特殊要求，导致运动员身体的某些部位容易受伤。比如，运动员在拉桨时，肩胛骨后缩（内收），由斜方肌和菱形肌在抗阻力下完成，长年累月重复这一动作，导致肩背部肌肉筋膜慢性劳损，形成肩背部肌肉筋膜炎。

2. 训练后缺乏必要的放松练习

大运动量训练后运动员的肩背部和腰部肌肉均存在着不同程度的僵硬现象，运动员往往感到肌肉酸痛和僵硬。这种早期肌肉的酸痛、僵硬可能是由于疲劳提高了肌肉感受系统（肌梭）的兴奋性，从而使疲劳的肌肉处于较长时间的紧张性收缩，即肌节缩短（痉挛），阻碍了局部的血液循环，在缺血情况下进行收缩便引起酸痛和僵硬。这种僵硬若不能及时消除，逐渐积累可发展成软组织损伤，导致劳损。因此，训练后放松肌肉很重要，应当看作训练的组成部分。有效的方法是牵拉肌肉（即伸展练习），而许多运动队没有做到这一点。

3. 技术动作不正确

在皮划艇训练中，动作不正确是导致损伤的又一因素。比如，高翻杠铃和肩负杠铃下蹲时，不按要求挺胸直腰，而采用弯腰驼背的姿势，使杠铃重心与脊柱活动中心距离加大，

增大了腰背肌负荷，导致腰肌损伤或劳损；高翻杠铃翻腕时速度过快，使腕关节软组织挤压受伤。

4.训练和比赛活动安排不当

①准备活动的问题，未做准备活动或准备活动不充分，就开始正式练习；准备活动量过大；与专项内容结合不好；准备活动违反循序渐进的原则，一开始速度过快，用力过猛等。

②局部负担过大，运动量安排不当，尤其是运动量过于集中，使局部负担量过大，是在运动训练中特别是专项训练中造成损伤的主要原因。

③组织方法上有缺点。在组织、训练过程中，不遵守训练原则，不从实际出发，没有充分认识到不同年龄、性别者的生理、心理特点不同，即使年龄、性别相同，个体之间在身体发育、健康状况及身体素质、运动能力及技术水平之间也存在很大的差异，而是千篇一律地对待；在运动安排上，不是从小到大、从简单到复杂、循序渐进、逐步提高的。

5.运动员的生理、心理状态不良

如睡眠或休息不好，患病受伤或伤病初愈，疲劳和身体机能下降等。实践证明，疲惫的机体，其力量、精确度和协调机能均显著下降，甚至技术熟练的运动员，在这种情况下，也可能发生运动技术上的错误，引起损伤。此外，随着生理机能的下降，警觉性和注意力减退，机体的反应迟钝，也是造成损伤的因素之一。

运动员的心理状态与损伤的发生也有密切关系。如运动员心情不好、情绪不高、对训练和比赛缺乏自觉性和积极性，思想就不集中，也兴奋不起来，在这种情况下运动，必然容易受伤。而情绪急躁，急于求成，信心不足，缺乏勇气，胆怯犹豫，自控能力差，赛前过于紧张，场上心慌意乱，损伤的发生率也是较高的。此外，好表现自己，好胜心强，好奇心大，忘乎所以，不顾主客观条件的可能性，盲目或冒失地进行运动，也容易发生损伤。

（二）运动损伤的预防原则

①积极开展预防运动损伤的宣传教育工作，使有关人员从思想上给予重视。

②加强身体全面训练，加强肌肉力量练习。这是预防损伤的一个十分重要的方面，在练习中要注意以下几点。

第一，动力性练习和静力性练习相结合。大多数运动队对动力性力量练习（等张练习）比较重视，但往往忽视静力性力量练习（等长练习）。事实上静力性练习同动力性练习一样重要。有学者根据大量观察，提出一次持续6秒的2/3以上最高强度负荷的等长收缩，对肌肉力量增长最明显。有学者提出等张和等长练习联合应用的肌力练习方法，其增强肌力的效果更佳，并称之为短暂等长最大负荷练习。具体方法为每次负重时间以维持5～10秒为最适宜，每次增加0.5千克，重复5次左右，不断增加直至最大负荷，并维持5～10秒为止，每次休息20秒。这种维持5～10秒等长抗阻练习的作用机理是当肌肉进行收缩时，特别是在做等长收缩时，肌肉内血流暂被阻断，但能量代谢仍在进行，并以无氧酵解为主，因此产生较多量的酸性产物；当肌肉松弛舒张时，由于局部酸性产物堆积的刺激，可扩张较多的微血管，从而使肌肉获得更多的能源，有利于肌力的恢复和增长。因此，在注意动力性练习的同时，要重视静力性练习，这对预防和治疗损伤都十分重要。

第二，肌肉力量的训练要避免单一。在肌肉力量练习中，不但要加强与运动技术直接有关的肌群的力量练习（如斜方肌、菱形肌、肱二头肌、竖脊肌等），而且要注意协同肌（三角肌、背阔肌、臀大肌等）以及拮抗肌（前锯肌、胸小肌、腹肌、大腿后群肌）的训练。例如腹肌的训练对预防腰肌劳损十分重要。当腹肌收缩、腹内压增高时，会从脊柱前方给予支持力，此力能够吸收和分散腰骶部负荷，减轻竖脊肌的负担。

第三，要特别注意练习动作的正确性。在做练习动作，如做蹬腿力量练习时，背腰部要有腰托，这样腰椎前突接近直立位置负荷较小。做俯卧两头翘练习时，在腹部下放一软垫以减少腰突。做仰卧起坐练习时，采用"团身姿势"，即先使头颈保持于屈位，然后腰段脊柱前屈使双肩稍离地面。这些都有利于减轻腰部负荷而又能有效地发展肌肉力量。

③训练后做好放松练习。教练员应将放松练习列入训练，特别是要重视静力牵张练习。牵拉具有提高肌肉工作能力的效应，能有效地使肌肉放松，减轻训练后的酸痛和僵硬。应依颈、肩背、腰臀、大腿顺序进行，每个部位牵张持续 5 ～ 20 秒，牵拉完后，队员相互间再做一些放松按摩。整个放松时间不应少于 20 分钟。

④合理安排训练和比赛。训练计划的制定和执行应合乎训练原则。要了解每次训练中易发生损伤的技术动作，事先做好准备及采取相应措施，施教时多加注意。要认真做好准备活动，内容和量应根据所要进行活动的性质、运动员的个别情况及气象条件而定。准备活动结束与正式运动的间隔时间以 1 ～ 4 分钟为宜，一般做到身体发热、微微出汗即可，冬天量可大些。要合理安排运动量，尤其要注意运动器官的局部负担和伤后的训练安排，防止局部负担过重。遵守比赛规程和规则，加强裁判工作。儿童和少年不宜过多参加比赛。

⑤加强医务监督，建立和健全自我监督制度。严格实施场地、设备卫生监督，场地、器械和防护用品要定期进行卫生安全检查，对已损坏的场地器械应及时维修，维修前一律禁止使用。禁止穿不合适的服装（包括鞋）进行活动。

三、运动损伤的处理方法

（一）按摩与针刺

对肩背筋膜炎和腰肌劳损等慢性劳损主要采用按摩与针刺相结合的治疗方法。按摩时注意对压痛点，特别是肌肉筋膜起止点，如肩胛骨缘第三腰椎横突等处适当用"拨"法，有较好的效果。对肌肉明显痉挛的部位，采用针刺也有很好的疗效。其要点是必须找准痉挛压痛点，直刺斜刺均可，留针到针感消失（一般 10 多分钟），出针后肌肉痉挛可明显缓解甚至消失。对髌腱病和髌骨劳损，可采用静力站桩和按摩相结合的方法。站桩时血液循环在膝关节附近比其他处更为良好，血液循环的加强可改善损伤局部的血液供应，起到舒筋活血的作用。站桩时间应循序渐进，以 5 ～ 10 分钟为宜。在按摩时，对髌尖和髌周部位使用有一定强度的"刮"法，促进局部血液循环，有较明显的疗效。

（二）冷疗法

冷疗法是运用比人体温度低的物理因子（如冷水、冰、冷冻剂）刺激来进行治疗的一种物理疗法。

1. 作用

冷因子刺激躯体可使组织温度下降，周围血管收缩，明显地减少局部血流量及充血现象，它还可使周围神经传导速度减慢，因此有止血、退热镇痛和防肿的作用。它可使肌肉的收缩期、松弛期及潜伏期延长，降低肌张力及肌肉的电兴奋性，因而还有解痉作用。

2. 方法

（1）冷敷法

将毛巾浸透冷水（视毛巾温度上升的情况随时更换），或将冰块装入热水袋或塑料袋内进行外敷，每次约 20 ～ 30 分钟。也可用冰块在治疗部位来回移动（冰块按摩法），或将伤肢直接浸泡在冷水中，但时间缩短。

（2）蒸发冷冻法

利用一些容易蒸发的物质接触体表，吸收热能而使局部温度降低。常用的有烷类冷冻喷射剂。喷射时喷出的细流应与皮肤垂直，距皮肤 30 ～ 40 厘米。喷射时间视病情而定，一般 5 ～ 10 秒，或皮肤上出现一层白霜即可。需要较长时间治疗时，可用间歇喷射法，即喷射 5 秒钟后停止 20 ～ 30 秒再进行，但重复不宜超过三次。要注意观察局部情况，避免皮肤冻伤。

3. 适应证

冷疗法主要用于急性闭合性软组织损伤的早期。近年，有人利用局部冷刺激后有反应性血管充血及镇痛解痉的作用，而把冷疗法应用于闭合性软组织损伤的整个治疗过程。

4. 注意事项

伤后尽快使用，要严格掌握治疗时间，注意局部情况，一般出现皮肤麻木时应立即停止，防止过冷引起组织冻伤。面部损伤一般不宜用烷类喷射剂。

（三）热疗法

热疗法是运用比人体温度高的物理因子（如传导热、辐射热等）刺激来进行治疗的一种物理疗法。

1. 作用

热因子刺激能使局部血管扩张，促进血液和淋巴循环，提高新陈代谢，有利于肿胀的吸收消散，缓解肌肉痉挛。热刺激还能加强白细胞、单核细胞的吞噬作用，促进坏死组织的消除，促进再生修复，因而热疗有消肿、散瘀、解痉、镇痛、减少粘连和促进损伤愈合的作用。

2. 方法

（1）热敷法

将毛巾或敷料浸透热水或热醋后放于伤处，无热感时应立即更换，每次 30 分钟左右，每天 1 ～ 2 次，也可用热水袋热敷。

（2）蒸熏法

将配好的药物加水煮沸，将需治疗部位直接在蒸汽上熏。每次治疗 20 ～ 40 分钟，每日1次。此法能使药物通过温热作用渗入局部而起到治疗作用。有时也可用稀释的温热药液直接浸泡伤处。

（3）红外线疗法

红外线由热光源产生。治疗时把红外线灯移至治疗部位上方，灯距一般为30～50厘米左右。剂量的大小可用改变灯与皮肤的距离来调节，一般以舒适温热、皮肤出现桃红色的均匀红斑为合适。每次治疗时间为15～30分钟，每日1～2次，15～20次为一疗程。

3.适应证

急性闭合性软组织伤的中、后期，慢性损伤。

4.禁忌证

急性软组织伤的早期、高热、有出血倾向者，活动性肺结核、恶性肿瘤等。

5.注意事项

①防止烫伤，对瘫痪和感觉障碍的伤员要注意观察，如其皮肤出现红紫或灼痛，应停止治疗，涂以凡士林或硼酸软膏，防止起水泡。

②凡有皮肤过敏，或红外线治疗中有头晕、心慌、疲倦等反应，应停止治疗。

③红外线治疗时要避免直接辐射眼部。

（四）拔罐疗法

拔罐疗法俗称"拔火罐"，是利用火的燃烧造成罐内负压，使其吸附在身体的一定部位（穴位）上来治疗疾患的一种传统疗法。它简便易行，对陈旧性损伤、慢性劳损和风湿病痛都有较好的疗效。

1.拔罐疗法的操作方法

（1）火罐选择

面积大、肌肉厚的地方，宜用大罐或中罐；面积小、肌肉薄的部位，宜用小罐。

（2）点火方法

一般用"闪火法"。用镊子夹着点燃的酒精棉球伸入罐内旋转燃烧片刻，迅速抽出，立即将罐子扣在皮肤上。

（3）留罐时间

依罐的大小及吸力强弱而定。大的、吸力强的，可拔3～5分钟；小的、吸力弱的，可拔10～20分钟。气候炎热时，留罐时间应缩短，寒冷时可稍延长。一般隔日拔一次，5～7次为一疗程。

（4）起罐方法

起罐时，一手按压罐口边皮肤，另一手将罐扳斜，使空气进入罐内，罐就自然脱落。不可强力硬拔，以免损伤皮肤。

2.注意事项

①皮肤过敏、浮肿及皮肤损伤的部位，均不宜拔罐。

②拔罐时，病员应取舒适体位，不要移动，以免火罐脱落，并要注意保暖，避免风吹、着凉。

③不要烧烫罐口，以免发生烫伤。

④罐子拔上后，如病员感觉局部紧而疼，或烧灼痛，应把罐子起下，检查是否烫伤或皮肤过敏。如系烫伤，应另换部位；如系过敏反应，就不必再拔。

⑤拔罐过程中，如病员出现头晕、恶心、面色苍白，应立即起罐；并按晕针处理。

⑥起罐后，皮肤出现发红或青紫，属正常反应。如出现水泡，可用消毒针刺破，涂上紫药水。

复习与思考：

①如何预防皮划艇运动训练中的安全事故？有哪些措施？

②如何预防皮划艇运动训练中的损伤？出现损伤后应如何处理和治疗？

第十二章　皮划艇运动竞赛的组织安排

本章目标：

①掌握竞赛项目的设置。

②掌握竞赛的组织安排。

第一节　年龄组与竞赛项目的设置

青少年比赛一般分为甲、乙、丙组，其中甲组为"17～18岁"（年满17周岁、未满19周岁）、乙组为"14～16岁"（年满14周岁、未满17周岁）、丙组为"14岁以下"（未满14周岁）。符合乙组年龄要求的运动员可以报名参加甲组比赛，但不能再参加乙组比赛；符合丙组年龄要求的运动员可以报名参加乙组比赛的，但不能再参加丙组比赛。中国皮划艇协会每年举行一次年度全国性皮划艇青年锦标赛或少年锦标赛，各省市皮划艇协会每年举行1～2次年度青少年锦标赛，年龄组的划分全国一致。

一、全国皮划艇青年锦标赛的项目设置

（一）甲组

5 000 米：男子单人皮艇、男子单人划艇、女子单人皮艇

1 000 米：男子单人皮艇、男子双人皮艇、男子四人皮艇
　　　　　女子单人皮艇、女子双人皮艇、女子四人皮艇
　　　　　男子单人划艇、男子双人划艇、男子四人划艇

　500 米：男子单人皮艇，男子双人皮艇、男子四人皮艇
　　　　　男子单人划艇、男子双人划艇、男子四人划艇
　　　　　女子单人皮艇、女子双人皮艇、女子四人皮艇
　　　　　女子单人划艇

　200 米：男子单人皮艇、男子双人皮艇、男子四人皮艇
　　　　　女子单人皮艇、女子双人皮艇、女子单人划艇
　　　　　男子单人划艇、男子双人划艇、男子四人划艇

（二）乙组

5 000 米：男子单人皮艇、男子单人划艇、女子单人皮艇

1 000 米：男子单人皮艇、男子单人划艇、女子单人皮艇

　500 米：男子单人皮艇、男子单人划艇、女子单人皮艇、女子单人划艇

　200 米：男子单人皮艇、男子单人划艇、女子单人皮艇、女子单人划艇

二、青少年皮划艇竞赛设项的方向

① 16 岁以下年龄组以单人艇为主，以突出青少年运动员个体能力的培养。

② 14 岁以下年龄组的比赛艇可采用非正式比赛专业艇，以培养少年儿童的划船兴趣，避免过早专业化。

③应适当增加女子项目的设项，减少男子项目设项，以逐步实现男女项目平衡发展。

④各省市青少年比赛应允许或邀请其他省市派队伍参加比赛，锻炼青少年队伍。

第二节　竞赛的组织安排

一、竞赛信息

（一）竞赛规程

竞赛规程包含竞赛时间、地点、项目设置、参赛单位、参赛办法、录取名次与奖励、报名与报到、裁判员和仲裁员安排、竞赛程序等信息，并附有报名表。在每年年底，中国皮划艇协会、各省市皮划艇协会对第二年所有比赛的竞赛规程进行公示，以便各参赛单位根据规程中的信息制订全年训练和比赛计划。

（二）补充通知

为保证竞赛组织工作圆满进行，赛前一个月，竞赛组织方会下发补充通知，对参赛报名、报到时间、地点、接站安排、有关费用、参赛队伍往返安排、相关工作的负责人及联系方式等信息进行详细说明，并附上接站表、返程车票预订单等。各参赛队伍根据补充通知准确安排出发和返回行程、经费预算、比赛应准备的材料等。

（三）参赛指南

参赛队伍到达赛场后，为了确保整个比赛井然有序地进行，第一件事就是领取参赛指南，因为参赛指南对每天训练和比赛的时间、每天就餐的时间和车辆安排、封闭航道和安全事项、赛前船艇检查时间安排、比赛期间的船艇检查、船艇停放安排、颁奖、会议安排、兴奋剂检查、比赛信息通知、具体事务联系人及方式等信息做了详细说明。各参赛队伍必须根据参赛指南安排训练、比赛、交通，以及比赛中各环节的工作。

二、组织人员安排

（一）组委会

竞赛的组织工作需由临时成立的组委会统一安排，组委会对比赛的组织工作负责。组

委会由竞赛的主管部门、承办单位、协办单位及各参赛队领队、裁判员代表、仲裁委员等共同构成，对比赛的整个过程进行统一安排，对比赛中出现的重要事件进行决策。组委会下设竞赛、场地、器材、交通、接待、安保、医务、兴奋剂检查等部门，各自履行相应的职责，共同保证比赛的顺利进行。比赛正式开始前和整个比赛结束后，组委会应组织召开会议，赛前对比赛的有关情况进行介绍和通报，赛后对比赛组织工作进行总结，组委会在比赛结束后自动解散。

（二）裁判员

裁判员要坚持遵守和执行中国皮划艇协会发布的关于竞赛的各项规定，加强自身业务学习，培养良好的职业道德和敬业精神，坚持原则，严于律己，服从大局，保持公正，自觉抵制竞赛中的不正之风和腐败现象。在工作过程中，严格遵守《裁判员守则》，严格执行国际皮划艇联合会、中国皮划艇协会有关竞赛的各项规定，赛前认真开好准备会，比赛中坚持"整场尺度一致"的原则，赛后认真总结经验和教训。摆正自身位置，以认真负责的态度对中国皮划艇协会负责，对参赛队伍和观众负责，处理好严格执行规则和保证比赛顺利进行的关系，鼓励运动员发挥水平，赛出风格。

三、竞赛安全

为了保证比赛安全顺利进行，竞赛规程必须规定：各单位对各自报名参赛的运动员的健康状况和水中自救能力负责；各队在报到时需向大会提交有运动员本人与主管教练签名的 200 米游泳自救能力保证书、全体运动员的人身意外伤害保险的保单复印件和医疗部门出具的健康证明。而竞赛的承办单位在赛前应制定详细的安全预案，对比赛中可能出现的各种情况制定应急方案，如交通安全、饮食安全、器材安全、水上安全等。对因天气的突变而造成的各种情况进行预判，并制定详细的工作方案。安全预案由组委会及其下属各部门负责执行。

复习与思考：

①全国皮划艇青年锦标赛的项目有哪些？
②青少年皮划艇竞赛设项的方向是怎样的？
③竞赛信息包含哪些内容？

第十三章　皮划艇运动的竞赛规则与裁判标准

本章目标：

①掌握皮划艇运动员的参赛规则。

②掌握皮划艇运动比赛项目的裁判标准。

第一节　皮划艇运动的竞赛规则

一、皮划艇赛制规则

（一）皮划艇的赛制

皮划艇运动有静水项目和激流项目之分。在天然或人工湖面进行的比赛，称静水项目，水面宽 90 米以上，长 2 200 米，设 9 条航道，道宽 5～9 米，用串有塑料浮球的钢索划分。在水流湍急的河道进行的比赛，称激流项目。运动员必须在指定的航道内完成赛程，以艇首到达终点的先后顺序决定名次。皮划艇比赛分皮艇和划艇两种，1936 年被列为奥运会比赛项目，1938 年举行首届皮划艇锦标赛。

1. 静水项目赛制

比赛在静水中进行，各路选手必须严格在自己的赛道内行进。比赛用船分两种，即划艇和皮艇。两种比赛用船的主要区别在于选手划桨的位置和所用划桨的种类。

划艇为开放式船只，选手持单片划桨在屈膝的位置划水。每只划艇可乘一两名选手（C1 或 C2），划桨选手仅限男性。

皮艇为封闭式船只，选手坐在艇内划水，用脚操纵一个机械舵来控制船体。所用的划桨两头均有桨片。皮艇可乘一名、两名或四名选手（K1、K2 和 K4）。奥运会设有男子皮艇赛和女子皮艇赛。

2. 急流回转项目赛制

急流回转赛有四个项目，男子单人皮艇急流回转赛、男子单人划艇急流回转赛、男子双人划艇急流回转赛和女子单人皮艇急流回转赛。选手在动水域要越过设有 25 个障碍门的水道，在每次逆流行进中，选手们至少要穿越 6 个障碍门，获得包括罚时在内的积累时间最短的选手将成为获胜者。选手每接触障碍门一次，就要被罚时两秒。

（二）皮划艇比赛的商标规定

1. 一般赛会要求

船艇、附属品和衣物可携带商标、广告符号和文字，但是，比赛中有特殊的要求。运动员衣物和装备上的任何广告物应该遵守以下规定。

①所有广告物的放置不得干扰运动员身份的辨认。

②所有广告不得影响比赛结果。

③比赛现场不能出现香烟烈酒的广告。

2. 奥运会特别要求

通常参加奥运会的运动员或其他与会者的运动服或使用的用品上，都不能有宣传物和商业广告，物品或装备的标志除外，标志的总面积不得超过 9 平方厘米。

名次"标志"指的是姓名、名称、商标、标识语或厂商的任何其他特有符号。每条不应该出现一次以上。

二、皮划艇运动员的参赛规则

（一）皮划艇静水竞速比赛运动员奥运会参赛资格与参赛人数

1. 国家奥委会运动员参赛数量限额

皮划艇静水的 246 个名额中，男子 174 人，女子 72 人。

2. 每个国家奥委会的最多参赛艇数

各国可以获得参加各个项目级别比赛的资格，但每个级别最多一条艇的资格。

3. 资格的分配归属原则

①参加比赛的资格是分配给各国家奥委会和一定的船艇，而不是直接给运动员。

②在资格竞赛中，是艇而不是运动员获得奥运会的参赛资格。也就是说，并不是参加资格赛而且获得船艇资格的运动员就可以参加奥运会，而是依靠各国家奥委会的选拔，一个不同的组合也可以参加比赛。

③运动员的提名完全取决于各国家奥委会的决定。

④参加资格赛并获得某条艇资格的运动员组合可以全部改变，也可以部分改变。

⑤在奥运会比赛中参加比赛的运动员并不一定是当初参加资格赛并获得资格的运动员。

⑥资格获得以后，参加与否、参赛的具体运动员问题完全取决于各自的国家奥委会。

4. 参赛运动员资格要求

要想能够参加奥运会，运动员必须遵守奥林匹克宪章、得到国际奥委会同意的国际皮划艇联合会规则，同时必须得到各自国家奥委会的批准。

根据《奥林匹克宪章》第 45 条规定，所有的运动员在奥运会比赛中都应做到以下几点。

①尊重公平竞争和非暴力精神，在各自的比赛项目中认真执行。

②不准使用国际奥委会、国际皮划艇联合会和国家奥委会所禁止的物质和程序。

③尊重并且遵守国际奥林匹克的反兴奋剂条例。

④除非得到国际奥委会执行委员会的允许，参加奥运会的任何运动员在奥运会期间，不准以其本人、名字、照片或比赛表现进行广告目的的宣传。

5.运动员的参赛资格获得原则

①为了获得某个项目的参赛资格，运动员必须有能力在特定的资格赛中去为各自的国家联合会和奥委会竞争。

②每一个获得参赛资格的运动员，必须参加奥运会的比赛。

③以替补运动员的身份参加奥运会的比赛是不允许的，除非得到国际皮划艇联合会的同意。

④一个运动员可以参加不止一个项目的比赛，这是国际皮划艇联合会静水竞赛规则所允许的，所以，一名参赛运动员可能是另外一个项目的替补队员。

⑤在所有获得参赛资格的运动员范围内，国家奥委会有权使其参加同一项目未获得资格的比赛。

（二）皮划艇激流回旋比赛运动员奥运会参赛资格与人数

1.参赛项目

男子单皮、单划、双划；女子单皮。

2.国家奥委会运动员参赛数量限额

男子63人，女子19人，共82人。

3.每个国家奥委会的最多参赛艇

每个项目最多报2条艇。

4.资格名额

资格赛名额是分配给各国家奥委会的艇而不是具体运动员，在奥运会中不可能报替补运动员。

5.奥运会参赛资格

每个运动员必须代表他的国家协会和国家奥委会参加资格赛，在第一次资格赛中已经为其国家奥委会取得参赛资格的运动员，仍可以参加第二次资格赛，但是每个运动员只能为他的国家奥委会在一项比赛中获得一个参赛资格。只有参加资格赛的艇符合参赛资格。

三、皮划艇静水竞赛规则

（一）检查船艇上下水规则

①船艇下水前要核对运动员名单或会员证，发航道牌。

②核对每条下水参赛船艇是否有合格证、航道牌、加重物、运动员的队名及服装标志。

③检查船艇表面是否涂有增加艇速的物质和是否有不准携带的无线电通信设备，测速仪、电动抽水泵等仪器。

④参赛艇通过终点后应迅速有序地回码头交还航道牌，复查将进入下一轮比赛的船艇。

（二）出发

①应通过抽签方式决定起航点各艇参加预赛的道次。第1号艇应在左边，然后是第2号艇，依次排列。

②需要进行预赛的比赛，每项预赛应分别抽签。

③运动员应按时进入起航区，以便做好起航的准备工作。起航应不受任何缺席者的影响，各艇在起点的位置应使参赛艇的船头处于起航线上。

④艇必须固定。

⑤发令员应喊"还有10秒钟出发"，以通知运动员剩余的出发时间。比赛开始时，鸣枪发出起航信号。

⑥在长距离比赛中，发令员应宣布"离起航还有1分钟"，比赛开始时，鸣枪发出起航信号。

⑦起航信号也可以直接喊"GO（出发）"。

⑧若发令员对起航线的排列不满意，即喊"停止"，并通知取齐员重新调整船艇的位置。

⑨若在口令"离比赛还有10秒钟"或"1分钟"喊出之后，起航信号发出之前，运动员开始动桨，则为抢航。发令员应立即鸣两枪，并警告犯规的运动员。若同一运动员抢航两次，发令员必须取消其比赛资格。发令员只对抢航的船艇或运动员发出警告，继而取消其比赛资格。

（三）中断比赛

①若出现预料不到的情况阻碍比赛，航道裁判员有权中断比赛。用红旗和声音信号中断比赛，运动员必须立即停桨，并等待进一步的通知。

②若已宣布一次比赛无效，在重新出发时，不得改变艇上运动员的组成。

③若发生翻船，靠外来帮助才进入船艇的运动员或艇将被取消比赛资格。

（四）带划和借浪

①不允许带划或接受非参赛艇或任何其他方式的帮助。

②当比赛进行时，严格禁止非参赛的船艇进入整个或部分航道。

③在1000米以内的比赛中，运动员必须在从起点至终点的本航道内划行。他们应尽可能地保持在其航道的中心线上。无论从哪个方向，一条艇与另一个运动员的距离都不得小于5米。

④在1000米以上的比赛中，运动员可以偏离自己的航道，但不能影响其他运动员。

⑤在长距离比赛中，当每个运动员到达离终点线1000米处，将以声响信号（如铃铛）提醒运动员。

（五）转弯

①当比赛在带有转弯点的航道上进行时，船艇应从左舷通过转弯点（即逆时针方向）。

②绕过转弯点时，若内航道船艇船头与外航道船艇座舱前缘至少处于平行位置时，外航道的运动员必须给内航道的运动员留出空间。对于K2和K4来说，都是指最前面的座舱。

③C1是指与前一个运动员的身体平行，C2是指与最前一个运动员的身体平行。

④比赛船艇碰撞弯道浮标，除非弯道裁判员认为运动员从中得到好处，一般不判运动员犯规。转弯时，船艇在转弯点应尽可能地靠近由浮标标出的航道行进。

（六）超越

比赛中，当一条划艇或皮艇正在超越另一条划艇或皮艇时，超越艇有责任始终避开被超越的艇。而被超越的船艇，不可改变航向给超越的船艇制造困难。

（七）碰撞或损伤

对于任何对船艇的碰撞有责任的，或损伤划艇或皮艇或桨的运动员，应取消其比赛资格，同时还要承担损失的费用。

（八）终点

①载有所有运动员的船艇一旦船头越过终点线，船艇即完成了比赛。

②如果两条或两条以上的船艇同时到达终点，则他们在决赛中的名次相等。在涉及是否进入下一轮比赛的预赛中若出现名次并列，则采用以下规定。

第一，如果下一轮比赛有足够的航道，则用抽签方式决定这些船艇进入哪个小组。若有可能，也可以使用第 10 航道。

第二，如果下一轮比赛的航道不够，有关船艇应当重赛。重赛时间应为当天，或半天的最后赛次结束后 1 小时重赛。

第三，如果重赛时出现名次相同的情况，可使用抽签方式决定名次。

（九）成绩公布

比赛实时公布成绩通过显示屏和播音同时进行，文字成绩公布也张贴在成绩公告栏供教练、运动员等观看，同时正式投放到各领队信箱。

另外，在锦标赛结束后 30 天内，主办国协会应将比赛成绩寄给国际皮划艇联合会秘书长和各参赛国。规则强调，记录和公布的时间必须精确到 1/1 000 秒。

四、皮划艇激流回旋竞赛规则

（一）竞赛目标

运动员在皮划艇激流回旋比赛中力求用最短的时间正确无误地通过一段设有水门的湍急河道。

（二）国际比赛

由一个联合会或其附属协会举办的比赛，如有外国选手应邀参赛，均被视为国际比赛，国际比赛必须按照国际皮划艇联合会规则举行。国际比赛必须由至少一名激流回旋国际裁判监督举行。上述人员由激流回旋委员会主席从组委会推荐的候选人中指定。

国际比赛分为以下三类。

A 类：仅限国家队参加——各协会每个项目最多可报 6 条艇。

B 类：仅限国家队参加——由主办国邀请，各协会每个项目最多可报 6 条艇。

C 类：对所有协会开放——参赛者人数由组委会决定。

A、B、C 三类比赛运动员的出发顺序由组委会决定。

（三）运动员的要求

只有国际皮划艇联合会会员协会的会员有权参加国际比赛。运动员可以以个人身份参加国际比赛，但必须得到其所属国协会的批准。如得到其所属协会的同意，运动员可代表其现居住国协会参赛。许可证明必须在赛前一年的 11 月 30 日前送至国际皮划艇联合会总部和激流委员会主席处。

如运动员在另一国居住两年或两年以上，他参赛无须征得其原所属协会的许可。

运动员在同一年只能代表一个协会参赛，但在运动员离开原居住国与另一国居民结婚的情况下，运动员无须在新的国家居住满两年便可代表其现居住国协会参赛。

15 周岁至 18 周岁的运动员可参加青年比赛。运动员 35 岁起可以参加精英赛，精英赛 5 年为一年龄组，例如 35～39 岁年龄组、40～44 岁年龄组，45～49 岁年龄组等。参加各年龄组比赛的运动员不能超龄，第一年龄组中运动员最高年龄为 39 岁。

（四）国际比赛计划

每年 8 月 1 目前，各个协会必须同时向国际皮划艇联合会总部和激流委员会主席上报其准备在第二年举行的国际比赛计划。该比赛计划应包括比赛日期、国家、地点和比赛类别（A、B、C 类）。

各个协会上报的比赛计划在 9 月 30 日之前可做出修改。在此日期之后，比赛计划不得更改，并报送国际皮划艇联合会秘书处以备公示。每年 11 月 1 日国际皮划艇联合会通过公告或特别通知公布国际比赛日程。

最少参赛人数：单项或团体项目必须至少有来自 2 个协会的 3 名运动员或 3 个队报名才能举行；参赛的 3 名运动员或 3 个队未能完成比赛并不影响比赛的有效性。

国际比赛类别：男子皮艇、女子皮艇、男子划艇。

单项包括女子单人皮艇（WK1）、男子单人皮艇（MK1）、男子单人划艇（C1）、男子双人划艇（C2）。运动员只能参加一个单项比赛。

团体项目包括三条女子单人皮艇（3×WK1）、三条男子单人皮艇（3×MK1）、三条男子单人划艇（3×C1）、三条男子双人划艇（3×C2）。

团体赛各队只能由参加单项的运动员组成；每个运动员只能参加一项团体比赛；每个运动员可以参加与其所报单项不同的一个团体项目；如团体比赛分为两轮，则两轮之间可以更换队员；团体赛中只能更换一名运动员；换人情况必须以书面形式通知起点裁判。

在 A、B、C 三类比赛中，由主办国决定是否同时进行任何一项或全部青年项目比赛。

五、奥运会特别规则

奥运会激流比赛的日程安排、参赛要求及邀请书，按国际奥委会要求制定。在其他细节方面则以国际皮划艇联合会的技术规则，特别是赛事的特殊规则为准。

（一）航道规则

1. 出发规则

如组委会安排，可在赛前进行一次正式训练，此训练不是必需程序。正式训练的第一个出发者（如有的话）应在赛场被批准至少 20 分钟后再出发。出发可任选顺流方向或逆流方向，但不能与水流形成角度。在出发位置要由一名扶船员握住每条艇协助出发，且只允许静止出发。

在团体赛中，在第一条艇启动计时之前，第二、第三条艇必须静止（最好被握住不动）。必须无条件服从起点裁判的指示。在单项比赛中，出发间隔至少45秒。在团体项目比赛中，出发间隔至少90秒。只有起点裁判有权决定运动员是否抢划并以适当信号召回抢划者。

2. 终点规则

终点线应在赛道两边清楚标记，运动员通过终点线后则完成该轮比赛。一轮比赛中运动员不允许两次通过终点线，不然将可能被取消参赛资格。团体赛中，三条艇必须在15秒之内相继通过终点线。

3. 水门标记

水门由两根悬垂的门杆组成，顺水门杆漆成5段绿色，5段白色。逆水门杆漆成5段红色，5段白色，最下面的一段均为白色。门宽指两门杆之间的距离，其距离在1.2米至3.5米之间；门杆为圆形，长2米，直径3.5厘米至5厘米，有足够的重量，刮风时不会有大的摆动；门杆下端距水面约15厘米高，不被水触动。必须按通过的顺序将门编号；门号牌为30厘米长，30厘米宽，底色为黄或白色，两面用黑漆写上20厘米高、2厘米宽的号码和字母。牌子与正确过门方向相反的一面要画一条从左下角到右上角的红色斜线。裁判员在其所处位置应能看清自己负责判罚的水门的牌号。

4. 通过水门

①必须按照号码顺序通过各个水门。

②必须按门号牌标出的正确方向过门。

③所有水门的设置必须保证运动员可以采用规则允许的任意方式从正确方向通过。

④如下情况视为运动员开始过门：艇、桨、运动员身体触到门杆，或者运动员（双划中任一名选手）的头部通过两个门杆之间的连线；运动员开始通过下一水门或通过终点线时，算完成某一水门的过门动作。

⑤必须符合下列条件才能被认为是正确过门：运动员的头部必须按照赛道和水门设计的正确方向通过两个门杆之间的连线；艇（或部分艇）必须在运动员的头部过门瞬间同时通过两门杆之间的连线；正确过门且身体、桨或艇未触及门杆是一个完美的过门。

5. 罚分

①罚0分：正确且完美过门。

②罚2分：正确过门但碰了一侧或两侧门杆，反复碰同一个门杆或两侧门杆只罚一次分。

③罚50分：未正确过门，触及门杆（一个或两个）；有意推杆以便通过（如运动员身体和艇已经处在理想的过杆位置时不算有意推杆）；运动员身体（C2中的任一名运动员）头朝下通过门杆；过门时，头的任意部位都不允许以错误方向通过门杆连线；漏门，运动员开始通过下一水门或通过终点线时，可判定其是否漏门；团体赛时三条艇未在15秒内通过终点线；在杆下面通过而未碰杆不予罚分；反复试图过门但未碰门杆，如运动员身体未过门杆之间的连线不予罚分；运动员在一个水门的罚分最高为50分；任何时候如出现

疑问而难以判断时，判罚都应有利于运动员。

6. 水门裁判的信号

圆牌信号一般用于向观众公布罚分情况，是两面标有黑色数字2或50的黄色圆牌(卡)。两个黄色圆牌，两面分别标上2和50。按照下列规定出示信号牌：完美过门，无信号；过门时罚分，根据罚分举起2或50的黄牌，并保持一定时间；取消比赛资格或被淘汰时举起红牌，向两边挥动。

7. 清理赛道

当前一名运动员被后面运动员超越时，如分段裁判反复吹哨，他必须让道；试图超越的运动员必须以正确的动作过门，因漏门而超越其他运动员，不得妨碍其靠近的运动员；如运动员被他人阻碍，在裁判长同意后可以重划。

8. 桨的丢失和折断

桨折断或丢失时，运动员只能使用艇上的备用桨；团体赛时，同队运动员可以互借备用桨。

9. 翻艇

当艇底向上，运动员（C2中任一运动员）离开艇时可视为翻艇。

（二）成绩规则

1. 计时

一轮比赛所用时间可按如下规则计算：

从运动员身体第一次通过起点线到运动员身体通过终点线为止（C2以前一名运动员过线为准）；团体赛中，时间从第一条艇出发到最后一条艇到达为止；计时至少准确至1/100秒，成绩按最接近的1/100公布（例如：划行时间为1′30″05，记分为90.05分）。

2. 成绩的计算

用下列公式计算成绩：两轮比赛时间（以秒为单位）+罚分=成绩。

（1）每轮比赛单项成绩计算

例如，比赛时间为2′20″82＝60+60+20.82＝140.82

罚分：2+2+50＝54

总计：194.82分

（2）每轮团体赛成绩计算方法

第一条艇出发到最后一条艇到达的时间间隔。

例如，比赛时间为2′20″82＝60+60+20.82＝140.82

第一条艇罚分＝104

第二条艇罚分＝154

第三条艇罚分＝56

总计：454.82分

3. 成绩的公布

规定为主记分员计算比赛结果并予以公布。

单项或团体项目比赛成绩算出后，组委会应立即公布运动员的号码、罚分和比赛时间，并在提交申诉时限内贴在指定位置。

4. 成绩的并列

如两名或多名运动员（队）成绩相同，任一轮成绩最好的运动员排名靠前；如仍然相等，则运动员名次并列。

（三）抗议与申诉

1. 提出抗议

对运动员参赛资格的抗议应最迟于赛前1小时提交竞赛委员会成员。只有当抗议发出协会的人员证明抗议所涉及的事实确为赛前1小时之后获知时，在赛事举行之日起30日内的抗议才允许受理。

有如下情况可对抗议予以考虑：①抗议由领队以书面形式提出。②抗议在该项最后一名运动员成绩贴出后20分钟内提出。③抗议由领队亲自交给裁判长，并附上25美元或等值的主办国货币。如抗议成立，此笔费用退还。④如抗议不成立，此笔费用转交组委会。

如出现下列情况，可对裁判员的决定提出抗议：①裁判对过门情况观察不良或未观察到。②判决存在可能的或明显的错误。③比赛时的判罚行为明显不规范。④裁判长应评估抗议的合法性，听取有关裁判陈述，并将争议中的相关细节告知本人。不得使用录像设备复查比赛细节并提出异议，裁判长应将抗议结果以书面形式通知有关各队。⑤如裁判长认为合理，了解事实的真相或技术错误可以被视为简单提问（不收费）。

2. 向竞赛委员会申诉的"规定动作"

向竞赛委员会做出的申诉要由领队书面提出。向竞赛委员会提出的申诉应附上25美元或等值的主办国货币。如申诉部分或完全成立，该项费用退还；如申诉不成立，该项费用转交组委会；如认为裁判长的裁决与规则相悖，可以向竞赛委员会提出申诉；不可就比赛细节向竞赛委员会提交申诉；在比赛中向竞赛委员会就裁判长的决定提出的申诉最迟在公布决定后20分钟提出；在比赛开始至少1小时前向组委会就运动员参赛资格提出的抗议，如未得到有关答复，可向竞赛委员会提出申诉；对运动员参赛资格问题的决定有异议时，可在比赛开始前向竞赛委员会提出申诉；如有合理申诉需要处理，竞赛委员会主席必须立即召开竞委会会议；竞赛委员会必须在会议开始后60分钟内公布相关会议决定，竞赛委员会要以书面形式将合理解释通知申诉者；竞赛委员会在做出决定前要征求裁判长、裁判和其他相关人员的意见。

3. 提出申诉

参赛协会如在赛后得知一些足以证明某运动员没有参赛资格的事实时，可向国际皮划艇联合会理事会提出申诉；运动员有权通过其所属协会就比赛时竞赛委员会做出的决定向国际皮划艇联合会理事会提出申诉；国际皮划艇联合会理事会可决定是否优先考虑有关申诉；向国际皮划艇联合会理事会提出的申诉应于有关比赛结束后30天内提出，同时附上25美元的申述费用。国际皮划艇联合会理事会做出决定后应以书面形式通知申述人。

4.被取消资格

①如一名运动员企图利用不正当行为赢得比赛，违反规则或拒不执行规则时，将被取消参赛资格。

②如运动员因其他运动员的行为而被迫犯规，竞赛委员会可决定是否取消其比赛资格。

③如运动员使用不符合规定的艇出发，则取消其该轮比赛资格。

④如运动员接受了外界帮助，裁判长在接到有关裁判的反映后可取消其比赛资格。按此条规定，下列情况可视为"外界帮助"：给运动员或其艇的所有帮助；将备用桨或其丢失的桨提供、传递或掷给运动员；运动员的艇被他人牵引、推进或移动；用电子声控或无线电话（即指运动员和其他人之间）给运动员提供指导。

⑤运动员离开艇则被取消该轮比赛资格；如团体赛中一人离开艇，则整个队被取消该轮比赛资格，必须立即离开赛道。

⑥翻艇后，运动员不允许有意通过下面的水门，否则将被取消比赛资格。

⑦运动员由于疏忽而未按竞赛日程做好出发准备可取消其资格。

⑧运动员头朝下通过终点线则取消其该轮成绩，身体完全浸入水中视为头朝下。

⑨任何运动员或裁判的行为影响了比赛的良好秩序，裁判长可对其进行处罚，竞赛委员会在有关人员重复错误不改时可取消其参赛或裁判资格。

第二节　皮划艇运动的裁判标准

一、皮划艇静水竞速比赛项目的裁判标准

（一）裁判员的类别

1.监督国际比赛的人员

总裁判长、技术主任、竞赛监督、发令员、取齐员、航道裁判员、弯道裁判员、终点裁判员、计时员、船艇检查员、广播员、新闻人员。若情况允许，一人可兼任两项上述职务。裁判员人数（不包括仲裁和竞赛委员会）最多为技术主任 1 人、发令员 3 人、取齐员 2 人、航道裁判员 6 人、终点裁判员 3 人、船艇检查员 5 人、医务人员 1 人、新闻人员 1 人。

2.仲裁委员会、竞赛委员会和裁判员

在比赛中，仲裁委员会具有最高权威。仲裁委员会由 5 人组成，人员由国际皮划艇联合会理事会指派。国际皮划艇联合会主席或国际皮划艇联合会的另一位成员被指定为仲裁委员会主席。根据规定，仲裁委员会下属的总裁判长和其他裁判员由静水竞赛委员会推选，报理事会批准。

竞赛委员会应由 3 名持有有效国际裁判证书的裁判员组成，他们应来自不同国家协会。他们的称谓是总裁判长（竞赛委员会主席或副主席）、副总裁判长（来自竞赛委员会）、竞赛监理（来自组委会）。

（二）裁判员的职责

在奥运会、世界锦标赛上，所有裁判员都应是得到承认的，并持有有效静水证书的国际裁判。

①总裁判长也是竞赛委员会的主席，决定所有发生在实际比赛中，但规则尚未涉及的问题。

②技术主任应负责赛场的所有技术性电子器材（自动起航系统、摄像、计时系统、记分牌、无线电通信设备、赛前和赛中的船艇交通、船艇检查等）。

③竞赛监理应监督比赛，保证比赛计划的正常进行，不得延误。若比赛时间有变动，应及时提前通知有关裁判员。还必须保证竞赛管理工作的正常运转（如比赛日程、抽签、成绩、技术文件、船艇检查、新闻报道、抗议等）。应向广播员提供所有有关比赛的必要信息，如出发顺序，起航失败和未获得成绩的运动员名单。

④发令员决定有关比赛出发的所有问题，独自决定抢航问题。发令员的决定是最终决定。发令员应使用英语。发令员应确保起航设备处于良好的工作状态，并与竞赛委员会联系。当接到竞赛委员会发出的一切就绪的信号后，发令员应安排运动员各就各位，并按比赛规则完成出发。

⑤取齐员的职责是把船艇带到起航线，不得有任何延误；要检查运动员的服装及背后的比赛号码，以及船上的航道牌。当所有船艇排齐后，取齐员应举白旗通知发令员，取齐员应使用英语。

⑥航道裁判员应保证运动员比赛时遵守规则。若运动员违反规则，航道裁判员应立即将犯规情况向竞赛委员会报告。

竞赛委员会应决定是否取消有关运动员的参赛资格。若航道裁判员必须报告犯规情况时，比赛后，他应举红旗示意，并在下一组比赛开始前写出书面报告。在此情况下，竞赛委员会应立即在该赛次成绩公布之前公布决定。

若未出现犯规，航道裁判员则举白旗。

在500米和1 000米比赛中，航道裁判员应乘摩托艇跟随比赛。

在比赛中，航道裁判员应绝对不受干扰，摩托艇上除航道裁判员本人和驾驶员外，不得有其他人员。

在有许多运动员参加的长距离比赛中，可指定一个以上的裁判员。如有可能，在比赛时，他们中的一人应跟随领先的组，但不得妨碍其他的运动员。

在航道有障碍的情况下，航道裁判员必须穿过比赛船艇，制止比赛，并挥动红旗，或用声音信号，直到所有的船艇停止划桨。此后，所有船艇应回到起点，航道裁判员应立即向竞赛委员会报告违规情况。

⑦弯道裁判员。当比赛沿着有一个或多个转弯点的航道进行时，每个转弯点都应分配一个或一个以上的裁判员和一个记录员，以便更清楚地观察船艇的转弯情况。

弯道裁判员应负责指示运动员按照规则转弯，记录员应记录下所有通过转弯点的船艇。比赛一结束，弯道裁判员应向竞赛委员会报告船艇通过转弯点的情况，以及是否发生了犯规现象。

⑧终点裁判员决定运动员通过终点线的顺序。裁判员应位于能够看清所有道次的位置。

若裁判员对两条艇或对更多艇的名次持有不同意见，且无终点摄像时，应采取简单多数的方法解决争端。票数相等时，裁判长的投票有决定性作用。

有终点摄像时，应将终点裁判员判定的名次与终点摄像的结果进行比较，终点摄像有决定权，录像不可代替终点摄像。

⑨计时员负责记录时间，借助秒表或电子装置完成此项工作。

⑩船艇检查员应协助技术主任检查参赛的船艇。任何不符合国际皮划艇联合会规格要求的船艇，应取消其比赛资格。

⑪广播员在竞赛监督的指导下，宣布每赛次的起航、起航顺序及运动员在比赛时的位置。比赛结束后，宣布比赛成绩。

⑫新闻人员应向新闻单位、电台和电视台的代表提供关于比赛及其进展的所有必要信息。所有裁判员都应尽可能快地为新闻人员提供正式比赛的成绩副本。

（三）竞赛委员会的职责

①组织和监督比赛。

②若遇到险恶天气，或其他意外情况，不可能完成比赛，可推迟比赛，并另外决定比赛日期。

③听取抗议并解决纠纷。

④决定比赛中因违反规则而被取消资格事宜。

⑤若运动员在预赛时受伤，竞赛委员会可允许其参加另一组预赛。

⑥竞赛委员会应根据国际皮划艇联合会静水竞赛规定做出决定。

⑦按照国际皮划艇联合会章程，也可实施惩罚，即在超过比赛质疑时间的情况下，取消资格。

⑧在裁决有关犯规问题之前，应听取有关仲裁的意见，该仲裁应是负责发生犯规的赛次的裁判。若认为有益于澄清事实，委员会亦应听取其他主持比赛的裁判员的意见。

二、激流回旋比赛项目的裁判标准

（一）裁判员的类别

激流回旋比赛的裁判员包括总裁判长、技术组织者、裁判长、分段裁判、赛道设计员、起点助理裁判、终点裁判、计时员、主记分员、起点裁判、船艇检查员、安全裁判，医务人员和新闻人员仅在世锦赛和奥运会比赛中设置。裁判1～5人必须是国际裁判。

（二）裁判员的职责

①总裁判长按规则指导比赛。

②技术组织者负责为比赛做准备工作，指导整个比赛进行，安装比赛所需技术器材并维护器材的正常使用。

③裁判长必须保证比赛按规则进行，执行竞赛规则，有权取消运动员比赛资格或批准重赛。裁判长要向国际皮划艇联合会秘书处和激流回旋委员会各递交一份比赛情况报告。

④分段裁判负责其所管的一段赛道，并由水门裁判协助，分段裁判负责在其分管的赛段进行正确的判罚，在与水门裁判商议后，他要做出是否判罚的决定。分段裁判需保存好

运动员参赛情况的清晰书面材料。分段裁判要观察比赛进程以保证比赛公正。参赛协会在A、B两类比赛中最多有 3 名分段裁判，非参赛协会可以有 3 名以上的分段裁判。

⑤水门裁判应观察他负责的水门。如水门集中，应派至少 2 名水门裁判。水门裁判需保存关于自己对每一名运动员参赛情况做出的判罚情况的清晰书面材料。水门裁判要通过清晰的信号将其对运动员做出的判罚通知分段裁判。各分段裁判应通过举起标有相应数字的圆盘示意。

⑥起点裁判应保证运动员按正确顺序出发，并发出出发信号令。如某一运动员有以下情况发生，起点裁判可拒绝其出发。第一，不遵守安全规定。第二，在点名出发时未到达起点。第三，着装不正确或无号码。第四，不听从起点裁判指令。

⑦起点助理裁判应确认参赛运动员的艇和个人着装符合安全规则（安全头盔、救生衣和艇），检查艇有无船艇合格证。阻止不符合安全规定的运动员出发，由以上原因造成的延误责任由运动员承担。

⑧终点裁判与起点裁判配合，确定运动员何时能够完成比赛。

⑨计时员计算比赛结果并予以公布。

⑩主计时员负责比赛结果并予以公布。

⑪赛道设计员负责赛场设计，并确保赛道在比赛中始终保持原貌。赛道设计员负责合理悬挂水门和安放其他设备，并随时准备在必要时对器材设备进行维修和调整。

⑫船艇检查员负责确保参赛艇的规格和重量符合规则要求并在艇上做上标记，确保艇和救生衣符合规定并可做上标记。

⑬安全裁判与救生小组一起，必须具备救生和急救器材，以便在出现严重事故时为处于危境中的运动员提供有效的援助。一名医生必须始终在赛场。一位裁判可以同时负责两项或多项工作。比赛中，裁判员不得提醒或以任何方式为运动员提供技术指导。水门裁判不允许以任何方式指出运动员的失误以致分散运动员的注意力。

（三）竞赛委员会的职责

每次国际激流回旋比赛必须成立一个由 3 名委员组成的竞赛委员会。竞赛委员会的委员必须是国际级裁判。竞赛委员会的委员由组委会在参赛协会提出的候选人名单中选定。每一个参赛协会在竞赛委员会中只能有 1 名委员。主办国协会的代表必须领导竞赛委员会。

竞赛委员会接受有关不遵守竞赛规则的抗议，在对规则的理解不一致时拥有最终的解释权。竞赛委员会的决定必须符合国际皮划艇联合会的规则；竞赛委员会有权取消一个运动员参加全部比赛的资格；竞赛委员会在比赛中对竞赛规则中未提及的问题做出决定。

如果在投票表决时票数相等，竞赛委员会主席拥有最终决定权。

复习与思考：

①皮划艇赛制规则有哪些？
②竞赛中裁判员的职责有哪些？

参考文献

[1] 冯志远.教你学赛艇·皮划艇 [M].沈阳：辽海出版社，2010.
[2] 国家体育总局青少年体育司，国家体育总局水上运动管理中心.中国青少年皮划艇训练教学大纲 [M].北京：北京体育大学出版社，2017.
[3] 刘晓树.激流上的运动：赛艇、皮划艇 [M].南昌：二十一世纪出版社，2015.
[4] 吴昊.皮划艇运动 [M].北京：北京体育大学出版社，2009.
[5] 徐菊生.现代皮划艇运动 [M].北京：长江出版社，2007.
[6] 许亚萍.公开水域皮划艇指南 [M].北京：北京体育大学出版社，2021.
[7] 郭晓鹏，刘海萍，任文君.皮划艇项目训练科学化探索 [J].旅游纵览（下半月），2017（16）：255.
[8] 黄志鹏.皮划艇运动员有氧工作能力实验研究与分析 [J].当代体育科技，2018，8（5）：201-202.
[9] 李南，马云国，颜彬.青少年皮划艇运动员成长阶段训练原则与方法 [J].牡丹江师范学院学报（自然科学版），2011（1）：55-56.
[10] 张晓光.皮划艇竞速结构与竞策探究 [J].当代体育科技，2017，7（12）：255-256.
[11] 钟金汝.测功仪在皮划艇运动员有氧能力评价中的应用 [J].湖北体育科技，2007（3）：370-371.
[12] 范继文.皮划艇的科学化训练方法 [J].体育风尚，2021（12）：92-94.
[13] 林秋华.皮划艇运动训练特征及有效方法探析 [J].体育风尚，2021（10）：82-83.
[14] 喻世华.青少年皮划艇运动员体能训练方法应用研究 [J].体育视野，2021（7）：63-64.